# Q&A
# 業務委託・
# 企業間取引
## における
## 法律と実務

下請法、独占禁止法、
不正競争防止法、役務委託取引、
大規模小売業・運送業・建設業・
フリーランスにおける委託

波光　巖・横田直和 [著]

日本加除出版株式会社

# は し が き

　近年，わが国経済のソフト化・サービス化が進展し，サービス部門の経済に占める割合が増加するにしたがって，役務の委託取引が増大し，また，製造業等の事業部門においても，部品・製品等の製造のアウトソーシング（社内業務の外部委託）によりコスト削減等が活発に行われています。

　こうした取引を巡っては，わが国の産業構造の特質もあって委託者の受託者に対する優越的地位の濫用行為が多くみられ，下請法，独占禁止法による規制が行われています。優越的地位の濫用行為に対しては，規制の実効性を確保するため，平成22年から課徴金の対象とされ，規制が強化されています。

　下請法の運用は，公正取引委員会と中小企業庁とが分担し，毎年定期的に実態調査を実施することによって法違反を規制するとともに，「下請取引適正化推進講習会」を実施することによって，違反行為の未然防止が図られています。しかしながら，下請法違反の事例が依然として多くみられるのが現状であり，勧告や是正指導が多く行われています。

　また，下請法の対象とならない業種においても，近年公正取引委員会による実態調査が行われ，その結果，独占禁止法及び下請法に違反するおそれのある行為が多く存在することが明らかにされています。このため，関係業界においては自らが違反行為の未然防止を行うため，調査結果を配布して講習会を実施するなどの対応が行われています。

　最近，業務委託取引においては，個人労働者の働き方として，企業の従業員としてではなく個人請負事業者として働く，いわゆるフリーランスが増加してきており，こうした労働形態における発注者（使用者）と受注者（就業者）との契約関係においても優越的地位の濫用としての問題が提起されています。

　以上のような問題に対しては，当局による速やか且つ適切な対応が求められるところですが，契約当事者である事業者においても法令を遵守した適切な契約を締結するよう十分に留意しなければならないことは言うまでもないことです。このためには，業務委託取引あるいは請負契約において適切な契

約が締結されるよう，これに関連する法令やガイドラインを理解し，過去の事例を参考として，事業者自らが適切に対応する必要があります。

業務委託取引あるいは請負契約において，発注者が法令に違反するような行為を行わないのが理想的ですが，万一そのような行為が見られた場合には，受注者としては速やかに公正取引委員会などに相談することが求められます。

業務委託取引あるいは請負契約において重要なことは，取引する者がお互いに対等な立場で取引するという考え方を持つことであり，契約内容が一方当事者にだけに有利となるようなものは，優越的地位の濫用としての問題を提起されるおそれがあると考えても良いでしょう。

筆者らは，以上のような問題意識を持って，業務委託取引あるいは請負契約が従来行われてきた取引のみならず，新しい取引形態においても適正に行われることを願って本書を執筆しました。従来から改善が求められている取引，並びに多様化する労務提供契約が適切・円滑になされることを期待しているものであります。

執筆の担当は，第2章は横田直和，それ以外は波光巖が担当しました。

最後に，本書の出版の企画を立案され，その内容項目や記載方法等まで適切な指針を与えられた日本加除出版株式会社の佐伯寧紀氏に心から感謝申し上げる次第であります。


平成31年4月

波　光　　　巖

横　田　直　和

凡　例

# 凡　例

1　本書中，法令名等の表記については，原則として省略を避けたが，括弧内においては以下の略号を用いた（独占禁止法だけは本文中でも「法」と記載していることがある。）。

## 【法令等】

| | | | |
|---|---|---|---|
| 下請 | 下請代金支払遅延等防止法 | 商 | 商法 |
| 下請令 | 下請代金支払遅延等防止法施行令 | 会社 | 会社法 |
| 独禁 | 私的独占の禁止及び公正取引の確保に関する法律 | 建設業 | 建設業法 |
| | | 著作 | 著作権法 |
| 民 | 民法 | 不正競争 | 不正競争防止法 |
| 憲 | 日本国憲法 | 商標 | 商標法 |

| | |
|---|---|
| 下請3条規則 | 下請代金支払遅延等防止法第3条の書面の記載事項等に関する規則（全面改正：平15・12・11公取委規則7号，最終改正：平21・6・19公取委規則3号） |
| 下請運用基準 | 「下請代金支払遅延等防止法に関する運用基準」（平15・12・11公取委事務総長通達18号，最終改正：平28・12・14公取委事務総長通達15号） |
| 一般指定 | 「不公正な取引方法」（昭57・6・18公取委告示15号，最終改正：平21・10・28公取委告示18号） |
| 物流特殊指定 | 「特定荷主が物品の運送又は保管を委託する場合の特定の不公正な取引方法」（平16・3・8公取委告示1号，最終改正：平18・3・27公取委告示5号） |
| 大規模小売特殊指定 | 「大規模小売業者による納入業者との取引における特定の不公正な取引方法」（平17・5・13公取委告示11号） |
| 運用基準 | 「『大規模小売業者による納入業者との取引における特定の不公正な取引方法』の運用基準」（平17・6・29公取委事務総長通達9号，最終改正：平23・6・23） |
| 建設業の下請取引ガイドライン | 「建設業の下請取引に関する不公正な取引方法の認定基準」（昭47.4.1公取委事務局長通達4号，最終改正：平13・1・4公取委事務総長通達3号） |
| 流通・取引慣行ガイドライン | 「流通・取引慣行に関する独占禁止法上の指針」（平3・7・11公取委事務局，最終改正：平29・6・16） |

*iii*

凡　例

| | |
|---|---|
| 役務の委託取引<br>ガイドライン | 「役務の委託取引における優越的地位の濫用に関する独占<br>禁止法上の指針」（平10・3・17公取委，最終改正：平<br>23・6・23） |
| 知的財産の利用<br>ガイドライン | 「知的財産の利用に関する独占禁止法上の指針」（平19・<br>9・28公取委，最終改正：平28・1・21） |
| 優越的地位の濫<br>用ガイドライン | 「優越的地位の濫用に関する独占禁止法上の考え方」（平<br>22・11・30公取委，最終改正：平29・6・16） |

## 【先例・裁判例】

・最一小判平10・9・10裁判集民 189号857頁，判タ986号181頁
　→最高裁判所第一小法廷判決平成10年9月10日最高裁判所裁判集民事189号
　　857頁，判例タイムズ986号181頁

・東京地中間判平14・12・26裁判所ウェブサイト
　→東京地方裁判所中間判決平成14年12月26日裁判所ウェブサイト

・平29・3・29排除措置命令・公取委審決集663巻179頁
　→平成29年3月29日公正取引委員会排除措置命令・公正取引委員会審決集663
　　巻179頁

2　出典の表記につき，以下の略号を用いた。

| | | | |
|---|---|---|---|
| 民集 | 最高裁判所民事判例集 | 公取 | 公正取引 |
| 裁判集民 | 最高裁判所裁判集民事 | 公取委審決集 | 公正取引委員会審決集 |
| 判タ | 判例タイムズ | | |
| 判時 | 判例時報 | 判秘 | 判例秘書データベース |
| 知財集 | 知的財産権関係民事・<br>行政裁判例集 | | |

講習会テキスト　　公正取引委員会・中小企業庁「下請取引適正化推進講習会
　テキスト（平成29年11月）」

『鎌田』　鎌田明『下請法の実務〔第4版〕』（公益財団法人公正取引協会，
　2017）

目　次

# 第1章　業務委託に対する独占禁止法の適用

**Q1**　独占禁止法は，業務委託に対して，どのような場合に適用されるか。　*1*

　**図1**　独占禁止法等法令とガイドラインの関係　*4*

**Q2**　下請取引については下請法が適用され，独占禁止法は適用されないと理解してよいか。　*4*

**Q3**　発注者が取引先事業者に対し自己の競争者と取引しないような制限を課すことは問題となるか。　*6*

**Q4**　業務委託において，競争関係にある発注者が取引先の制限をしたり市場分割を行うことは問題となるか。　*11*

　**図2**　課徴金における「一定率」の区分　*12*
　**図3**　「中小企業」の定義　*12*

**Q5**　発注者が取引先事業者に対し委託した業務を完成させるために必要な物品や役務の購入先を指定したり制限したりすることは問題となるか。　*13*

　**図4**　抱き合わせ販売の形態　*14*

# 第2章　下請法について

**第1節　総　論** ———————————————————— *19*

**Q6**　下請法は独占禁止法上の優越的地位の濫用規制の補完法とのことだが，「下請法」と「優越的地位の濫用規制」はどう違うのか。　*19*

**Q7**　中小企業と取引する際には独占禁止法上の優越的地位の濫用とならないよう注意しているが，優越的地位の濫用として問題とならない場合でも，下請法違反とされることがあるのはなぜか。　*22*

**Q8**　下請法に違反した場合，優越的地位の濫用として独占禁止法にも違反すると取り扱われることになるか。　*25*

　**図5**　下請法と優越的地位の濫用行為規制の基本的な規制枠組みの比較　*27*

**Q9**　下請法の適用対象となる取引を行う際に注意すべきことは，何か。　*28*

*v*

目　次

## ■第2節　下請法の適用対象取引 ――――――――――――――― *31*

**Q10**　業務委託を行う際に，下請法が適用されるのはどのような場合か。　*31*

　**図6**　①製造委託，②修理委託，③プログラムに係る情報成果物作成委託，④運送，物品の倉庫における保管及び情報処理に係る役務提供委託における事業者と下請事業者の定義　*32*

　**図7**　⑤情報成果物作成委託（プログラムの作成を除く），⑥役務提供委託（運送，物品の倉庫における保管及び情報処理に係るものを除く）における事業者と下請事業者の定義　*32*

**Q11**　下請法の対象となる取引が「下請取引」として定義されず，「製造委託」などとして定義されているのはなぜか。また，下請法が適用される取引の内容である「製造委託」など4つの取引は，どのような基準で選ばれているのか。　*33*

**Q12**　下請法2条1項の「製造委託」の定義が複雑で分かりにくいが，具体的にどのような場合に「製造委託」となるか。　*36*

**Q13**　いわゆるOEM供給を受ける場合や小売業者が自社のプライベート・ブランド商品を仕入れることも「製造委託」に該当するか。　*40*

**Q14**　委託先事業者が注文を受けてから生産を始める受注生産の場合は，「製造委託」に該当するか。　*41*

**Q15**　自家使用・自家消費の物品を自社で製造している場合に，その一部を外注すると「製造委託」となるのはなぜか。　*42*

　**図8**　一般の製造委託と自家使用物品に係る製造委託の比較　*43*

**Q16**　金型は自家使用物品に当たると思うが，自社内で金型を製造していない場合でも金型の製造を発注すると「製造委託」に該当するのはなぜか。　*44*

**Q17**　小売業者に下請法が適用されることは，プライベート・ブランド商品の製造委託以外にあるか。　*46*

**Q18**　保守点検の対象物品等について修理が必要となった場合に，社内に修理部門のない保守点検業者が顧客からの求めに応じて修理業者に修理を発注したとすると，この発注行為は「修理委託」に該当することになるか。　*48*

**Q19**　自家使用物品の修理を自社で行っている場合に，自社で修理できないものを専門業者に依頼することは，修理委託に該当するか。　*49*

　**図9**　一般の修理委託と自家使用物品に係る修理委託の比較　*50*

**Q20**　情報成果物作成委託と製造委託では，委託の対象物が情報成果物か物品かが違うだけと思うが，他に違いはあるか。　*51*

*vi*

目　次

Q21　自社のホームページを社内で作成しているが，自社では作成ができない部分を専門業者に発注することは，情報成果物作成委託となるか。　*53*

Q22　チラシ広告のレイアウトや使用写真の作成を広告業者に依頼するとともに，その印刷も委託した場合，製造委託や情報成果物作成委託に該当するか。　*54*

Q23　ある広告に使用する写真の作成を広告会社に依頼し，写真を電子データの形で受け取ったが，その写真を違う広告に使用したとしても問題ないか。　*55*

Q24　小売業者が販売した大型商品を顧客宅に配送するに当たり，この配送業務を運送業者に委託した場合，役務提供委託に該当するか。　*56*

Q25　建設業には下請法が適用されないとのことだが，下請法は建設業者に関係がないと考えてよいか。　*57*

Q26　海外の事業者に業務委託をしたり，海外の事業者から業務委託を受ける場合も下請法が適用されることになるか。　*59*

■ 第3節　下請法の適用対象事業者 ──────────────── *61*

Q27　下請法の対象となる親事業者や外注先となる下請事業者の基準として，資本金区分が用いられているのはなぜか。この資本金区分に該当しない事業者間の取引には，下請法が適用されることはないと考えてよいか。　*61*

Q28　下請法2条7項では，親事業者となり得る要件として「資本の額又は出資の総額が3億円を超える法人たる事業者」などと規定されているが，株式会社のほか，一般社団法人や一般財団法人なども，親事業者となり得るか。　*63*

Q29　自社の調達部門を子会社として独立させることにした場合，その資本金を1千万円以下とすると，下請法の適用を受けないことになるか。　*64*

Q30　自社の一部門を分離して子会社化することを計画しているが，この子会社との取引に下請法は適用されることになるか。　*66*

Q31　外注するに当たり事務手続の簡素化などのために商社を介した場合，下請法の適用については，商社が発注先などとして取り扱われることになるか。　*68*

■ 第4節　下請代金の支払期日 ──────────────────── *69*

Q32　下請代金をいつ支払うかは，取引当事者間の契約で決めればよいと思うが，なぜ法律で規定されているか。　*69*

*vii*

目 次

**Q33** 下請代金の支払について，当月に納品された代金を翌月に支払う
との制度を採用する場合に注意すべき点は何か。また，このよう
な支払制度は，支払期日を「下請事業者の給付を受領した日から
起算して，60日の期間内において，かつ，できる限り短い期間内
において」定めたものと認められることになるか。　*70*

## ▌第5節　発注書面 ──────────────────────── *73*

**Q34** 発注書面は，契約書とどう違うのか。発注書面に記載された内容
が契約内容と異なる場合は，どちらが優先されることになるか。　*73*

**Q35** 発注書面は発注後直ちに交付することになっているが，発注時ま
でに具体的内容を決めることができない場合はどうすればよい
か。　*75*

**Q36** ビル管理業者が清掃業務などの業務を年間契約で外注する場合な
ど，日々継続して業務の提供を受ける継続的な役務提供委託の場
合は，発注書面はいつ交付すればよいか。　*76*

**Q37** 緊急に発注する必要があったため，電話や電子メールで下請事業
者に発注内容を伝えた場合，発注書面はどうすればよいか。　*77*

**Q38** 発注後に状況が変化した場合は，下請事業者の了解を得て発注内
容を変更しても問題ないか。　*79*

## ▌第6節　親事業者の遵守事項 ───────────────── *80*

### 第1　親事業者の義務との違い ·········································· *80*

**Q39** 下請法では，親事業者の義務と遵守事項が規定されているが，法
律上の取扱いとして，この義務と遵守事項に何か違いはあるか。　*80*

### 第2　受領拒否 ···························································· *82*

**Q40** 「下請事業者の責に帰すべき理由」があるとして，受領を拒むこ
とができるのは，どのような場合か。下請事業者の給付が発注時
に定めた受領日よりも早かったことは，この理由となるか。　*82*

**Q41** 給付の受領日に社内の準備が整わなかった場合に，下請事業者の
了解を得て，受領日を延期することはできるか。　*83*

**Q42** 下請事業者の給付を受けた後に，当該給付の内容が委託どおりの
ものになっているかを検査しているが，この検査が終わって問題
がないと確認できた後に，給付を受領したと取り扱ってよいか。　*84*

### 第3　支払遅延 ···························································· *85*

**Q43** 銀行振込で下請代金を支払っている場合に，支払期日が銀行の休

業日に当たるときは，その翌日の銀行の営業日に振り込むことにしてよいか。　*85*

**Q44**　手形払いをしている取引先下請事業者から現金払いの希望があったため，銀行振込で支払うことにしたが，社内の経理処理の関係で支払期日に間に合わなかった。このような場合でも，支払遅延として下請法に違反することになるか。　*86*

**Q45**　資金繰りの都合で支払遅延となってしまったが，取引先下請事業者から請求されなかったため，遅延利息は支払わなかった。支払遅延となった場合，請求がなくとも遅延利息を支払う必要があるか。　*87*

**Q46**　下請事業者からの請求書に基づき下請代金を支払っているが，下請事業者からの請求書が遅れている場合は，発注書面に記載された支払期日より支払を遅らせたとしても問題ないか。　*88*

**第4　下請代金の減額**……………………………………………………*89*

**Q47**　「下請事業者の責に帰すべき理由」があるとして，下請代金を減額できるのは，どのような場合か。　*89*

**Q48**　取引先との基本契約書で毎月の取引金額が一定額を超えた場合，その超えた額の3パーセントに相当する金額を控除したものを支払うことを定めている。このように取引開始時の基本契約書で定めている場合でも，発注書面の記載金額から減じて支払うことは下請法上問題となるか。　*90*

**Q49**　取引先下請事業者にも合理化を求めて単価改定交渉をしているが，発注時までに合意に至らなかったため，発注書面には従前単価で記載し，実際には交渉を継続して合意が得られた単価で支払うことにした。このことについて取引先下請事業者の了解があったとしても，発注書面に記載された単価より低い単価で支払うことは問題となるのか。　*91*

**Q50**　手形払いとしている取引先下請事業者から現金払いの希望があったため，銀行振込で支払うことにしたが，手形サイトに相当する金利相当分や振込手数料を差し引いた金額を振り込むことで問題はないか。　*92*

**第5　返　品**……………………………………………………………*94*

**Q51**　「下請事業者の責に帰すべき理由」があるとして，下請事業者から受領した給付を下請事業者に引き取らせることができるのは，どのような場合か。　*94*

　**図10**　検査方法と返品可能期間の関係　*95*

*ix*

目　次

Q52 下請事業者から受領した物品を使用してから，不都合があること
が分かった。このような場合，その物品を返品することはできる
か。　96

第6　買いたたき ……………………………………………………… 97

Q53 下請事業者の給付の内容と同種又は類似の内容の給付に対し「通
常支払われる対価」というのは，どのようにして判断されている
か。　97

Q54 新規取引を求めるセールスを受け，その提示価格がかなり低かっ
たので，既存の取引先下請事業者に対し，それと同様の価格に引
き下げるよう求めたが，このようなことは「買いたたき」として
問題となるか。　99

第7　取引強制 ………………………………………………………… 100

Q55 お盆や年末などに，取引先に対し自社製品を紹介して購入依頼を
するというセールスを行っているが，取引先の下請事業者にも同
様のセールスをすることに問題はあるか。　100

第8　割引困難手形の交付 ………………………………………… 101

Q56 代金を支払う場合は，現金払いや銀行振込などによるのが当然と
考えるが，割引困難なものでなければ手形払いでもよいことに
なっているか。　101

Q57 手形の割引が困難かどうかは，手形振出人の信用など多くの事情
によると考えるが，手形サイトを基準として指導がなされている
のはなぜか。　102

Q58 手形サイトが120日（繊維業では90日）を超える手形は割引困難
なものとして指導されているが，この120日以内との基準は，ど
のようにして決められているか。また，代金の支払は現金払いと
すべきであるので，指導対象とする手形サイトは更に短くすべき
ではないか。　104

第9　不当な経済上の利益提供要請 …………………………… 107

Q59 下請事業者に協賛金などの提供を求めることが「下請事業者の利
益を不当に害して」いないとされるのは，どのような場合か。　107

Q60 下請事業者に対し協賛金などの要請をすることが問題ない場合で
あっても，下請事業者は受け取った下請代金の中から負担するこ
とになるので，下請代金の減額として問題となるのではないか。　109

Q61 スーパーのプライベート・ブランド商品の納入先から，バーゲン

x

セール時に人員の応援要請があった。要請のあった人員を派遣しても当社が納入した商品の販売促進にはあまり役に立たないため断りたいが，どのように取引先スーパーに話せばよいか。　*110*

## ▌第7節　調査・措置関係 ──────────── *112*

**Q62**　下請法の定期調査票が公正取引委員会から送られてくるときと中小企業庁から送られてくるときがあるが，調査に関して公正取引委員会と中小企業庁はどのような関係にあるか。　*112*

**Q63**　下請法の定期調査は下請事業者に対しても行われているが，下請事業者がどのような回答をしたかを親事業者に報告させてもよいか。　*113*

**Q64**　親事業者から不当な要求がなされていることを調査票に書いたり，公正取引委員会や中小企業庁に相談しても，その後の下請取引に影響はないか。　*114*

**Q65**　公正取引委員会や中小企業庁から調査を受けてから，下請法に違反していたことに気がついた場合，どのような対応をすればよいか。対応次第によって，受ける措置に違いがあるか。　*115*

**Q66**　下請法に違反したとして公正取引委員会から勧告を受けたり，公正取引委員会や中小企業庁から指導を受けた場合に，これに従わなければ，どうなるか。　*119*

**Q67**　下請法違反として実際に問題となった行為としては，どのようなものが多いのか。また，勧告が行われた事案では，どうか。　*121*

　　**図11**　行為類型別の下請法4条違反件数（勧告及び指導件数合計）　*122*
　　**図12**　行為類型別の勧告件数　*122*

**Q68**　親事業者との契約内容に下請法違反となるものがあった場合，その契約は私法上無効なものとなるか。　*123*

## ▌第8節　広報関係 ──────────────── *126*

**Q69**　下請法の広報は，どうなっているのか。　*126*

# 第**3**章　役務の委託取引ガイドラインについて

**Q70**　役務の委託取引ガイドラインが制定されているのは，どのような理由によるものか。　*129*

**Q71**　役務の委託取引において独占禁止法上問題となるのは，業務委託

目 次

事業者が優越的地位にある場合とされているが，優越的地位にある場合とはどのような場合か。　*133*

Q72　役務の委託取引ガイドラインにおいて，どのような事項が定められているか。　*136*

　図13　二次委託のイメージ　*138*

Q73　代金の支払遅延が問題となる場合とは，どのような場合か。　*141*

Q74　代金の減額要請が問題となる場合とは，どのような場合か。　*143*

Q75　著しく低い対価での取引の要請が問題となる場合とは，どのような場合か。　*148*

Q76　やり直しの要請が問題となる場合とは，どのような場合か。　*151*

Q77　協賛金等の負担の要請が問題となる場合とは，どのような場合か。　*156*

Q78　商品等の購入要請が問題となる場合とは，どのような場合か。　*160*

Q79　情報成果物の権利等の取扱いが問題となる場合とは，どのような場合か。　*162*

# 第4章　大規模小売業者と納入業者との取引に関する不公正な取引方法について

Q80　大規模小売業者と納入業者との取引に関して「大規模小売特殊指定」が制定されているのは，どのような理由によるか。　*169*

Q81　大規模小売特殊指定では，どのような行為が優越的地位の濫用として問題となるか。　*171*

Q82　公取委の実態調査で，大規模小売業者による納入業者に対する業務委託において，どのような問題が指摘されているか。　*178*

　図14　問題となり得る行為の類型と割合　*179*

# 第5章　特定荷主による物品の運送・保管の委託に関する不公正な取引方法について

Q83　特定荷主の運送・保管の委託に関する特殊指定が定められているが，それはどのような理由によるものか。　*185*

　図15　特定荷主及び指定物流事業者の定義　*187*

**図16** 荷主とその物流子会社との関係　*187*

Q84　物流特殊指定では，特定荷主のどのような行為が不公正な取引方法に該当するとされているか。　*188*

Q85　物流の取引において，荷主が物流事業者に対して，優越的地位の濫用としてどのような行為が問題とされているか。　*190*

# 第6章　建設業の下請取引に対する建設業法・独占禁止法の適用

Q86　建設業法では建設業の下請取引に対してどのような規制が行われているか。　*193*

Q87　建設業の下請取引に対して，独占禁止法はどのような行為に適用されるか。　*197*

# 第7章　その他の業務委託における問題

Q88　葬儀事業者の業務委託において優越的地位の濫用として問題となるおそれがある行為としてどのようなものがあるか。　*201*

Q89　ブライダル事業者の業務委託において，優越的地位の濫用として問題となるおそれがある行為としてどのようなものがあるか。　*205*

Q90　食品分野におけるプライベート・ブランドの業務委託において，優越的地位の濫用として問題となるおそれのある行為としてどのようなものがあるか。　*209*

Q91　外食事業者による納入業者に対する業務委託において優越的地位の濫用として問題となるおそれのある行為としてどのようなものがあるか。　*212*

Q92　テレビ局等のテレビ番組制作会社に対する優越的地位の濫用行為として，問題があるおそれのある行為としてどのようなものがあるか。　*218*

# 第8章　フリーランスの問題

Q93　なぜ委託者がフリーランスと業務委託契約をする場合に問題が多

*xiii*

目　次

いのか。また，独占禁止法上どのような点が問題となるか。　*223*

Q94　発注者のフリーランスに対する優越的地位の濫用行為として具体的にどのような問題があるか。　*225*

Q95　複数の発注者の共同行為としてどのような行為が問題となるか。　*229*

# 第9章　不正競争防止法関係

Q96　業務委託先が当社と類似する商標やロゴマークを無断で使用することは問題となるか。　*233*

Q97　業務委託先が当社の商品の形態を模倣して商品を販売することは問題となるか。　*237*

Q98　不正競争防止法上，営業秘密の不正利用として問題となるのは，どのような場合か。　*238*

図17　営業秘密を不正取得・使用・開示する行為　*242*

図18　営業秘密の不正取得行為が介在したことを知って第三者が取得・使用・開示する行為　*242*

図19　営業秘密の不正取得行為が介在したことを知らないで取得したが，後に知って使用・開示する行為　*243*

図20　営業秘密を正当に取得後，図利加害目的で使用・開示する行為　*243*

図21　営業秘密の不正開示行為があることを知って第三者が取得・使用・開示する行為　*244*

図22　営業秘密の不正開示行為があることを知らないで取得したが，後に知って使用・開示する行為　*244*

Q99　業務委託先に競業避止義務を課したいと考えているが，どのような場合に許されるか。　*248*

# 第10章　著作権関係

Q100　業務委託において著作権侵害が問題となることがあるが，著作権とはどのような権利か。　*257*

Q101　著作権法違反となるのはどのような場合か。　*259*

Q102　著作権違反とならないようにするためには，どのようにすれば良いか。　*264*

*xiv*

目　次

# 第11章　業務委託契約書・秘密保持義務契約書・下請取引契約書等の内容・ヒナ型

Q103　業務委託契約を締結する場合，どのような内容にすべきか。　*267*

Q104　業務委託先に秘密保持義務を課したいと考えているが，どのような内容にすべきか。　*271*

Q105　下請法では，親事業者が下請事業者に「書面の交付」を行うことが義務付けられているが，これは，親事業者と下請事業者との間で文書により契約をしなければならないということか。また，交付する文書に記載すべき内容は，どのようなものか。　*276*

# 資　　料

資料1　独占禁止法2条9項 ……………………………………………*279*

資料2　一般指定 …………………………………………………………*281*

資料3　書式例 ……………………………………………………………*284*

　　例1　コンサルティング業務委託基本契約書　*284*

　　例2　製造委託基本契約書　*288*

　　例3　システム開発委託基本契約書　*295*

　　例4　秘密保持契約書　*301*

　　例5　汎用的な発注書面の例（規則で定める事項を一つの書式に含めた場合）　*305*

事項索引 …………………………………………………………………*307*

条文索引 …………………………………………………………………*310*

判例・審決索引 …………………………………………………………*312*

ガイドライン等索引 ……………………………………………………*313*

*xv*

# 第1章 業務委託に対する独占禁止法の適用

**Q01** 独占禁止法は，業務委託に対して，どのような場合に適用されるか。

**A** 独占禁止法は，事業者の公正自由な活動が制限される場合に，あらゆる事業分野の活動に適用されるものであり，事業活動が業務委託である場合においても当然のことながら適用される。

ただし，業務委託について，独占禁止法の補完法である「下請代金支払遅延等防止法」（以下，「下請法」という。）が適用される場合，及び建設業の下請取引について建設業法が適用される場合は，その限りにおいて独占禁止法は適用されないと考えてよい。

## 解説

### 1 独占禁止法の規制概要

独占禁止法（私的独占の禁止及び公正取引の確保に関する法律。以下，単に「法」という場合がある。）は，事業者の「公正かつ自由な競争」を確保・促進するため，事業者の競争制限又は競争阻害的活動である私的独占，不当な取引制限，不公正な取引方法を禁止し，また，事業者が株式取得・役員兼任・合併・事業譲渡等により，独占的・寡占的とならないよう規制している。これは，事業者間の公正自由な活動により，価格・品質競争が確保され，技術進歩が図られ，国民経済の発展及び一般消費者の利益が促進されるという考え方に基づくものである。

独占禁止法は，あらゆる事業者の，また，あらゆる事業活動に対して適用

第1章　業務委託に対する独占禁止法の適用

されるものであり，事業者の業務委託に対しても当然のことながら適用される。

## *2*　独占禁止法が業務委託に対して適用される局面

　業務委託において独占禁止法が適用される場合は，主として，不公正な取引方法が行われた場合である。

　委託者が受託者に対して不公正な取引方法を行う場合は，単独の事業者が行う場合は独占禁止法19条に違反し，委託者の団体である事業者団体が委託者に不公正な取引方法に該当する行為をさせるようにする場合は同法8条5号に違反する。

　不公正な取引方法とはどういう行為を指すか（定義）については，独占禁止法2条9項1号〜5号で法定されているものと，同項6号に基づき公正取引委員会（以下，「公取委」という。）が指定したものとがある。法定されている行為は，1号「共同の取引拒絶」，2号「差別対価」，3号「不当廉売」，4号「再販売価格維持行為」，5号「優越的地位の濫用」であり，これらの行為に対しては，一定の課徴金が賦課されることになっている（独禁20条の2〜20条の6（1号〜4号該当行為は2回目から））。

　不公正な取引方法の指定については，全業種に一般的に適用される「不公正な取引方法」（昭57・6・18公取委告示15号，最終改正：平21・10・28公取委告示18号。以下，「一般指定」という。「資料2」参照）と，特定の業種について適用される「特殊指定」とがある。一般指定においては，15類型の不公正な取引方法が指定されている。

　業務委託に関係することが多い不公正な取引方法としては，独占禁止法2条9項5号の「優越的地位の濫用」，一般指定10項の「抱き合わせ販売等」，同11項の「排他条件付取引」，同12項の「拘束条件付取引」，同14項の「競争者に対する取引妨害」等である。

　不公正な取引方法の特殊指定としては，業務委託に関するものとしては，「特定荷主が物品の運送又は保管を委託する場合の特定の不公正な取引方法」（平16・3・8公取委告示1号，最終改正：平18・3・27公取委告示5号。以下，「物流特

殊指定」という。）及び「大規模小売業者による納入業者との取引における特定の不公正な取引方法」（平17・5・13公取委告示11号。以下，「大規模小売業告示」という。）が指定されている。

　次に，業務委託において不当な取引制限として問題となることがあり得る。業務委託の分野において，競合するあるいは競争関係にある事業者（委託者）が取引先（受託者）の競合を避けるため，それぞれの委託者が業務を受託する相手方事業者を決めたり，市場分割したりすることがある。このような行為により市場での競争が制限される場合（一定の取引分野における競争の実質的制限）は不当な取引制限であり，事業者間で行う場合は独占禁止法3条に違反し，事業者団体が行う場合は同法8条1号に違反する。

　不当な取引制限に対しては，関係事業者に対して，違反行為期間における売上額又は購入額の最大10パーセントの課徴金が賦課される。

## *3*　下請法の制定

　業務委託において最も問題が多い取引としては，下請取引がある。このため，昭和31年6月1日，「製造委託」及び「修理委託」における親事業者の下請事業者に対する優越的地位の濫用に該当する不当な下請取引の問題を画一的，迅速に処理するため独占禁止法の補完法として，下請法が制定・施行された。下請法は，平成15年6月18日に改正され，対象業種として新たに，「情報成果物作成委託」及び「役務提供委託」が追加された（平成16年4月1日施行）。

　なお，建設業における不当な下請取引については，建設業法24条の2以下に「元請負人の義務」に関する規定等が設けられ，元請負人の下請負人に対する不当な行為が規制されている（建設業法42条1項は，建設業法に違反する事実があり，独占禁止法に違反していると認めるときは，国土交通大臣又は都道府県知事は公取委に独占禁止法に基づく措置をとるよう請求することができることを規定する。）。そこで公取委は，建設業の下請取引の規制については，補完的に，不公正な取引方法（独禁2条9項5号）として規制することとしており，「建設業の下請取引に関する不公正な取引方法の認定基準」（昭47・4・1公取委事務局長通達4号，

第1章　業務委託に対する独占禁止法の適用

最終改正：平13・1・4公取委事務総長通達3号。以下，「建設業の下請取引ガイドライン」という。）が制定されている。

## *4*　各種ガイドラインの制定

独占禁止法の流通取引に関しては，「流通・取引慣行に関する独占禁止法上の指針」（平3・7・11公取委事務局，最終改正：平29・6・16。以下，「流通・取引慣行ガイドライン」という。）が制定されており，その中では業務委託に関する部分が多く含まれている。

また，「役務の委託取引における優越的地位の濫用に関する独占禁止法上の指針」（平10・3・17公取委，最終改正：平23・6・23。以下，「役務の委託取引ガイドライン」という。）が制定されている。

以上の各法令・ガイドライン等の関係について図示すると，次の通りである。

〈図1　独占禁止法等法令とガイドラインの関係〉

| 独　占　禁　止　法 |
| --- |
| 不公正な取引方法（一般指定・特殊指定） |
| 流通・取引ガイドライン |
| 優越的地位の濫用ガイドライン |
| 役務の委託取引ガイドライン |
| 建設業の下請取引ガイドライン |

**02**　下請取引については下請法が適用され，独占禁止法は適用されないと理解してよいか。

**A**　下請法は，下請取引における優越的地位の濫用行為を画一的，迅速に処理できるため独占禁止法の補完法として制定されたものであり，

下請法が適用可能な事案については，原則として下請法を適用し，独占禁止法を適用しないこととして運用されている。

　例外的に独占禁止法の適用が検討がされることがあるのは，下請法に基づき勧告が行われた場合（下請7条）に，親事業者がその勧告に従わなかったときであり，その下請法違反行為が独占禁止法2条9項5号に違反するときは，独占禁止法20条（排除措置）及び20条の6（優越的地位の濫用に係る課徴金）が適用される。

## 解　説

### *1*　下請取引に対する下請法の原則的適用

　下請法は，下請取引における親事業者の下請事業者に対する優越的地位の濫用行為を画一的，迅速に処理するため独占禁止法の補完法として制定されたものであるから，下請取引について問題があった場合は，原則として下請法が適用される。違法な下請取引に対して，下請法に基づく是正措置を勧告するか独占禁止法に基づく排除措置命令及び課徴金納付命令をするかは，公取委の裁量に属することであるが，公取委は，下請法が制定されたときからそうであったように，独占禁止法に課徴金制度が設けられた時に，「従来下請法の対象としてきたものについては，その方針を変更することなく運用していく」旨を表明しており，これが継続されている。

### *2*　親事業者が勧告に従わなかった場合

　下請法違反があった場合は，公取委は，下請法7条に基づき親事業者に対して不当な行為を是正させるための措置をとるよう勧告することは前述した。その勧告は，例えば，受領拒否の場合は，「速やかにその下請事業者の給付を受領」すること（下請7条1項），下請代金の減額の場合は，「速やかにその減じた額を支払」うこと（同条2項）など，つまり原状回復措置を命ずることとされている。

　一方，親事業者が勧告に従わなかったときは，公取委は，独占禁止法に基

第1章　業務委託に対する独占禁止法の適用

づく調査を行い，同法違反が認定された場合には，同法20条に基づく排除措置命令及び20条の6に基づく課徴金納付命令を行う（『鎌田』196頁）。その排除措置命令は，「当該行為の差止め……その他当該行為を排除するために必要な措置」であり（独禁20条），運用としては「当該行為の差止め」が命じられるだけである。前例でいえば，「受領拒否を止めること」，「下請代金の減額を止めること」にとどまり，原状回復措置である「速やかにその下請事業者の給付を受領」すること，「速やかにその減じた額を支払」うことは命じられない。ただし，独占禁止法により措置がとられる場合は，課徴金納付命令が行われる。課徴金納付命令は，違反行為期間中の当該下請事業者からの全購入額の1パーセントに相当する額の課徴金を国庫に納付するよう命じられる。

　下請法による勧告と独占禁止法による排除措置・課徴金納付命令とを比較すると，独占禁止法による措置の場合の方が一見厳しいように見えるが，下請事業者側から見れば，下請法の場合は原状回復措置が迅速にとられるのに対し，独占禁止法の場合は違反行為の差止めが命じられるにとどまり，課徴金は国庫に納付され下請事業者に還元されるものではないため，下請事業者の直接の利益の点からすると，下請法に基づく措置の方が優れているといえる。

---

**03** 発注者が取引先事業者に対し自己の競争者と取引しないような制限を課すことは問題となるか。

**A** 　発注者が受注者である取引先事業者に対し自己の競争者と取引しないような条件を課すことは，これを市場における有力な事業者が行う場合は，競争者はその発注者の対象とされた取引先とは取引することができなくなるため，発注者間の公正な競争が阻害され，一般指定

6

> 11項「排他条件付取引」に該当し，違法となる。

## 解 説

　発注者・受注者とも，どの取引先と取引するかの選択は原則的に自由である。しかし，発注者としては，継続的・安定的な取引を望むことなどから，受注者である取引先事業者に対して，自己とのみ取引し競争者と取引しないような条件，すなわち，排他条件付取引を要請することがある。このような行為は一般指定11項の排他条件付取引に該当し違法となるおそれがある。

　あるいは，発注者が自己以外にも自己と密接な関係にある事業者の競争者と取引しないよう拘束する場合があるが，これは，一般指定12項の拘束条件付取引に該当するおそれがある。

　このような条件は，それに従わない場合は取引しないとか，違約金を課すとの強制手段で行われる場合のほか，強制手段ではないがそれに従った場合は，取引が有利になる（リベートの増額その他の経済的利益が受けられる。）ような条件が付されることによって行われる場合がある。いずれの場合も実質的に排他条件を付するものであることに変わりはない。

　このような排他条件付取引・拘束条件付取引が違法となるのは，市場における有力な事業者が行う場合である。「有力な事業者」とは，原則として市場におけるシェアが20パーセント超（一応の目安）の事業者である（流通・取引慣行ガイドライン第1部3(4)）。

　有力な事業者が排他条件付取引等を行う場合は，それによって，受注者である多数の取引先が当該発注者とのみ取引することになり，他の多数の競争者はその余の取引先と取引せざるを得なくなるため，他の発注者は取引チャネルが減少し，発注者間の公正な競争が阻害されることになる。また，排他条件付取引等を実施させられた受注者側からみた場合は，当該委託業務に係る取引については，当該発注者との取引に制限され，他の発注者とは自由に取引できないこととなるという不利益が生ずることとなる。

第1章　業務委託に対する独占禁止法の適用

**参考事例**

1　**東芝イーエムアイ事件（平17・4・26勧告審決，公取委審決集52巻348頁）**

　　東芝イーエムアイら5社は，レコード制作会社であり，原盤に録音された演奏者の歌声等の一部を携帯電話の着信音として設定できるよう配信するサービス（着うた）を提供する事業者であるところ，5社が提携して，レーベルモバイルを設立した。レーベルモバイルは，5社から着うたの提供業務を受託している。

　　5社は，レーベルモバイルに着うたの提供業務を委託する者以外の他の着うたの提供業者には，原盤権を保有等している楽曲の原盤権の利用許諾は行わせないこととしたため，他の着うたの提供業者は，5社が原盤権を保有等している楽曲のほとんど全てについてその原盤権の利用許諾が得られない状況となった。

　　本件は，業務委託している事業者が委託していない者への著作権の許諾をしないという事件であり，一般指定1項1号の共同の取引拒絶とされたものである（東芝イーエムアイ以外の審判手続の申立てを行った者は，審判審決が出されている。）。

2　**土佐あき農業協同組合事件（平29・3・29排除措置命令，公取委審決集63巻179頁）**

(1)　土佐あき農協は，園芸農産物（ゆずを除く。）の選果等を行うための施設として集出荷場を所有し，組合員から当該集出荷場に出荷された園芸農産物の販売を受託している。

　　平成23年から平成26年におけるなすの都道府県別の出荷量は高知県が第1位であり，その大部分は同農協管内から出荷されたものである。同管内及びその周辺地域には商系の青果卸売業者として3社がある。

(2)　土佐あき農協の組合員の中には，農協の系統出荷を行うよりも商系の系統外出荷を行う方が，多くの販売代金を得られる場合があること，及び販売代金の支払が早いことから，系統出荷に加え系統外出荷も行いたいという意向を有する者がいる。

　　このような情況の下で，土佐あき農協は，園芸農産物の販売の受託について，次のような方針を採っていた。①土佐あき農協以外になすを出荷した者

8

を支部園芸部から除名し，その者からはなすの販売を受託しない。②組合員が系統外販売をした場合は，独自の手数料及び罰金等を徴収する。

(3)　土佐あき農協の上記行為は，一般指定12項の拘束条件付取引に該当するとされた。行為の実質は商系との取引を排除するためのものであるが，その手段として組合員を強く拘束していたことから，その点に着目して法が適用されたものと考えられる。

## ポイント解説

**農業協同組合の活動に関する独占禁止法上の指針（平19・4・18公取委，最終改正：平30・12・27）の概要**

1　農業協同組合（農協）は，農協法に基づき自主的に設立された協同組合であり，小規模な事業者である農業者が相互扶助によって，経営効率の向上や生活の改善を図ること等を目的としている。農業者による農協への加入・脱退が自由であることはもちろん，組合員が，農薬，肥料，飼料，農業機械等の生産資材を購入したり，組合員が生産した農畜産物を出荷したりする際に，農協の事業を利用するか否かは組合員の自由意思に委ねられている。したがって，農協が組合員に対して組合の事業の利用を強制することは，そもそも農協組合制度の趣旨に反するものである。また，農協と競争関係にある商系事業者の取引の機会を奪うことなどを通じて，農業分野における競争に悪影響を及ぼすことにもなる。

　しかし，農協については，組合員に対して，農協の事業の利用（系統利用）を強制したり，商系事業者と直接取引すること（商系利用）を妨害する行為が多くみられる。

　このため，公取委では，独占禁止法上問題となる行為を明らかにすることにより，連合会及び単位農協による違反行為を未然に防止するとともに，農業分野における公正かつ自由な競争の促進に役立てることを目的として，本指針を制定した。

2　独占禁止法は，事業者が，私的独占，不当な取引制限（価格カルテル，入札談合等の共同行為），不公正な取引方法等の行為を行うことを禁止するとともに（3条・19条），事業者団体が，競争制限的な行為又は競争阻害的な行為を行うことを禁止している（8条）。

　一方，独占禁止法は，協同組合の一定の行為について適用除外規定を設

けている（22条）。農業協同組合法に基づき設立された連合会及び単位農協の行為についても，連合会及び単位農協が，①任意に設立され，かつ，組合員が任意に加入又は脱退できること，②組合員に対して利益分配を行う場合には，その限度が定款に定められていることの各要件を満たしている場合には，原則として独占禁止法の適用が除外される（独禁22条，農業協同組合法8条）。したがって，連合会及び単位農協が，共同購入・共同販売等を行うことについては，独占禁止法の適用が除外される。

しかしながら，①不公正な取引方法を用いる場合，又は②一定の取引分野における競争を実質的に制限することにより不当に対価を引き上げることとなる場合には，適用除外とはならない。また，単位農協が事業者としての立場で他の事業者や単位農協と共同して，価格や数量の制限等を行うこと（カルテル）等は，独占禁止法22条の組合の行為とはいえないことから，適用除外とはならない。

3　単位農協による組合員に対する問題としては，次のようなものがある。
 (ｱ)　購買事業に関して，その利用に当たって，①単位農協の競争業者との取引を制限する，②共同利用施設の利用や信用事業，販売事業に当たって購買事業の利用を強制する
 (ｲ)　販売事業に関して，その利用に当たって，①単位農協の競争業者との取引を制限する，②共同利用施設の利用や信用事業の利用に当たって販売事業の利用を強制する
 (ｳ)　組合員に対する仕入先・販売先の制限に関する拘束等

また，連合会による単位農協に対する問題としては，次のようなものがある。
 (ｱ)　単位農協に対して，単位農協が一部の生産資材を連合会から購入する際に，単位農協が連合会の購買事業を利用せずに購入したいと考えている生産資材についても購買事業を利用させる
 (ｲ)　連合会が単位農協に対して，正当な理由がないのに商品・役務を不当廉売に当たる価格で供給し，商系事業者の事業活動を困難にさせる
 (ｳ)　単位農協に対する仕入先の制限に関する拘束等

**Q04** 業務委託において，競争関係にある発注者が取引先の制限をしたり市場分割を行うことは問題となるか。

**A** 業務委託を行う際に，競争関係にある発注者が取引先の制限をしたり市場分割を行うことは不当な取引制限に該当し，発注者と受注者との取引について，相互に対価・品質において有利な取引先を選択して自由に取引を行うことを制限するものであり，一定の市場における競争を実質的に制限する場合は，事業者が行う場合は独占禁止法3条に違反し，事業者団体が行う場合は同法8条1号に違反する。

解 説

## *1* 不当な取引制限違反

　発注者・受注者は，それぞれ，委託取引において，対価その他の取引条件が自己に有利な取引の相手方と取引しようとする。この場合，発注者としては，受注者との取引の対価は低い方が有利であるから，受注者が発注者を自由に選択することによって対価が引き上げられることがないようにするため，発注者は受注者間との取引を固定化しようとすることがある。これは発注者による取引先の制限あるいは市場分割であり，一定市場の競争が実質的に制限される場合は不当な取引制限に該当する。そのように取引関係が固定化された場合は，発注者が受注者に対し優越的地位の濫用を行いやすくなる。

　また，委託取引において取引の対象となるものが定形的であるものについては，委託料金の引上げを防止するため，発注者が委託料金の最高料金を協定することもあり得る。このような料金協定が，一定市場の競争が実質的に制限される場合は不当な取引制限であることはいうまでもない。また逆に，受注者が受託料金が低く設定されないようにするため，受注者側において受託料金の最低料金を決定するような行為も不当な取引制限として問題となる。

第1章　業務委託に対する独占禁止法の適用

## *2*　市場分割に関する考え方

　複数の発注者又はそれらの事業者団体による市場分割は，取扱分野の分割や地域制限（テリトリー制）によって行われることがある。前者は，取扱品目や型式等により事業活動の範囲等を制限するものであり，後者は，事業活動の地理的範囲を制限するものであり，いずれも，これらが制限的に行われる場合は不当な取引制限に該当する。

　しかしながら，これらの市場分割が，発注者の技術等の事業能力や事業規模等によって，事実上おのずから決まってくるような場合もある。このような人為的な取決めによらないものは，不当な取引制限として問題となることはない。

## *3*　不当な取引制限に対する課徴金

　発注者又はそれらの団体が不当な取引制限を行った場合は（受注者又はそれらの事業者団体が行う場合も同様），独占禁止法7条又は8条の2に基づき排除措置命令が行われるほか，同法7条の2又は8条の3に基づき課徴金納付命令が行われる。課徴金額は，当該取引における売上額に次の一定率を乗じた額である。

〈図2　課徴金における「一定率」の区分〉

| 業　種 | 大企業 | 中小企業 |
| --- | --- | --- |
| 卸・小売以外 | 10％ | 4％ |
| 卸 | 2％ | 1％ |
| 小　売 | 3％ | 1.2％ |

〈図3　「中小企業」の定義〉

| 業　種 | 資本金等 | 従業員 |
| --- | --- | --- |
| 製造・建設・運輸等 | 3億円以下 | 300人以下 |
| 卸　売 | 1億円以下 | 100人以下 |
| サービス | 5千万円以下 | 100人以下 |
| 小　売 | 5千万円以下 | 50人以下 |

**Q05** 発注者が取引先事業者に対し委託した業務を完成させるために必要な物品や役務の購入先を指定したり制限したりすることは問題となるか。

**A** 発注者が業務委託を行う際に，取引先事業者に対し，委託した業務を完成させるために必要な物品や役務を自己又はその指定する者から購入することを義務付けることがあるが，購入の義務付けが当該物品等の完成品の機能や品質を維持するために必要である場合は許容されるが，そうでない場合は，そのような行為は抱き合わせ販売・取引の強制あるいは優越的地位の濫用となるおそれがある。

**解説**

## *1* 抱き合わせ販売の違法性

発注者が受注者に対し物品や役務の製作を委託するに際し，当該製品の製作に必要な原材料や物品，役務等を自己又は自己が指定する者から購入するよう要請ないし強制（客観的に購入を余儀なくさせているような場合）することは，一般指定10項の「抱き合わせ販売等」に該当するおそれがある（「抱き合わせ販売等」の「等」とは，単に「要請」するにとどまらず抱き合わせではない取引強制（事実上の強制を含む。）を含む意味である。以下では，「抱き合わせ販売」という。）。

抱き合わせ販売は，上記のような業務委託品の製作に用いる原材料等の購入を義務付ける場合のほか，一般の商取引において，商品等の販売業者が取引の相手方に対し，A商品にB商品を抱き合せて販売するような場合も含まれる。

抱き合わせ販売が規制される理由は，市場で有力な商品であるAに新製品や売行きが良くないBを抱き合わせて販売する場合は，販売の相手方は，Aが欲しいためにA＋Bを購入することになり，この場合Bはそれ自体の価格・品質により販売されるものでないため，B商品の競合品との間の公正な

*13*

競争が阻害されるという考え方の基づくものである。
抱き合わせ販売は，次のような方法により行われる。

〈図4　抱き合わせ販売の形態〉

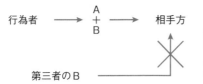

## 2　抱き合わせ販売が違法でないとされる場合

抱き合わせ販売は，次のような場合は違法でないとされる。

(1) **委託した製品等の機能や品質を維持するために必要な物品や役務の購入を義務付ける場合**

受注者としては，発注者から受注した製品等の機能・品質を確保する義務を負い，発注者から示された仕様に従って製作しなければならないが，そのために必要な原材料や物品等を，受注者が調達できない場合は，発注者が自ら又はその指定する第三者から購入することを義務付けることができる。しかし，受注した製品の製作に必要な原材料等を受注者で調達できる場合は受注者自らが調達することを原則とし，発注者が特定の購入先を義務付けることは抱き合わせ販売となるおそれがある。受注者が必要な原材料等を調達できないような場合や発注者から購入した方が有利な場合は，受注者は自らの選択で発注者から購入することになる。

(2) **セット販売の場合**

A＋Bの販売が常に違法となるものではなく，供給を受ける側がAもBも単独でも選択できるような場合は，A商品もB商品もともに公正な競争が阻害されないので独占禁止法上問題となることはない。

セット販売が違法とならない場合は，A＋BでもA，B単独でも購入する

ことができるようになされている場合である。

## *3* 下請法による規制

下請法は，親事業者の遵守事項として，４条１項６号にて，親事業者は下請事業者に対し製造委託等をした場合において，次のような行為をしてはならないことを規定する。

「六　下請事業者の給付の内容を均質にし又はその改善を図るために必要がある場合その他正当な理由がある場合を除き，自己の指定する物を強制して購入させ，又は役務を強制して利用させること。」

## *4* フランチャイズ契約における規制

フランチャイズ・システムの下においては，フランチャイザー（本部）とフランチャイジー（加盟者）との間にフランチャイズ契約が締結されるが，本部が加盟者に対して一般的に優越した地位にあるため，優越的地位の濫用等が行われやすい。

そこで公取委は，フランチャイズ契約に係る独占禁止法上の様々な問題（加盟者募集，フランチャイズ契約締結後の本部と加盟者との取引に係る問題）についてのガイドラインとして，「フランチャイズ・システムに関する独占禁止法上の考え方について」（平14・4・24公取委，最終改正：平23・6・23）を制定している。その中の「3(2)　抱き合わせ販売等・拘束条件付取引について」に以下の趣旨の内容を記載している。

フランチャイズ契約に基づく営業のノウハウの供与に併せて，本部が加盟者に対し，自己や自己が指定する事業者から，商品，原材料等の供給を受けさせるようにすることは，抱き合わせ販売に該当する場合がある。これに該当するかどうかは，行為者の地位，行為の範囲，相手方の数・規模，拘束の程度を総合勘案して判断する。

フランチャイズ・システムは，小売業・外食業のみならず各種のサービス業など広範囲の分野で活用されており，加盟者としては本部が提供するノウハウ等を活用して，従来から同種の事業を行っていた者に限らず給与所得者

第1章　業務委託に対する独占禁止法の適用

等当該事業の経験を有しない者を含めて様々の者が加盟者として応募しているという特質がある。フランチャイズ・システムは，フランチャイズ契約に基づいて事業活動が行われ，本部と加盟者があたかも本店と支店であるかのような外観を呈しているものが多いが，加盟者は法律上は本部から独立した事業者であるから，本部と加盟者間の取引については，独占禁止法が適用される。このようなフランチャイズ・システムの特質から，ノウハウの供与に併せて商品等の抱き合わせ販売や優越的地位の濫用が行われやすい。ただし，加盟者としても前記のように経営に関する知識を有しない場合が多いことから，商品等の仕入れ先等についても，本部が推奨するところに従う場合が多いと考えられる。

　また，フランチャイズ・システムにおいては各加盟者は一様に商品やメニューを揃える必要があるということもある。したがって，フランチャイズ契約に対する独占禁止法の適用（抱き合わせ販売，拘束条件付取引，優越的地位の濫用等）については，以上のような実態・実情を踏まえて行われることが必要となる。

　なお，フランチャイズ契約で問題となるケースとして多いものとしては，加盟者募集における情報提供の不備，食料品等の見切り販売の制限，廃棄ロスの経理上の処理，契約終了後の競業禁止等に関する問題である。他に，加盟者が地元特産の農産物等を取り扱うこと等が制限されているという問題（拘束条件付取引）も指摘されている。


**参考事例**

1　**藤田屋事件（平4・2・28審判審決，公取委審決集38巻41頁）**

　　家庭用テレビゲームの二次卸売業者である藤田屋は，人気ソフトのドラゴンクエストⅣの販売に当たり，取引先小売業者に対し，従来の取引実績に応じた数量配分以上の購入を希望する小売業者に対しては，ドラゴンクエスト1本に同社で在庫となっているゲームソフト3本を付加して購入することを条件にドラゴンクエスト1本を販売したことが，抱き合わせ販売に該当するとされた。

2　**東芝エレベータテクノス事件（大阪高判平5・7・30判タ833号62頁，公取**

委審決集40巻651頁）

（甲事件）被告東芝エレベータテクノスは，東芝製エレベーターの保守点検を業とし，保守部品も一手販売しているところ，同社は，独立系保守業者と保守契約をしている原告ビル所有者（ビルに設置されているのは東芝製エレベーター）からエレベーターの部品を納入するよう依頼されたのに対し，取替調整工事込みでないと部品の納入には応じられない，しかも納期は3か月後になるとした。

　本件については，抱き合わせ販売に該当するとされた。

（乙事件）原告独立系保守業者は，東芝製エレベーターの所有者と保守契約を締結していたところ，エレベーターが故障して部品を取り替える必要があった。原告は，被告東芝エレベータテクノスは取替調整工事込みでないと部品の納入には応じないことを知っていたので，初めから被告に対し故障修理を依頼した。これに対し被告は3か月後に部品を取り替えることとして応急修理をした。

　原告は所有者から，保守部品が入手できないようでは完全なメンテナンスはできないとして，エレベーターの所有者から保守契約を解約され，同所有者は被告と保守契約を締結した。

　本件については，取引妨害に該当するとされた。

3　マイクロソフト事件（平10・12・14審決，公取委審決集45巻153頁）

　アメリカ・マイクロソフトの100％子会社である日本法人マイクロソフトは，PCのソフトウェアの開発及びその利用許諾を行っている。

　平成6年当時のPCソフトウェアの市場シェアは，表計算用ソフトウェアについてマイクロソフトのエクセルが第1位，ワードプロセッサ用ソフトウェアについてジャストシステムが供給する一太郎が第1位，スケジュール管理ソフトについてロータスが供給するオーガナイザーが第1位であった。

　マイクロソフトは，パソコンメーカーに対し，①平成7年，エクセルと共に自己のワードをPCに搭載することを条件としてソフトウェアの利用を許諾し，②その後アウトルックを開発してからは，エクセル・ワード・アウトルックを併せて搭載することを条件として，ソフトウェアの利用許諾を行った。

　こうしたことから，マイクロソフトは，平成9年には，ワードで第1位，ア

第1章　業務委託に対する独占禁止法の適用

　ウトルックでも第1位となった。
　　マイクロソフトの行為は抱き合わせ販売に該当するとされた。

# 第2章 下請法について

## 第1節 総論

**Q06** 下請法は独占禁止法上の優越的地位の濫用規制の補完法とのことだが,「下請法」と「優越的地位の濫用規制」はどう違うのか。

**A** 優越的地位の濫用規制も下請法も,取引上の地位が相手方に優越している事業者が,その地位を利用して,当該相手方に不当な不利益を与えることを規制するものである。

優越的地位の濫用規制においては,公正な競争を阻害するおそれのある場合に問題となり,事業者の行為が独占禁止法に違反するか否かは,取引当事者間の取引上の地位の優劣関係や問題とされる行為が行われた具体的な事情を踏まえて判断されるのに対し,下請法の場合は,下請事業者の利益保護の観点をも踏まえ,取引当事者間の取引上の地位の優劣関係や問題となる行為が具体的に法律で定められているため,違反か否かはかなり形式的な基準で判断できることになっている。

そして,下請法では公正な競争を阻害するおそれの有無にかかわらず違反となり得るので,下請法に違反した場合に公正取引委員会が採り得る措置は,排除措置命令などの行政処分ではなく,勧告という行政指導となっている。

## 第1節 総　論

 **解　説**

### *1*　下請法の制定理由

　独占禁止法上の優越的地位の濫用規制は，下請取引における場合を含め，取引上優越した地位にある事業者の不当な行為を規制することを目的として昭和28年に導入されている。

　公正取引委員会では，下請取引における優越的地位の濫用規制に係る認定基準を作成するなどして，親事業者による下請代金の支払遅延等の行為を規制することとしたが，これらの行為を独占禁止法で規制しようとする場合は，

① 　親事業者と下請事業者との間の取引上の地位の優劣及び親事業者の具体的行為の不当性を個別に判断する必要があるため，事件処理に相当の期間を要すること
② 　取引の前提である契約内容が明確でないことが多く，事実関係や問題点の把握が困難であること
③ 　独占禁止法上の審査手続により事実認定を行い，行政処分により是正を図ることとすると，親事業者と下請事業者との継続的な取引関係を悪化させ，下請事業者の利益を損なうおそれがあること
④ 　下請事業者から公正取引委員会への自主的な情報提供が期待できないため，違反行為の発見が困難であること

といった問題があったことから，昭和31年に下請法が制定されている。

### *2*　下請法の特徴

　下請法では，上記1のような問題を解消して，親事業者の不当な行為の未然防止を図るとともに，当該行為が行われた場合にこれを迅速かつ的確に排除できるよう，

① 　規制対象取引を取引の内容（製造委託など）と取引当事者（親事業者と下請事業者）の資本金規模により明確にする（2条）
② 　親事業者に対し，発注時に取引条件を記載した書面を下請事業者に交付することを義務付ける（3条）

③　下請代金の支払遅延行為など親事業者の不当な行為を類型化して明確にするとともに，親事業者が当該行為を行うことを禁止する（4条）

④　下請法4条の規定に違反した親事業者に対し，公正取引委員会が下請法上の行政指導である勧告を行うこととして，自主的な改善措置を採るように求める（7条。なお，親事業者が勧告に従った場合は，独占禁止法上の措置規定を適用しないこととして，同法との関係を整理（8条））

⑤　親事業者が違反行為を行っている疑いがある場合に限らず，下請取引の公正化を図るため必要がある場合は，公正取引委員会や中小企業庁が親事業者等を調査できるようにする（9条）

などの規定が設けられている。

　なお，平成15年改正（平成16年4月1日施行）前の下請法においては，勧告を受けた親事業者が当該勧告に従わなかった場合に公正取引委員会がその旨を公表する旨の規定（旧下請7条4項）が設けられていたこと，勧告のできる内容が下請事業者の受けた不利益に係る原状回復措置に限られていたことから，調査を受けた親事業者が問題とされた行為を取り止めて原状回復措置を講じれば勧告の対象とされず，また，勧告を受けた場合でもその勧告に従えば公表されることはなかった。しかし，現在では，公正取引委員会が勧告を行った際に，親事業者名を含め勧告の概要が公表されるとともに，下請法7条2項の規定による勧告の場合は，原状回復措置がなされたときであっても，その他の必要な措置を講ずるよう勧告が行われている。

第2章　下請法について

第1節　総　論

> **07** 中小企業と取引する際には独占禁止法上の優越的地位の濫用とならないよう注意しているが，優越的地位の濫用として問題とならない場合でも，下請法違反とされることがあるのはなぜか。

**A**　独占禁止法は公正な競争秩序の維持を図ることを目的とするものであって，同法により規制を行う場合は取引実態を踏まえた実質的な判断が必要となっている。これに対し，下請法は，下請事業者の利益保護をも目的として，かなり形式的な基準で規制を行い得るものとなっている。

特に，下請法では親事業者は発注書面に記載したとおりに取引を行うことが求められるので，発注後の事情変更等を踏まえた取引条件の変更や，発注書面に記載されていない事前の合意に基づく取引条件の履行といった独占禁止法上は問題のない場合であっても，下請法に違反することになり，勧告が行われたケースも多い。

**解　説**

## *1*　発注後における取引条件変更の取扱い

下請取引を含め，一般的に企業間の取引は継続的なものとなっており，取引を継続していく中で生じ得る変化については，その時々の取引当事者間の交渉によって当初の取引条件を変更するなどの対応がなされるのが通常であると考えられる。

このような状況の変化に対応した取引条件等の変更については，取引当事者間で十分な交渉が行われて合意に達したものであれば，取引上の地位が劣位にある事業者にとって不利益になると見られるものであっても，通常は優越的地位の濫用として問題となるものではない。

しかし，下請法の場合は，発注時に下請事業者に発注書面を交付すること

が親事業者に義務付けられており（3条），例えば，発注書面に記載された支払期日までに下請代金を支払わなければ下請代金の支払遅延（4条1項2号違反）となり，発注書面に記載された下請代金の額を減額して支払えば下請代金の減額（4条1項3号違反）となるといったように，発注書面に記載された取引条件を「下請事業者の責に帰すべき理由がないのに」変更することは原則として下請法4条違反となると取り扱われている。

　下請法の規定に違反したとして勧告が行われた最近の事例を見ると，例えば，スーパーなどの大規模小売業者が値引き販売などを行うに当たり自社のプライベート・ブランド商品の納入業者に対し下請代金の減額を求めたことが問題となったものも多い。この値引き販売に伴い納入業者に負担を求める際に，取引数量の増加が見込めるなどとして納入業者の合意が得られているのであれば，優越的地位の濫用規制の観点からは問題はないこととなる。しかし，納入業者が下請法上の下請事業者に該当する場合は，この合意いかんにかかわらず下請事業者に帰責事由はないので，下請法上は4条1項3号違反と取り扱われることになる。

　このように，取引先事業者に下請法上の下請事業者に該当する事業者と該当しない一般の事業者が含まれる場合は，取引条件の事後的な変更が一般の事業者に対して優越的地位の濫用とならないとしても，下請事業者に対しては下請法に違反するとされることがある。

## *2*　発注書面に記載された取引条件と異なる取決めを発注前に合意していた場合の取扱い

　親事業者と下請事業者の間で基本的な取引条件を取引基本契約書などで定めている場合は，個々の発注時の取引条件を書面化する際に，取引基本契約書などにおける合意内容を前提とした記載がなされることがある。

　このような取扱いは一般の企業間取引においては通常のものであって，優越的地位の濫用などとして問題となるものではないが，下請法が適用される取引の場合では，それにより下請事業者が不利なものとなれば，下請法に違反するとされることがある。

第1節　総　論

　このように発注書面に記載されていない事前合意を踏まえた実際の取引条件が発注書面に記載されたものより下請事業者に不利となっている場合の下請法の取扱いとしては，発注書面の記載内容に不備があるとして下請法3条違反とされる場合と下請事業者に帰責事由がないにもかかわらず下請事業者に不利な条件で取引を行ったとして4条違反とされる場合がある。

　この下請法4条違反として取り扱われている代表的なものが下請代金の減額事案であり，返品事案でも同様の取扱いがなされているようである。

　特に，下請代金の支払いに際し，取引基本契約書等で一定期間の取引金額から「歩引き」などとして一定率を控除した金額を実際の下請代金の額とすることが合意されているとしても，それが下請運用基準にいう「ボリュームディスカウントなど合理的理由に基づく割戻金」（下請運用基準第4-3）に該当しない限り，発注書面に記載された下請代金の額から当該合意に基づく金額を控除することは下請法4条1項3号違反になると解されている。

**参考事例**

1　ナフコによる下請代金の減額事例（平17・6・30勧告，公取委報道発表資料・平成17年度年次報告289頁）

　　ホームセンター事業者であるナフコは，自社のプライベート・ブランド商品の製造を委託している下請事業者との間で，値引きに関する契約書又は覚書を締結しており，これに基づいて発注書面に記載した額から減額して支払っていた。

　　これに対し，公正取引委員会は，この減額（169社に対し約1億5,585万円）はボリュームディスカウントなど下請運用基準で認められている合理的な理由に基づくものとはいえず，下請法4条1項3号の規定に違反するとして，ナフコに勧告を行っている。

2　タカキューによる返品事例（平23・10・14勧告，公取委報道発表資料・平成23年度年次報告229頁）

　　衣料品等の小売業者であるタカキューは，自社の店舗で販売するプライベート・ブランドの衣料品等について，商品を受領した後，販売期間が終了した在

24

庫商品を翌期の販売期間に再納品させるために、下請事業者に責任がないのに、「一時返品特約」に基づき引き取らせていた。

これに対し、公正取引委員会は、下請事業者と事前に合意した「一時返品特約」に基づくものであっても、当該返品（返品に係る下請代金相当額は、14社に対し約1億6,280万円）は下請事業者に帰責事由がないので、下請法4条1項4号の規定に違反するとして、タカキューに勧告を行っている。

この事件に係る公正取引委員会の担当者による解説（小林昇ほか「株式会社タカキューに対する勧告について」公取738号60頁）では、通常のナショナル・ブランド商品の発注は下請法が適用されず、納入業者との間の「一時返品特約」に基づく返品は独占禁止法上の優越的地位の濫用としても問題とならないが、下請法の適用を受けるプライベート・ブランド商品の場合には、再納品を前提とするときでも下請事業者に帰責事由がないので、事前の合意の有無にかかわらず問題となるとされている。

# **08** 下請法に違反した場合，優越的地位の濫用として独占禁止法にも違反すると取り扱われることになるか。

**A** 　下請法は独占禁止法上の優越的地位の濫用規制の補完法であるが、下請法と独占禁止法における違法要件は異なるので、下請法に違反する行為が直ちに独占禁止法に違反するわけではない。

　そして、下請法では競争秩序に及ぼす影響を勘案することなく画一的な取扱いがなされているので、下請法に違反する親事業者の行為が独占禁止法上の優越的地位の濫用にも該当するとされる場合はあまり多くないと考えられる。

第1節 総　論

 **解　説**

## *1* 下請法に違反した親事業者の行為が優越的地位の濫用に該当するとされる場合の要件

独占禁止法上の優越的地位の濫用に該当する行為については，独占禁止法2条9項5号で定義されており，親事業者の下請事業者に対する行為が優越的地位の濫用とされるには，

① 親事業者の取引上の地位が下請事業者に対し優越していること
② 親事業者が，その優越した地位を利用して，下請事業者に対し，正常な商慣習に照らして不当に不利益を与えていること

との要件が満たされる必要がある。

下請取引を含む企業間取引における事業者の行為について，これらの要件が充足されるか否かの判断が難しいことが多いが，下請法では，まず，この①の要件については，取引当事者の資本金により，例えば，資本金3億円超の委託者を親事業者と，資本金3億円以下の受託者を下請事業者とするとして，資本金により取引上の地位の優劣を判断することとされている（Q27参照）。また，②の要件については，親事業者が遵守すべき事項が下請法4条で規定されており，親事業者が発注した際の取引条件を変更することは，原則として同条の規定に違反するものとされている。

## *2* 下請法違反行為の優越的地位の濫用行為該当性

下請法の制定前の昭和29年に，公正取引委員会が優越的地位の濫用規制に係る運用基準として「下請代金の不当な支払遅延に関する認定基準」（昭29・3・30公取委）を作成していたとおり，下請代金の支払遅延等の行為は，独占禁止法の優越的地位の濫用規制の対象となり得るものである。

しかし，上記1の①及び②の要件に即して一般的な下請法違反行為が優越的地位の濫用に該当するかを検討すると，次のとおりであり，実際に下請法違反として問題となった事例のうち優越的地位の濫用として独占禁止法に違反すると評価できるようなケースはあまり多くないと考えられる。

## (1) 親事業者と下請事業者の取引上の地位の優劣

資本金額と事業者の企業規模にはある程度の相関関係が見られるので，一般的には，資本金の大きい事業者の取引上の地位が資本金の小さい事業者に優越していると考えられる。

しかし，例えば資本金３億１千万円の事業者と資本金３億円の事業者であれば，通常，その取引上の地位に優劣があるとは言えず，また，そのブランド力が高ければ小規模な事業者であっても，その取引上の地位が高いこともあるので，下請法上の親事業者に該当することをもって下請事業者に対する取引上の地位が優越していると直ちに判断することは困難であると考えられる。

## (2) 正常な商慣習に照らして不当に不利益を与えること

下請法では，発注書面に記載された取引条件を発注後に下請事業者に責任がないにもかかわらず変更することは，原則として下請法４条の規定に違反するものとされている。

このような発注後における取引条件の変更について，取引上優越した地位にある事業者が相手方に一方的に押し付けたような事情があれば，優越的地位の濫用として問題となり得る。

しかし，この取引条件の変更が，取引の相手方と十分に交渉した上で当該相手方も合意したものであれば，これを不当なものと評価するのは困難であると考えられる。

〈図5　下請法と優越的地位の濫用行為規制の基本的な規制枠組みの比較〉

| 下請法の場合 | 優越的地位の濫用行為規制の場合 |
|---|---|
| 〔取引当事者の関係・適用対象取引〕 ||
| 取引当事者の資本金と取引の内容により判断。例えば，資本金３億円超の会社が同３億円以下の会社に製造委託をした場合に，前者を親事業者，後者を下請事業者として下請法を適用 | 取引の一方当事者（甲）に対する他方当事者（乙）の取引依存度，甲の市場における地位，乙にとっての取引先変更可能性などを総合勘案して，甲の優越的地位を判断。取引の内容に限定なし |

第1節　総　論

| 〔発注書面の交付，書類の保存義務〕 ||
|---|---|
| 親事業者に発注書面の交付義務及び書類の保存義務あり | 一般の企業間取引と同様に，発注内容の書面化や取引記録の保存義務なし |
| 〔発注内容の事後的変更が違法となるか否かの判断基準〕 ||
| 下請事業者の責めに帰すべき理由の有無 | 甲が乙に対し自己の取引上優越した地位を利用して正常な商慣習に照らして不当に不利益を与えていたか否か |
| 〔発注書面に記載していない発注前の合意内容の取扱い〕 ||
| 下請事業者に不利となる事前合意は考慮されず，発注書面どおりに取引を履行する必要あり | 事前合意と発注時の合意を総合して取引条件を判断 |

**09** 下請法の適用対象となる取引を行う際に注意すべきことは，何か。

A　親事業者が下請法上の下請事業者と取引を行う際は，下請事業者と十分な協議を行って取引条件を決定した上で，発注時に交付する発注書面に当該取引条件を明確に記載するとともに，下請事業者に責任がない限り発注書面に記載されたとおりに取引を履行する必要がある。

 解　説

## *1*　下請法の基本的な規制枠組み

　下請法は，親事業者による下請代金の支払遅延等の行為を効果的に規制するため制定されたものであり，下請法制定当初の親事業者の遵守事項に係る規制（下請4条）は，発注時に定められた取引条件どおりの取引の履行を親事業者に求めるものであった。

このため，下請法の基本的な考え方は，親事業者と下請事業者との間の交渉により取引条件を決定し，当該取引条件を発注書面に記載して文書化した上で，当該発注書面に記載されたとおりの取引の履行を親事業者に求めるものとなっている。

その後，取引条件どおりの取引の履行を求める規制だけでなく，買いたたき（下請4条1項5号）のように，取引条件の設定行為自体を対象とする規制が追加されているが，この取引条件の設定行為については，独占禁止法上の優越的地位の濫用規制と同様に，「不当に定める」場合に問題となるものである。

## *2* 下請法に違反しないための留意点

下請法においては，発注時に取引条件を記載した発注書面を下請事業者に交付しなければならないことになっているので，下請代金の支払遅延など取引条件の履行に係る規定については，下請事業者との間で取り決めたとおりに発注書面に記載した上で，下請事業者に責任がない限り，発注書面に記載されたとおりに取引を履行する必要がある。

このため，下請事業者との取引を継続する中で当初に定めた取引条件を変更する必要が生じた場合は，まず，下請事業者と交渉した上で取引条件を変更することになるが，この変更後の取引条件によることができるのは，変更後の取引条件を記載した発注書面を下請事業者に交付することとなる新たな発注に係る取引からであって，当該変更時点までに発注した取引を履行する際には，当該取引に係る発注書面に記載された従前の取引条件によるよう留意することが必要となる。

また，買いたたきなどの取引条件の設定行為に係る規制については，不当に設定された場合に問題とされており，取引条件が不当に設定されたか否かを最も的確に判断できるのは取引に係る諸事情に精通している取引当事者であるので，親事業者としては，下請事業者と十分に協議を行った上で合意を得るように留意する必要がある。

このように，下請法の対象となる取引を行う際は，下請事業者と十分に協

第1節　総　論

議をした上で取引条件を設定すること，当該取引条件を明確に発注書面に記
載すること，取引を履行するにあっては発注書面に記載されたとおりのもの
とすることに留意する必要がある。

第**2**節　**下請法の適用対象取引**

> **Q10**　業務委託を行う際に，下請法が適用されるのはどのような
> 場合か。

**A**　　下請法では，下請法の適用対象を取引の内容と取引当事者の資本金
額により定めている。
　　例えばメーカーが自社の製品に使用する部品の製造を外注する場合，
この取引は下請法上の「製造委託」に該当するので，当該メーカーの
資本金が3億円超であって外注先事業者の資本金が3億円以下である
などの資本金区分に該当すれば，下請法の適用対象となる。

### 解　説

*1*　**下請法の適用対象取引（取引の内容）**

　下請法は下請取引における優越的地位の濫用行為を規制しているが，下請
法の対象となる下請取引について「製造委託」，「修理委託」，「情報成果物作
成委託」及び「役務提供委託」として定義している。

　このうち，「製造委託」は製造業における代表的な下請取引であって，下
請法2条1項で，事業者が業として行う販売の目的物たる物品，その部品等
を他の事業者に委託することなどと定義されている。

　例えば，自動車メーカーが自社で製造する自動車の部品を部品メーカーに
発注することや，他の自動車メーカーからOEM供給（相手先ブランドによる供
給）を受けることとして自社のブランドで販売する自動車を外注することは，
製造委託に該当する。

　また，製造委託を行う事業者の業種に特に限定はないので，スーパーマー
ケットなどの小売業者が自社のプライベート・ブランド商品を販売すること
として，その製造を外注することも，製造委託に該当する。

第2節　下請法の適用対象取引

## *2*　下請法の適用対象取引（取引当事者の資本金区分）

　下請法では，取引当事者間の取引上の地位の優劣関係を各当事者の資本金の額（又は出資の総額）を基準として定めている。

　下請法の制定当時においては，中小企業基本法上の中小企業の資本金の額が１千万円以下であったことを踏まえ，製造委託や修理委託を行う法人で資本金額が１千万円超であるものを「親事業者」とし，その取引上の地位が相手方に優越しているものと取り扱われていた。一方，この製造委託や修理委託を受ける資本金額１千万円以下の法人及び個人事業者を「下請事業者」とし，その取引上の地位が親事業者に劣っているものと取り扱われていた。

　この親事業者及び下請事業者に係る資本金額の基準については，その後の中小企業基本法上の中小企業に係る資本金額基準の引上げに伴い引き上げられ，製造委託等では３億円となっているが，下請法制定当時の１千万円との基準も引き続き用いられている。

　下請法２条７項及び８項の規定によれば，下請法の適用対象となる取引の内容ごとの親事業者と下請事業者の定義は，次のとおりとなっている。

　なお，中小企業基本法においては中小企業の定義として資本金だけでなく従業員数に係る基準も用いられているが，従業員数については日々変動する可能性があるため，下請法では資本金基準だけが用いられている。

〈図6　①製造委託，②修理委託，③プログラムに係る情報成果物作成委託，④運送，物品の倉庫における保管及び情報処理に係る役務提供委託における事業者と下請事業者の定義〉

| 親事業者 | 下請事業者 |
|---|---|
| 資本金３億円超の法人 | ➡ 資本金３億円以下の法人，個人事業者 |
| 資本金１千万円超～３億円以下の法人 | ➡ 資本金１千万円以下の法人，個人事業者 |

〈図7　⑤情報成果物作成委託（プログラムの作成を除く），⑥役務提供委託（運送，物品の倉庫における保管及び情報処理に係るものを除く）における事業者と下請事業者の定義〉

| 親事業者 | 下請事業者 |
|---|---|
| 資本金５千万円超の法人 | ➡ 資本金５千万円以下の法人，個人事業者 |
| 資本金１千万円超～５千万円以下の法人 | ➡ 資本金１千万円以下の法人，個人事業者 |

Q11

**Q11** 下請法の対象となる取引が「下請取引」として定義されず，「製造委託」などとして定義されているのはなぜか。また，下請法が適用される取引の内容である「製造委託」など4つの取引は，どのような基準で選ばれているのか。

**A** 　下請取引は，元々は，元請事業者が請け負った業務の一部を他の事業者に請け負わせるものであるが，製造業における実際の下請取引を法律的にみると「請負」ではなく「売買」であることも多く，また，下請取引に該当する事業者間の取引が一般の企業間取引と大差がないことも多い。

　一般の企業間取引においては，当事者間で争いが生じたとしても，これに行政機関が関与することは不適当であるため，下請法の立案時に，製造業における下請取引を一般の企業間取引と明確に区別できるよう定義することが検討された。しかし，これを「下請取引」との形で定義することは難しかったことから，「製造委託」及び「修理委託」として定義されている。

　そして，近年の経済のソフト化・サービス化を背景として，役務の委託取引における下請問題も大きくなったことから，平成15年の下請法改正（平成16年4月1日施行）により「情報成果物作成委託」及び「役務提供委託」が追加されている。

---

## 解　説

### *1*　製造業における下請取引（製造委託）

　「下請」との用語は，従来，広く建設業界で使用されている。建設業においては，施主から建築物等の建設を請け負った建設業者（元請業者）が当該建設工事の一部を他の建設業者（下請業者）に請け負わせることが多く，施主と元請業者との取引及び元請業者と下請業者との取引を法律的に見ると，

第2章　下請法について

*33*

いずれも民法上の「請負」となっている。このため，建設工事に係る下請取引は下請法の適用対象とされていない（下請2条4項）ものの，元請業者と下請業者と間の取引を「下請取引」と定義することにより，下請取引の範囲を定義することは容易である。

　これに対し，製造業においては，需要者から注文を受けて生産するという受注生産は必ずしも一般的ではなく，また，完成品メーカーと部品メーカーとの間の取引も「請負」ではなく「売買」であることが多いため，「下請取引」といった定義では問題となる製造業における下請問題を的確に把握できないと考えられている。

　この点について，下請法制定時の公正取引委員会委員長は，国会において「この下請の意味は，法律上の用語といたしますと，通常民法等でいう請負のもう一つ下の段階，いわゆる下請負ということになるのでございますが，実際の親と子の関係というのはもう少し複雑でございまして，民法の下請のまた下ということでは取締りができませんので，これは2条に相当詳細に定義が掲げてございますように，今申しました意味の下請よりはよほど範囲が広まっておりまして，要するに，親企業が販売し，あるいは請け負いました仕事につきまして，それをさらにいろいろな形において下に，いわゆる下請に出すというような関係をかなり網羅的にここに掲げたわけでございます」と答弁している（横田正俊（公正取引委員会委員長）発言，昭31・4・24衆議院商工委員会第38号会議録）。

　そして，下請法の法案作成時において，製造業における下請問題を広くカバーできるように，民法の加工（民246条）の考え方を踏まえて下請法2条1項のとおり「製造委託」として規定されている。

## *2*　修理委託，情報成果物作成委託及び役務提供委託

　下請法の対象となる取引の内容として，修理委託については，昭和31年の下請法制定当初から同法の対象とされている。昭和20年代から昭和30年代にかけての戦後の経済復興期においては，製造業者の多くが製品の修理も主要な業務として行っており，顧客から請け負った修理業務を修理専門業者に外

注する際に製造委託と同様の問題が生じていたことから，下請法の対象とされている。

　そして，近年における経済のソフト化・サービス化，さらにはIT化の進展により役務の委託取引における優越的地位の濫用の問題が指摘されるようになったが，公正取引委員会では，当初，役務に係る下請取引の問題ではなく，これら役務の需要者と役務の受託者といった顧客と元請業者との間の問題が大きいとして，平成10年にガイドラインとして「役務の委託取引における優越的地位の濫用に関する独占禁止法上の指針」（以下，「役務の委託取引ガイドライン」という。平10・3・17公取委，最終改正：平23・6・23）を策定している。しかし，その後，役務の委託取引における下請問題に対応することも強く求められるようになり，平成15年に下請法が改正され，適用対象取引として「情報成果物作成委託」及び「役務提供委託」が追加されている。

　この情報成果物作成委託は製造委託と類似の取引であるが，委託の対象となるものが物品ではなく情報成果物であるとの点で異なっている。

　また，役務提供委託については，修理委託と類似の取引であるが，修理委託の場合と異なり，ユーザーから委託を受けた親事業者が再委託を行う場合のみが対象となっている。

　さらに，平成15年の下請法改正では，製造委託の対象となる物品に金型が追加されている。金型は自家使用物品に相当するので，平成15年改正前においても製造委託とされることもあったが，金型の製造を委託することは一般的に下請取引的性格があるとして，親事業者の社内で金型を全く製造していない場合であっても下請法の適用対象取引とされている。

第2節　下請法の適用対象取引

**Q12** 下請法2条1項の「製造委託」の定義が複雑で分かりにくいが，具体的にどのような場合に「製造委託」となるか。

**A** 「製造委託」を定義している下請法2条1項では，製造委託として4つの類型のものを規定している。そして，そのうち3つの類型に含まれている金型の製造委託を別類型のものとすると，製造委託としては，次の5つの類型がある。

| 類型1 | 販売目的物品等の製造委託<br>　物品の販売業者が，その物品や，その物品の部品等の製造を他の事業者に委託する場合 |
|---|---|
| 類型2 | 物品等の製造再委託<br>　物品の製造を請け負っている事業者が，その物品や，その物品の部品等の製造を他の事業者に委託する場合 |
| 類型3 | 修理用部品等の製造委託<br>　物品の修理業者が，その修理に必要な部品又は原材料の製造を他の事業者に委託する場合 |
| 類型4 | 自家使用物品等の製造委託<br>　自家使用又は自家消費する物品を社内で製造している場合に，その物品や，その物品の部品等の製造を他の事業者に委託する場合 |
| 金型の製造委託 | 上記類型1，2及び4における物品等の製造に用いる金型の製造を他の事業者に委託する場合 |

**解説**

## *1*　下請法2条1項の構造

　下請法2条1項では，金型の製造委託を含めて5つの類型の製造委託を一つの文で定義しており，かなり複雑なものとなっている。

　2条1項の規定がこのように複雑なものとなっているのは，法律の条文を

立案する場合，規定内容を正確に記載するとともに，同じ内容を規定する際はできるだけ短い表現とすることとされているためである。

条文の表現をできるだけ短くするために使用される選択的関係（「or」関係）を示す接続詞として「又は」と「若しくは」がある。そして，選択的関係が1段階のみである場合は「又は」が使われ，選択的関係が多段階に存在する場合には，その最も大きな選択関係に「又は」を，それよりも小さな選択関係には全て「若しくは」を使用することとされている。

このため，2条1項の規定のうち，前半部分で規定されている類型1，類型2及びこれらの類型に係る金型部分の規定を整理すると，次のようなものとなる。

この法律で「製造委託」とは，

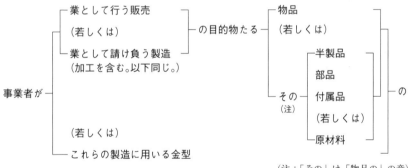

製造を他の事業者に委託することをいう。

そして，この文の「業として行う販売」で始まるものが類型1の製造委託，「業として請け負う製造」で始まるものが類型2の製造委託の定義となっている。

ちなみに，類型1の製造委託に含まれる最初のものは，「事業者が業として行う販売の目的物たる物品の製造を他の事業者に委託すること」となる。

第2節　下請法の適用対象取引

## *2*　自動車製造業における例示的説明

　製造委託に該当する下請取引が一般化としている製造業として自動車製造業があるので，自動車製造業を例として，製造委託の各類型を説明すると，次のとおりとなる。

### (1)　類型1：販売目的物品等の製造委託

　自動車製造業における代表的な下請取引は自動車メーカーが自社で製造する自動車用の部品を部品メーカーに発注するものであり，これは事業者（自動車メーカー）が業として行う販売の目的物である物品（自動車）の部品の製造を他の事業者（部品メーカー）に委託するものである。

　また，製造委託の対象となる物品には，親事業者の行う販売の目的物である物品それ自体も含まれることから，自動車メーカーが他の自動車メーカーから自動車のOEM供給を受けることも「製造委託」に該当する。

### (2)　類型2：物品等の製造再委託

　自動車製造業では，部品メーカーが自動車メーカーから受注した部品を製造する際に，他の部品メーカーから部品等を調達することも多くなっている。

　この場合，事業者（自動車メーカーから部品の製造委託を受けた一次部品メーカー）が，業として請け負う製造の目的物たる物品（自動車メーカーが発注した部品そのもの）やその物品の部品等の製造を他の事業者（二次部品メーカー）に委託すれば，類型2の製造委託に該当する。

### (3)　類型3：修理用部品等の製造委託

　この類型3の製造委託は修理業者によるものであり，自動車メーカーが修理業務も行っている場合は対象となり得る。

　この類型3の製造委託に該当するのは，自動車修理業者が依頼された自動車の修理を行う際に必要となる自動車部品の製造を部品メーカーに委託する場合である。ただし，現在の下請法の運用では，その部品が純正品など一般に製造販売されているものであれば，受注をした後に製造されるものであっても「製造委託」に該当しないとされている。

⑷ **類型 4 ：自家使用物品等の製造委託**

　自動車メーカーが自社で使用する特定の製造設備を社内で製造している場合，当該製造設備は自家使用物品に該当するので，当該製造設備の部品等の製造を部品メーカー等に委託したときは，この類型 4 の製造委託に該当する。

　なお，この類型 4 においても，自家使用又は自家消費する物品そのものの製造を委託する場合が含まれるが，当該物品の全ての製造を委託する場合には，「自家使用又は自家消費する物品の製造を業として行う場合」に該当しなくなるので，自家使用等する物品の一部の数量のみの製造を委託するときに限られることになる。

⑸ **金型の製造委託**

　金型の製造委託は，平成15年の法改正により下請法の適用対象取引に追加されたものである。

　製造業者にとって「金型」は自家使用物品に該当し，当該金型を自社で製造している場合は類型 4 の製造委託に該当し，この法改正前においても下請法の適用対象とされていた。

　しかし，金型の製造業者には中小企業が多く，発注者による優越的地位の濫用とみられる行為が多かったことのほか，金型は親事業者の販売等の目的たる物品を物理的に構成するものではないが，部品等と同様に当該物品を製造するために使用され他に転用することができないことから，親事業者が社内で製造しているか否かにかかわらず，下請法の対象とされている。

第2節　下請法の適用対象取引

**Q13** いわゆるOEM供給を受ける場合や小売業者が自社のプライベート・ブランド商品を仕入れることも「製造委託」に該当するか。

**A** 　製造委託の対象となる物品には，部品等だけでなく，製造委託を行う事業者が販売する物品自体も含まれ，また，当該事業者の業種についても特に限定がない。
　このため，製造業者が他の製造業者からOEM供給（相手先ブランドによる供給）を受ける場合や，小売業者がプライベート・ブランド商品（PB商品）の製造を製造業者に委託する場合も，「製造委託」に該当する。

**解　説**

## 1　下請法2条1項の定義上の取扱い

　下請法2条1項では，「事業者が業として行う販売…の目的物たる物品…の製造を他の事業者に委託すること」を製造委託に含めており，この委託を行う事業者が当該物品の製造工程に直接的に関与することは要件とされていないので，製造販売業者がOEM供給を受けた場合や小売業者がPB商品の製造を製造業者に委託する場合も「製造委託」に該当する。

## 2　小売事業者にとっての一般商品とPB商品との相違

　一般の小売業者は，商品の流通過程において製造業者と消費者を仲介する機能を有しているだけであるのに対し，PB商品を取り扱うことは，企業活動の実態として，小売業者が製造業者の役割も併せて有すると評価されるものである。
　このため，小売業者がPB商品の製造を委託することは自社の有する製造業者としての機能の一部を外注したことになり，製造業者が自社の製造工程

40

の一部を外注した場合と同様の評価ができるので，下請法上も同様に取り扱われることになる。

## Q 14 委託先事業者が注文を受けてから生産を始める受注生産の場合は，「製造委託」に該当するか。

**A** 　現在の下請法の解釈・運用においては，発注された物品が受注生産品であるか否かとの点は「製造委託」該当性の判断において重視されておらず，当該物品の仕様等につき発注者側の関与がない場合は，仮に発注を受けて生産されるものであっても「製造委託」に該当しないとされている。

### 解 説

　発注される物品が受注生産品である場合に「製造委託」に該当するか否かについての公正取引委員会の解釈・運用については変遷が見られる。

　かつては，発注された物品が受注者側の企画商品であっても，大量に発注されたものが取り消されるなどした場合の転売可能性が低く，受注者側の被る不利益が大きいことから，受注生産と製造委託がほぼ同義とされていたようである。

　しかし，現在の下請法4条1項の解釈・運用においては，公正取引委員会及び中小企業庁が作成した『下請取引適正化推進講習会テキスト〔平成29年11月〕』におけるQ&Aが示すとおり，委託者が発注する物品の仕様等を指定したか否かが重視されており，当該仕様等を定めたのが受託者側であって，受託者側で定めた仕様等の物品をそのままの形で購入する場合は「製造委託」に該当しないものとされている。

第2章　下請法について

*41*

第2節　下請法の適用対象取引

〈下請取引適正化推進講習会テキスト〔平成29年11月〕（抄）〉

Q10：小売業者がメーカーブランドの商品（各メーカー等が自ら仕様等を決定し自社ブランドとして販売している商品）を発注し，納入業者が発注を受けてから生産する場合，これは製造委託に該当するか。

A：小売業者のメーカーブランド商品の発注については，納入業者が発注を受けてから生産する場合であっても，当該メーカーブランド商品の汎用性が高く，かつ，自社用として変更を加えさせることがない場合には，本法の対象となる受注生産とは異なり，実質的には規格品の購入と認められ，製造委託には該当しない。〔後略〕

**15** 自家使用・自家消費の物品を自社で製造している場合に，その一部を外注すると「製造委託」となるのはなぜか。

**A** 「製造委託」は，典型的には，親事業者が顧客に販売する商品を製造するに当たり，その製造工程の一部を外注するものである。自家使用・自家消費物品については，親事業者自らが当該物品を使用する顧客となるものであって，親事業者の当該物品に係る製造活動に顧客に販売するためのものという評価も可能であるため，その一部を外注することが「製造委託」に該当すると取り扱われていると考えられる。

 **解説**

「製造委託」は製造業における代表的な下請取引であるが，下請法の立案時に，同法の適用対象取引を「下請取引」として定義しようとすると，適用

*42*

されるものと適用されないものを明確に区分することが難しかったことから，製造業における下請取引と評価し得る取引を「製造委託」として定義している。

典型的な下請取引としての製造委託は，事業者が顧客から受注した物品を製造するに当たり，その製造工程の一部を他の事業者に外注するものである。

そして，事業者が自家使用・自家消費する物品について社内で全く製造していない場合，それを外注する際の受注者との関係は，単なる売買や請負であって，下請取引的なものとは言えない。

これに対し，事業者が自家使用・自家消費する物品を社内で製造している場合は，社内に当該物品のユーザー部門と生産部門が存在し，生産部門がユーザー部門から発注されたものの一部を外注しているとの評価も可能であり，下請取引的な性格が生ずることとなる。

下請法の立案時には，製造業における下請取引的な取引を広く規制対象とすることとされており，このような立案時の方針を踏まえ，「製造委託」の類型4（34頁参照）として，自家使用・自家消費する物品に係る規定が設けられていると考えられる。

〈図8　一般の製造委託と自家使用物品に係る製造委託の比較〉

〔一般の製造委託（類型1：販売目的物品等の製造委託，類型2：物品等の製造再委託）〕

（注）　ユーザー等に販売する物品（ないしユーザー等から製造を委託された物品）について，その物品やその部品等の製造を委託すれば，下請法の対象となる製造委託に該当する。

〔自家使用物品等の製造委託（類型4）〕

（注）　自家使用物品を使用している企業の「物品の製造担当部門」から見ると，物品の使用部門に提供することを前提に製造する物品（ないし使用部門から製造を委託された物品）について他に製造を委託する下請取引的性格が見られることになる。

第2節　下請法の適用対象取引

**Q16** 金型は自家使用物品に当たると思うが、自社内で金型を製造していない場合でも金型の製造を発注すると「製造委託」に該当するのはなぜか。

**A** 金型それ自体は、親事業者の販売の目的物たる物品を構成するものではないが、部品等と同様に、特定の物品の製造に使用され、その他の物品の製造のためには使用できないことから、部品等の製造委託と同様に下請法の対象とされている。

**解　説**

　金型は親事業者の自家使用物品に該当するため、平成15年の下請法改正前においては、親事業者が金型を業として製造していない場合は下請法の対象とはならなかった。

　一方、金型産業は完全受注産業であって小規模な事業者が多く、発注者に対し弱い立場にあり、発注書面が交付されないとか、サイト（手形の振出日から支払期日までの期間）の長い手形による支払が多いなどの問題があったことから、金型産業の事業者からは部品等の製造委託の場合と同様に下請法の対象とするよう要望がなされていた。

　このような状況を踏まえ、役務の委託取引の公正化等を図るため下請法の在り方等を中心に検討することとして公正取引委員会に設けられた企業取引研究会において、金型についても検討がなされている。

　そして、平成14年11月に公表された企業取引研究会の報告書（全体の概要は公正取引委員会平成14年度年次報告293頁）においては、金型の製造委託について次のように述べられており、この企業取引研究会における検討などを踏まえ、下請法の改正法案が立案され、平成15年改正により金型全般について下請法が適用されることになった（Q11参照）。

44

Q16

〔企業取引研究会報告書の「金型の製造委託」部分〕

第2　経済環境の変化に即応した下請法の規制の在り方

1　下請法の対象範囲

(中略)

(4)　金型の製造委託

　　金型は，特定の部品，製品等の製造を行うために使用する物品であり，金型の製造を委託する事業者は，特定の部品，製品等を製造するために当該金型を使用したり，他の事業者にこれを使用した部品等の製造を委託することが一般的である(注)。現行の下請法では，金型の製造委託は，委託事業者が自ら使用する金型の製造を「業として行う」場合が対象となる。従来は，委託事業者は，自らも金型の製造を業として行い下請法の対象となることが大半であったが，最近では，自らは金型の製造を業として行わないため，下請法の対象とならない金型の製造委託が増加していると指摘されている。下請法の対象とならない取引においては，下請代金の額が記載された発注書面が交付されなかったり，割引困難な手形による支払が行われるなど下請法4条で禁止されている行為に該当する行為が行われていることが関係業界から指摘されている。

　　金型は，それ自体は親事業者の販売等の目的たる物品を物理的に構成するものではないが，半製品，部品，附属品，原材料と同様に，当該物品の製造のために使用され，かつ，他の物品の製造のために使用することができない。このように当該物品との密接不可分な関連性があり，また，転用可能性もないことは，部品等と同様であるので，物品を構成する部品等の製造委託と同様に，金型の製造委託全般を下請法の対象とすることが適当であると考えられる。

　(注)　金型の製造については，CAD/CAMの進歩によるコンピュータ化，技能・ノウハウのデータ化，ソフト化が進んできており，金型のソフトの部分の重要性に対する認識が高まっているところである。

第2章　下請法について

45

第2節　下請法の適用対象取引

**Q 17** 小売業者に下請法が適用されることは，プライベート・ブランド商品の製造委託以外にあるか。

**A** 　小売業者が卸売業者等から仕入れた商品につき何らかの加工を行う場合に，それを外注したとすることは「製造委託」に該当する。また，小売業者が販売した商品の修理を引き受ける場合に，その修理業務を外注することは「修理委託」に該当することになる。
　このほか，小売業者が情報成果物作成委託や役務提供委託を行う場合もある。

## 解　説

　下請法の適用対象取引については，取引当事者の資本金区分と製造委託等の取引内容により規定されており，小売業者が行う製造委託などとしては，次のようなものがある。

### *1*　製造委託を行う場合

　小売業者や卸売業者などの流通業者は，消費者が必要とする商品について生産者と消費者を結び付ける活動を行っている。

　小売業者が生産工程に関与することは一般的にはないが，小売業者は消費者と直接に対応しており，消費者が何を求め，消費者に何を提供すれば喜ばれるかを容易に把握できるので，消費者の需要に応じて生産工程に関与することがある。

　例えば，スーツ等の衣服小売業者がズボンの裾上げなどのサイズ直しをすることは多く，衣服のサイズ直しは販売する商品を加工することである。また，贈答品に名入れをした「のし」を付す場合も多く，名入れは販売する商品の付属品である「のし紙」を加工するものとなる。

　このため，小売業者がこれらの作業を外部の事業者に委託すると，下請法

*46*

上の「製造委託」に該当することになる。

## *2* 修理委託を行う場合

家電製品などの耐久消費財について故障等の不都合が生じた場合に，小売業者が消費者から修理業務の依頼を受けることがある。

この場合に，小売業者が消費者に対し修理業者を紹介するなどの取次業務を行うのではなく，消費者から修理業務を受注した上で，これを専門の修理業者に外注したとすると，下請法上の「修理委託」に該当することになる。

## *3* 情報成果物作成委託，役務提供委託を行う場合

平成15年の法改正により下請法の対象取引に追加された情報成果物作成委託や役務提供委託にあっては，これら業務の専門業者だけが対象となるのではなく，一般の事業者であっても対象となることがある。

そして，小売業者であっても自社のホームページや広告を社内で業として作成している場合に，その一部を他の事業者に委託することは自家使用情報成果物の作成委託に該当する。また，例えばパソコンの販売業者が顧客から委託を受けたパソコンの設定業務を他の事業者に委託することは，役務提供委託に該当する。

### 参考事例

□ **マドラスによる修理委託先に対する下請代金の減額事例（平21・2・2勧告，公取委報道発表資料・平成20年度年次報告178頁）**

革製履物の製造販売業者であるマドラスは，革製履物の製造及び修理を下請事業者に委託しているところ，「物流及び情報システム使用料」として下請代金の額から差し引いていたこと（68社に対し総額約2,768万円を減額）が下請法4条1項3号の規定に違反するとして勧告が行われている。

マドラスは，革製履物のメーカーであるが，直営店舗で小売も行っており，この直営店舗で顧客から受注した修理業務を修理業者に委託する場合は，小売業者の立場で修理委託を行ったものとなる。

第2節　下請法の適用対象取引

> **Q 18**　保守点検の対象物品等について修理が必要となった場合に，社内に修理部門のない保守点検業者が顧客からの求めに応じて修理業者に修理を発注したとすると，この発注行為は「修理委託」に該当することになるか。

**A**　保守点検サービス業者が顧客から依頼された修理業務を受注し，これを修理業者に発注した場合は修理委託に該当するが，顧客に修理業者を紹介するなどの取次にとどまる場合は修理委託に該当しない。

**解　説**

## *1*　保守点検と修理

　保守点検は，機械や設備などが正常に機能するように維持するため，これらの作動状況を点検する業務であり，定期的に部品を交換することも含まれる。そして，保守点検の結果，正常に機能しない部分が見つかることもあるが，正常に機能しない部品を交換するなどして正常に機能するようにすることは修理に該当し，保守点検には含まれない。

## *2*　修理が必要になった場合の取扱い

　保守点検業務の結果，修理が必要となった場合に，保守点検業者が顧客から当該修理するよう依頼をされたり，修理業者を紹介するよう求められることがある。

　保守点検業者が顧客から修理の依頼を受けた場合に，これを自社で引き受けて，さらに修理専門業者に発注したとすると，「事業者が業として請け負う物品の修理の行為の全部又は一部を他の事業者に委託すること」（下請2条2項）に該当し，修理委託となる。

　一方，保守点検業者が顧客に対し修理専門業者を紹介したり取次を行うにとどまる場合は，修理委託に該当しない。

**Q19** 自家使用物品の修理を自社で行っている場合に，自社で修理できないものを専門業者に依頼することは，修理委託に該当するか。

**A** 自社では対応できない修理については，「その使用する物品の修理を業として行う場合」に該当しないため，修理委託に該当しない。

 解 説

## *1* 自家使用物品の修理委託

下請法4条2項では，修理業者が受注した修理業務を他の事業者に委託する場合のほか，「事業者がその使用する物品の修理を業として行う場合にその修理の行為の一部を他の事業者に委託すること」も「修理委託」として定義している。

自家使用物品の修理を「業として行う」ことができるためには，当該修理を自社で行い得ることが前提となる。このため，自社で修理できない自家使用物品の修理を修理専門業者など他の事業者に委託しても「業として行う修理」の一部を他の事業者に委託することに当たらず，製造委託には該当しない。

なお，自家使用物品の修理に係る修理委託については，自家使用物品に係る製造委託や自家消費情報成果物に係る作成委託の場合と異なり，その修理の「一部」を委託する場合に限られ，「全部」を委託する場合は修理委託に該当しないこととされている。これは，同種の物品や情報成果物を複数使用している場合に，その一部の物品や情報成果物の製造・作成の全部につき他の事業者に委託したとしても，その他の物品等の製造・作成を委託者自らが行っているときは，委託者が当該製造・作成を業として行っていると見られるのに対し，修理委託の場合は，自家使用物品の修理の全部を他の事業者に委託している場合は，委託者が当該修理を業として行っているとは見られな

いためと解されている。

## 2 自家使用物品の修理と下請取引

　下請法は，親事業者が顧客から受注した業務を行うに当たり，その業務の全部又は一部を更に他の事業者に発注するという，いわゆる下請取引を適用対象とするものである。

　自家使用物品の修理を自社で行う場合，この修理業務は他の事業者から受注したものではないが，当該自家使用物品の使用部署から社内の修理担当部署が受注したと見ることが可能であり，当該修理担当部署が対応できる修理業務を更に他の事業者に発注したときは下請取引的な性格を有することになり，下請法の適用対象取引に含まれることになる。

〈図９　一般の修理委託と自家使用物品に係る修理委託の比較〉

〔一般の修理委託〕

（注）　１　ユーザーから修理を受注する修理業者には，自社では修理業務を行っていない販売業者も含まれる。
　　　　２　ユーザーから修理を依頼された販売業者が修理業者を紹介するにとどまる場合は，取次業者であって，修理業者には該当しない。

〔自家使用物品に係る修理委託〕

（注）　自家使用物品を使用している企業の「修理担当部門」から見ると，他から委託された修理業務を再委託する下請取引的性格が見られることになる。

**Q20** 情報成果物作成委託と製造委託では，委託の対象物が情報成果物か物品かが違うだけと思うが，他に違いはあるか。

**A** 情報成果物作成委託と製造委託の定義規定を比較すると，実質的には，製造委託における「物品」や「部品」などを「情報成果物」に代えたものが情報成果物作成委託となっているので，定義規定上は委託の対象物が異なるだけである。

しかし，情報成果物作成委託にあっては，情報成果物の提供を業としていない事業者であっても自家使用情報成果物を社内で作成している場合も多いこと，製造業者が販売する物品に化体して顧客に提供する情報成果物の作成を委託する場合も提供目的情報成果物の作成委託に該当すると解されていることなどから，親事業者として下請法が適用されることになる業種を見ると，製造委託では製造業が中心となるのに対し，情報成果物作成委託ではソフトウェア産業などに限らず多くの業種が含まれている。

**解 説**

## *1* 情報成果物作成委託の定義規定

情報成果物作成委託の定義規定（下請2条3項）については，製造委託の定義規定（下請2条1項）を参考に作成されている。

製造委託については，平成15年の法改正で追加された金型の製造委託を除くと，①販売目的物品等の製造委託（類型1），②物品等の製造再委託（類型2），③修理用部品等の製造委託（類型3）及び④自家使用物品等の製造委託（類型4）に分けて定義されている。

一方，情報成果物作成委託については，①提供目的情報成果物の作成委託（類型1），②情報成果物の作成再委託（類型2）及び③自家使用情報成果物の作成委託（類型3）に分けて定義されている。

第2節　下請法の適用対象取引

　そして，両者の類型1と類型1，類型2と類型2，類型4と類型3がそれ
ぞれ対応している。また，情報成果物の一部を改変する等のために用いられ
る情報成果物（製造委託の類型3における修理用部品等に相当するもの）の作成を委
託することも情報成果物作成委託の類型1に含まれることになるので，実質
的には，金型に係るものを除く製造委託の定義規定における「物品」や「部
品」などを「情報成果物」に代えたものが情報成果物作成委託の定義規定と
なっている。

## *2*　一般企業による情報成果物作成委託

　物品等を製造するためには相応の設備機器が必要となり，製造業以外の事
業者がそのような設備を保有していることはほとんどないので，一般の事業
者が自家使用物品等の製造を他の事業者に委託したとしても製造委託の類型
4に該当することはほとんどないと考えられる。

　これに対し，オーディオ・ビジュアル機器やパソコンなどの情報機器が広
く普及しているため，現在では，自社のホームページや広告などの情報成果
物を社内で作成する事業者も多くなっている。そして，このような事業者が
社内で作成している情報成果物の一部の作成を他の事業者に委託すると自家
使用情報成果物の作成委託（類型3）に該当することになる。

　また，提供目的情報成果物の作成委託（類型1）における提供行為には，
事業者が他の事業者に作成を委託した情報成果物をそのまま提供するような
場合だけでなく，商品のデザインなど物品に化体して提供する場合も含まれ
ると解されているので，例えば，衣料品製造業者が衣料品のデザインの作成
を他の事業者に委託する場合や住宅販売業者が販売する住宅の建築設計図面
の作成を建築設計事務所に委託する場合も提供目的情報成果物の作成委託に
該当することになる。

　このため，情報成果物作成委託の場合にあっては，ソフトウェア事業者な
ど情報成果物の作成を主たる業務としている事業者だけでなく，一般の事業
者についても下請法の対象となることがあり得ることになっている。

52

**Q21** 自社のホームページを社内で作成しているが，自社では作成ができない部分を専門業者に発注することは，情報成果物作成委託となるか。

**A** 自社では対応できない情報成果物については，「その使用する情報成果物の作成を業として行う場合」に該当しないため，これを外注しても情報成果物作成委託に該当しない。

 **解説**

下請法2条3項では，ソフトウェア業者などが受注した情報成果物の作成を他の事業者に委託する場合のほか，「事業者がその使用する情報成果物の作成を業として行う場合にその情報成果物の作成の行為の全部又は一部を他の事業者に委託すること」も「情報成果物作成委託」として定義している。

自家使用情報成果物の作成を「業として行う」ことができるためには，当該情報成果物の作成を自社で行い得ることが前提となる。このため，自社でホームページを作成している事業者が自社では対応できない部分（この部分だけでも情報成果物となる。）の作成を他の事業者に委託しても「業として行う情報成果物の作成の行為」の全部又は一部を他の事業者に委託することに当たらず，情報成果物作成委託には該当しないこととなる。

第2節　下請法の適用対象取引

**22** チラシ広告のレイアウトや使用写真の作成を広告業者に依頼するとともに，その印刷も委託した場合，製造委託や情報成果物作成委託に該当するか。

**A** 　チラシ広告のレイアウトなどの内容は情報成果物に該当するので，広告業者に依頼する小売業者等が自社内で業として広告の作成を行っている場合は自家使用情報成果物の作成委託に該当する。しかし，そのような事情がなければ，下請法上の情報成果物作成委託には該当しない。また，チラシ広告の印刷を依頼することは「チラシ」という物品の製造を委託するものであるので，同様に，自社内で業としてチラシの印刷を行っているといった事情がなければ製造委託に該当しない。

### 解　説

　チラシ広告を作成するには，まず，広告する内容を図案化し，次に，それを印刷物とすることになる。

　この広告内容を図案化したものは，文字や図形，記号などを組み合わせ，さらに色彩を加えたものとなるので，「文字，図形若しくは記号若しくはこれらの結合又はこれらと色彩との結合により構成されるもの」（下請2条6項3号）であって，「情報成果物」に該当することとなる。

　このため，広告業者が小売業者などから受注したチラシ広告の内容の作成を他の事業者に委託することは，（提供目的）情報成果物作成委託となる。さらに，小売業者等が自社内で業として広告の作成を行っている場合に，他の事業者に広告の作成を委託することは自家使用情報成果物の作成委託となる。

　また，広告内容が記載された紙は「物品」であって，チラシ広告を印刷することは広告内容が記載された物品を製造することになる。このため，チラシ広告の内容を社内で作成している小売業者がチラシの印刷も業として行っている場合は，自家使用物品の製造委託となるが，そのような事情がなけれ

*54*

ば，下請法上の製造委託とはならない。

## 23

ある広告に使用する写真の作成を広告会社に依頼し，写真を電子データの形で受け取ったが，その写真を違う広告に使用したとしても問題ないか。

**A** 広告会社に作成を委託した写真の著作権が広告会社側にあるのであれば，広告会社側の了解を得ずに他の広告に使用することは問題となる。

### 解 説

広告会社に写真の作成を委託することは情報成果物作成委託に該当するが，顧客からの委託を受けて撮影された写真であっても，当該写真の著作者は広告会社となる。

顧客（委託者）が広告会社に写真の作成を委託した際に，著作権の対価も支払って，写真の著作権の譲渡を受けていたのであれば，顧客はその写真を自由に使用することができる。

しかし，顧客側に写真の著作権がない場合は，当初の委託契約で定めたもの以外の広告に使用する際に，改めて広告会社の使用許諾を得る必要がある。

**参考判例**

□ 観光案内図等に使用するとして許諾を得た図案について，当該図案を掲載した冊子をPDFファイル化してホームページに掲載したことが使用許諾の範囲外であるとして，使用者の損害賠償責任が認められた事例——大阪ピクトグラム事件（大阪地判平27・9・24裁判所ウェブサイト）

第2節　下請法の適用対象取引

　本件は，大阪城等のピクトグラム（対象物を抽象化して2色で表した絵図）を観光案内図やパンフレット等の集客印刷物に使用する許諾を受けたY（大阪市等）が当該ピクトグラムを掲載した「大阪街歩きガイド」と題する冊子を発行し，さらに，当該冊子のPDFファイルをホームページに掲載したことに対し，当該ピクトグラムの著作権者であるXが著作権侵害として損害賠償の請求等を行った事案である。

　本件において，大阪地裁は，当該冊子は「集客印刷物」に該当し，これに本件ピクトグラムを掲載することは使用許諾の範囲内の行為としたが，ホームページに掲載することはこの範囲に含まれないとして，Xの著作権が侵害されたものと判示した。

**24** 小売業者が販売した大型商品を顧客宅に配送するに当たり，この配送業務を運送業者に委託した場合，役務提供委託に該当するか。

**A**　小売業者が顧客に商品を販売した後，顧客からの依頼を受けて顧客宅に配送することとし，この配送業務を運送業者に委託した場合は，役務提供委託に該当する。

　しかし，小売業者が顧客宅渡しとの条件で商品を販売している場合は，顧客宅への配送業務は小売業者が商品販売に伴って自社で利用するものであるので，この配送業務の委託は役務提供委託には当たらないこととなる。

**解説**

　下請法2条4項で「事業者が業として行う提供の目的たる役務の提供の行

56

為の全部又は一部を他の事業者に委託すること」を役務提供委託と定義しているので，事業者が顧客に提供する役務の提供を他の事業者に委託することは下請法上の役務提供委託となる。一方，事業者が自らの業務を遂行するために必要な役務の提供につき他の事業者に委託する場合は，下請法上の役務提供委託に該当しないこととなる。

　このため，小売業者が顧客に商品を販売し，当該商品の所有権が顧客側に移った後に，顧客から当該商品の輸送を委託され，これを運送業者に再委託した場合は，下請法上の役務提供委託に該当することとなる。

　一方，小売業者が販売した商品を顧客宅で顧客に引き渡すこととして，運送業者に顧客宅への配送を委託し，運送業者が顧客に商品を引き渡した時点で当該商品の所有権が移転するとした場合は，商品を顧客宅まで配送することは小売業者が自らの業務を遂行するためのものであって，顧客から委託されたものではないので，下請法上の役務提供委託には該当しない。

---

**25** 建設業には下請法が適用されないとのことだが，下請法は建設業者に関係がないと考えてよいか。

**A** 　建設工事の対象となる不動産は「物品」ではないので，施主等から請け負った建設工事を他の事業者に委託することは製造委託には該当せず，また，役務提供委託の定義規定において建設工事に係るものを除いているため，建設業に対し下請法は適用されない。

　しかし，建設業者が建設部材などの物品の販売も行う場合に，当該物品の製造を他の事業者に委託することや，顧客から受注した設計業務を他の事業者に委託する場合などは，製造委託や情報成果物作成委託に該当し，下請法の適用対象となり得る。

第2節　下請法の適用対象取引

 **解　説**

## *1*　建設業における下請取引の下請法上の取扱い

　建設業においては，建設業者が施主から受注した建設工事の一部を他の建設業者に発注するなど下請取引が広く行われているが，建設工事は建物等の不動産を建設することであって，「物品」の製造ではないため，建設業における下請取引は「製造委託」に該当しない。

　また，平成15年の法改正により役務の提供を他の事業者に委託することが下請法の適用対象取引に追加されたが，この「役務提供委託」の定義規定において「建設業を営む者が業として請け負う建設工事の全部又は一部を他の建設業を営む者に請け負わせることを除く。」（下請2条4項）とされているので，建設業における下請取引は「役務提供委託」にも該当しない。

　このため，下請法は建設業における下請取引には適用されないことになっている。

## *2*　建設業における下請取引に対する建設業法等上の取扱い

　建設業においても下請取引が一般的に行われてきており，製造業における下請取引と同様の問題もあったため，昭和40年の下請法改正時の国会審議において下請法の適用取引の拡張の検討が求められたこと（例えば，昭和40年5月18日の衆議院商工委員会における附帯決議）などから，昭和47年に建設業法が改正され，建設工事における請負契約に係る規制が強化されるとともに，当該契約が独占禁止法19条（不公正な取引方法の禁止）の規定に違反すると認めるときは，建設大臣（現・国土交通大臣）又は都道府県知事が公正取引委員会に対し独占禁止法の規定に従い適当な措置をとるべきことを求めることができるとの規定（建設業42条）が設けられている。

　なお，この措置請求規定等の導入を踏まえ，公正取引委員会は，「建設業の下請取引に関する不公正な取引方法の認定基準」（昭47・4・1公取委事務局長通達4号）を作成・公表している。しかし，現在まで国土交通省等から措置請求がなされたことはなく，建設業法上の規制は必ずしも活発に行われて

いるわけではない。

### *3* 建設業者に対し下請法が適用される場合

建設業者が行う下請取引のうち下請法が適用されないのは，取引の対象が不動産や建設工事である場合であって，その他の下請取引については下請法が適用されることもある。

例えば，住宅メーカーが住宅の建設・販売を行うとともに，住宅の部材などを一般消費者や他の建設業者に販売している場合に，この部材の製造を他の事業者に委託することは「販売目的物品等の製造委託」に該当することとなる。

また，住宅メーカーが顧客から依頼をされた設計業務につき他の設計事務所等に依頼する場合や，住宅メーカーが顧客の要望を踏まえ自ら行う設計業務の一部を設計事務所等に依頼する場合は，「提供目的情報成果物の作成委託」（後者では，情報成果物を建築する住宅に化体させて提供）に該当することとなる。

---

**Q26** 海外の事業者に業務委託をしたり，海外の事業者から業務委託を受ける場合も下請法が適用されることになるか。

**A** 下請法においては海外との取引に適用しない旨の規定はないので，海外との取引にも適用されると解することも可能であろうが，下請法では適用対象を取引内容のほか取引当事者の資本金で規定しており，この資本金については「円」による基準となっているため，海外との取引に下請法を適用することは難しいと考えられている。

第2章　下請法について

第2節　下請法の適用対象取引

 **解　説**

### *1*　国際的な取引に対する国内法の適用

　国際的な取引に関係各国の法律がどのように適用されるかについては，必ずしも確立した考え方はないが，現在では，当該取引により自国の市場に悪影響が及ぼされれば自国の法律に基づき海外に所在する事業者を規制できるとする取扱いが支配的なものとなっている。

　そして，独占禁止法（競争法）については，日米欧を含む多くの国々で，自国の市場に悪影響を及ぼす海外の事業者の行為にも自国の法律を適用しているので，日本の事業者が海外の規制当局から法的措置を命じられることも珍しくなくなっている。

　また，我が国においても，公正取引委員会が海外の事業者による日本国内の事業者に対する行為に対し独占禁止法違反として法的措置を講じた事例もある。

### *2*　国際的な下請取引に対する下請法の適用

　国際的な下請取引に対する下請法の適用についても，独占禁止法の場合と同様と考える余地もあろうが，海外の事業者に下請法を適用する際に，円で規定している下請法上の資本金基準との関係でどのように取り扱うかとの問題もあり，海外の事業者に下請法が適用されて勧告がなされた事例はない。

**参考事例**

□　マイクロソフトコーポレーション事件（平20・9・16審判審決，審決集55巻380頁）

　　米国法人であるマイクロソフト社は，我が国内のパソコンメーカーにWindowsOSのライセンスをするに当たり，マイクロソフト社，WindowsOSのライセンスを受けた他のパソコンメーカー等に対してWindowsOSによる特許侵害を理由に訴訟を提起しないこと等を誓約する旨の条項（非係争条項）を含む契約を締結したことについて，一般指定（旧）13項（拘束条件付取引，現12項）に該当し，独占禁止法19条に違反するとされた。

## 第3節　下請法の適用対象事業者

**Q27** 下請法の対象となる親事業者や外注先となる下請事業者の基準として，資本金区分が用いられているのはなぜか。この資本金区分に該当しない事業者間の取引には，下請法が適用されることはないと考えてよいか。

**A**　独占禁止法上の優越的地位の濫用規制は，取引上の地位の優劣関係のある事業者間の取引を規制対象としているが，下請法では，下請取引における優越的地位の濫用のおそれのある行為を迅速に規制できるよう，取引当事者の取引上の地位の優劣関係を資本金を基準に判断している。

このため，この資本金区分に該当しない事業者間の取引には下請法が適用されることはないが，優越的地位の濫用として独占禁止法で問題とされることはあり得る。

**解　説**

### 1　優越的地位の濫用規制と下請法

企業間の取引を優越的地位の濫用として問題とするためには，まず，取引当事者間に取引上の地位の優劣関係があることが必要である。

この取引上の地位の優劣関係は，取引の一方の当事者（優越者）が他の当事者（劣位者）に対し相対的に優越した地位にあれば足り，一般的には，劣位者の優越者に対する取引依存度，優越者の市場における地位，劣位者にとっての取引先変更の可能性などを総合的に勘案して判断することとされている。

そして，この判断は個別具体的な事案に即して行われることになるが，これを迅速に行うことが難しく，下請取引において数多く発生する親事業者の

第3節　下請法の適用対象事業者

下請事業者に対する不当な行為を規制することが難しいことから，下請法では，大企業が中小企業に発注する場合に取引上の地位の優劣関係があるとして，この判断が迅速かつ容易に行えるようにしている。

## *2*　下請法における親事業者及び下請事業者の資本金区分

昭和31年の下請法制定当時の中小企業基本法では，製造業等においては，資本金（資本の額又は出資の総額）が1千万円以下の会社並びに常勤の従業員数が3百人以下の会社及び個人企業を中小企業と定義していたことから，下請法では，資本金が1千万円超の法人事業者が資本金1千万円以下の法人又は個人事業者に発注する場合に，前者を親事業者，後者を下請事業者と定義している。

そして，その後，中小企業基本法の改正によって中小企業に該当する企業の資本金が引き上げられたことに伴い，下請法における資本金区分も引き上げられたが，当初の1千万円との基準も残されたため，現在では，製造業等では3億円と1千万円の2つの資本金基準が設けられている。

なお，中小企業基本法においては，資本金のほか従業員数で中小企業を定義しているが，資本金については，あまり変動はなく法人登記等で容易に把握できるのに対し，従業員数については変動することが多く，外部から把握することも難しいため，下請法では従業員基準は採用されていない。

## *3*　資本金区分に該当しない事業者間の取引の取扱い

下請法による資本金区分によれば，例えば資本金2億円の会社が同1億円の会社に製造委託を行ったとしても両社間の取引は下請法の対象とならず，例えば委託者が支払代金につき減額をしたとしても下請法4条1項3号違反となることはない。

しかし，取引当事者の資本金区分が下請法の要件に該当しないとしても，取引当事者の取引上の地位に優劣があり，委託者が取引上の地位が優越していることを利用して不当に不利益を受託者に与えたのであれば，独占禁止法上の優越的地位の濫用規制の観点から問題となり得る。

#### 参考事例

□ 資本金1千万円の会社に対し優越的地位の濫用として排除措置命令及び課徴金納付命令が行われたと考えられる事例──日本トイザらス事件（平27・6・4審判審決・審決集62巻119頁）

　この事件は，玩具等の乳幼児用品を販売する大規模小売業者である日本トイザらスが買取り仕入れにより仕入れた商品につき代金の減額や返品をしたことが独占禁止法上の優越的地位の濫用として問題となったものであり，公正取引委員会は，平成22年9月に同社に立入検査を行い，平成23年12月13日に排除措置命令及び課徴金納付命令を行っている（その後，審判手続を経て，平成27年6月4日の審決で排除措置命令及び課徴金納付命令の一部が取り消されたものの，同社の行為が優越的地位の濫用に当たると認定されている。）。

　日本トイザらスは平成22年2月までジャスダック市場に上場しており，その資本金は約60億円であったが，米国トイザらス社の実質的な子会社となって上場廃止となり，同年12月に減資により資本金額は1千万円となっている。そして，平成27年の審決では，今後同様の行為を行ってはならないとするいわゆる不作為命令が命じられているため，資本金が約60億円であった時期だけでなく1千万円に減額された後においても優越的地位の濫用となり得るものと認定されていると考えられる。

**Q28** 下請法2条7項では，親事業者となり得る要件として「資本の額又は出資の総額が3億円を超える法人たる事業者」などと規定されているが，株式会社のほか，一般社団法人や一般財団法人なども，親事業者となり得るか。

　下請法では，親事業者となり得る事業者として株式会社などの会社に限定しておらず，その他の法人も「資本の額又は出資の総額」が基準を超えれば親事業者になり得る。

第3節　下請法の適用対象事業者

> そして，会社以外の法人に対し，代金の減額等を行ったとして下請法上の勧告が行われた事例もある。

 **解　説**

　親事業者の定義規定である下請法2条7項では，「資本の額又は出資の総額」が3億円を超える法人たる事業者などとしているので，資本や出資を有していれば，会社でなくとも親事業者となり得る。

　平成15年の下請法改正後においては，公正取引委員会が勧告を行った事案が公表されるようになっているが，会社組織以外の親事業者に対し下請代金の減額を行ったなどとして勧告が行われたものとして生活協同組合に対するものがあり，例えば，平成23年6月29日に生活協同組合連合会コープ中国四国事業連合に，平成24年9月25日に日本生活協同組合連合会に対しそれぞれ勧告が行われている（118頁参照）。

**29** 自社の調達部門を子会社として独立させることにした場合，その資本金を1千万円以下とすると，下請法の適用を受けないことになるか。

**A**　親会社が子会社を通じて他の事業者に製造委託等を行う場合に，親会社が当該他の事業者に直接に製造委託等を行ったとすると当該親会社が下請法上の親事業者に該当することになるなどの条件が満たされれば，当該子会社が下請法上の親事業者として取り扱われて下請法が適用されることになる。

## 解　説

### *1*　下請法 2 条 7 項上の取扱い

　親事業者の定義規定である下請法 2 条 7 項の規定によれば，製造委託等を行った事業者の資本金が 1 千万円以下であれば，当該事業者が下請法上の親事業者に該当することはない。

　このため，資本金が 1 千万円超の会社が自社の調達部門を子会社として別会社化して，当該子会社の資本金を 1 千万円以下とすれば，いずれの会社も下請法 2 条 7 項に定義する親事業者とならないこととなる。

### *2*　トンネル会社規制の導入

　昭和31年に下請法が制定された後に，自社の調達部門を資本金 1 千万円以下の子会社として独立させることにより，下請法の規制を免れようとする親事業者が見られたため，昭和40年の法改正により，いわゆるトンネル会社規制が 2 条 9 項（当時は下請 2 条 5 項）として導入されている。

　下請法 2 条 9 項においては，このような子会社が，①それを設立した親会社から役員の任免，業務の執行又は存立について支配を受けており，②親会社から委託された製造委託等の全部又は相当部分（例えば50パーセント超）を他の事業者に再委託し，かつ，③親会社が当該他の事業者に直接に製造委託等をすれば「親事業者」に該当し，当該他の事業者が「下請事業者」に該当する場合は，当該子会社はいわゆるトンネル会社として親事業者とみなされ，当該他の事業者が下請事業者とみなされることになっている。

　このため，親会社には下請法が適用されないが，子会社に下請法が適用されることになる。

---

**参考事例**

□　**トンネル会社規制の事例 —— 東陶メンテナンス事件**（平18・7・4 勧告，公取委報道発表資料・平成18年度年次報告263頁）

　　この事件は，東陶機器の100パーセント出資子会社である東陶メンテナンス

第3節　下請法の適用対象事業者

が、東陶機器が製造販売する温水洗浄便座、水栓等に係る保証期間中の無償修理について同社から委託を受け、その大部分を下請事業者に再委託しているところ、「管理費」との名目で下請代金の減額（計約9,222万円）を行ったことが問題となったものである。

東陶メンテナンスの資本金は3億円以下1千万円超（1億円）であって、資本金1千万円以下の会社又は個人事業者である下請事業者302社のほか、資本金3億円以下1千万円超の「みなし」下請事業者13社に対する行為についても、下請法4条1項3号違反とされている。

**Q30** 自社の一部門を分離して子会社化することを計画しているが、この子会社との取引に下請法は適用されることになるか。

**A** 親会社と子会社の資本金区分や取引内容が下請法の要件を満たすものであれば、形式的には下請法が適用されることになるが、親会社と子会社との間の取引は実質的には社内取引と見られるので、運用上は下請法の適用がないものとされている。

**解説**

## 1　資本金区分

下請法上は親子会社間の取引を適用除外とする旨の規定がないため、親子会社の資本金区分や取引内容が同法の要件を満たす限り、形式的には同法の適用対象となり得る。

しかし、親会社の子会社の発行済み株式に占める親会社の持株比率が50パーセント超の場合は、親子会社間の取引は実質的に社内取引と同視できる

ため，下請法の運用上は同法の適用がないものとして取り扱われている。また，親会社を同じくする兄弟会社間の取引についても同様に考えられている。

## *2* 下請法の運用基準

下請法の運用基準（下請運用基準）においては親子会社間等の取引の取扱いに係る記載はないが，独占禁止法の運用基準である「流通・取引慣行に関する独占禁止法上の指針」（以下，「流通・取引慣行ガイドライン」という。平3・7・11公取委事務局）においては，その「付」として親子会社・兄弟会社間の取引について，大要，次のように規定されている。下請法は，優越的地位の濫用に係る不公正な取引方法規制の補完法であるため，これと同様に取り扱ってよいと考えられる。

① 親会社が株式を100パーセント所有している場合には，親子会社間又は兄弟会社間の取引は，原則として不公正な取引方法による規制を受けない。

② 株式保有比率100パーセントに満たない子会社（原則として株式保有比率が50パーセント超）の場合も，親子会社間の取引又は兄弟会社間の取引が実質的に同一企業内の行為に準ずるものと認められるときは，これらの取引は，原則として不公正な取引方法による規制を受けない。

③ この①及び②の場合であっても，親会社の指示により子会社が取引先第三者の事業活動を制限するときは，親会社の行為は不公正な取引方法による規制を対象となる。

④ 親子会社間又は兄弟会社間の取引が実質的に同一企業内の行為に準ずるものと認められるかどうかは，親会社による持株比率，役員派遣の状況，財務や営業方針に対する関与状況等を個別具体的な事案に即して，総合的に判断する。

第3節　下請法の適用対象事業者

**31** 外注するに当たり事務手続の簡素化などのために商社を介した場合，下請法の適用については，商社が発注先などとして取り扱われることになるか。

**A** 　親事業者と下請事業者との間の取引に商社が介在している場合には，この取引関係において商社がどのように機能しているのかを踏まえ，下請法の取扱いが判断されている。

　そして，商社が親事業者の発注事務を代行するなど下請事業者との間の取引に形式的に介在するにとどまる場合は，当該商社が下請事業者となるのではなく，親事業者が下請事業者に直接的に製造委託等を行っているものと取り扱われている。

### 解　説

　事業者（発注者）が製造委託等を行う場合，事務手続の代行や与信などの関係で，委託先事業者（受注者）との間に商社を介在させることがある。

　この場合の商流としては，発注者が商社に製造委託等を行い，商社が受注者に製造委託等を行うことになるが，製造委託等の内容に商社が関与せず，商社が発注者の発注事務を代行しているにすぎないような場合には，委託者が受託者に直接に製造委託等を行ったものとして下請法が適用されている。

　一方，製造委託等の内容が発注者と商社との交渉で決定されるなど，商社が製造委託等の取引に実質的に関与している場合は，下請法上も，商社が発注者から製造委託等を受託し，これを更に受注者に製造委託等を行ったものと取り扱われている。このため，発注者と商社との間及び商社と受注者との間で，それぞれの資本金が下請法上の資本金要件を満たす場合は，商社が委託者との関係で下請事業者となり，受注者との関係では親事業者に該当することになる。

*68*

## 第4節 下請代金の支払期日

**Q32** 下請代金をいつ支払うかは，取引当事者間の契約で決めればよいと思うが，なぜ法律で規定されているか。

**A** 制定当初の下請法においては，支払期日が法定化されておらず，また，親事業者と下請事業者との力関係から契約で支払期日が定められないことも多く，下請事業者が不利益を受けがちであったことから，昭和37年の法改正により下請代金の支払期日が法定化されている。

### 解 説

制定当初の下請法は，その法律名のとおり，主に下請代金の支払遅延を防止するための法律であり，この支払遅延については，親事業者が「下請事業者の給付を受領した後，下請代金を遅滞なく支払わないこと」（旧下請4条1項2号）と規定されていた。しかし，下請代金の支払期日に係る特段の規定はなかったため，具体的にいつの時点から支払遅延となるのかが明確ではなく，支払遅延行為を有効に規制することが難しいものとなっていた。

このような状況を踏まえ，下請代金の支払遅延行為を迅速かつ効果的に規制できるよう，昭和37年の下請法改正により2条の2が追加され，「下請代金の支払期日は，親事業者が下請事業者の給付を受領した日から起算して，60日の期間内において，かつ，できる限り短い期間内において，定められなければならない。」（同条1項）とされている。

また，この2条の2第1項の規定では，給付の内容を検査した場合の取扱いが明確ではなかったため，昭和40年の法改正により，「親事業者が下請事業者の給付の内容について検査をするかどうかを問わず」との文言が追加されている。

第4節　下請代金の支払期日

**33** 下請代金の支払について，当月に納品された代金を翌月に支払うとの制度を採用する場合に注意すべき点は何か。また，このような支払制度は，支払期日を「下請事業者の給付を受領した日から起算して，60日の期間内において，かつ，できる限り短い期間内において」定めたものと認められることになるか。

**A**　下請代金の支払期日は給付の受領日から60日以内に定めなければならないとされているので，当月の初日（1日）から起算して60日以内に支払期日を設けなければならないが，受領した給付を月単位で集計して下請代金を支払う納品締切制度を採用している場合は，下請法の運用上は，この60日の算定につき30日を1か月と換算することとされているので，支払期日を翌月の末日までに設定すれば問題ないものとされている。

　なお，継続的に役務の提供を受ける役務提供委託の場合に，月単位で下請代金を支払うときは，役務の提供を受けた月の翌々月の末日までに支払期日を設定することが認められている。

**解　説**

## *1*　支払期日をできるだけ短い期間内に定める義務の取扱い

　下請法2条の2第1項では，下請代金の支払期日について，下請事業者の給付を受領した日から起算して60日の期間内であっても，できるだけ短い期間内において定めなければならないとされている。

　しかし，下請法の運用においては，できるだけ短い期間内において定める義務については努力義務として取り扱われており，この60日の期間内に下請代金の支払期日が定められていれば特に問題とはされていない。

## *2* 下請代金の額を月単位で集計して支払う制度を採用している場合の取扱い

継続的に下請事業者と取引を行っている親事業者にあっては，「当月末日納品締切，翌月25日支払」などとして，下請事業者から受領した給付を月単位で集計して，その翌月等の特定日に当該受領した給付に係る下請代金を一括して支払うという締切制度が採用されていることが多くなっている。

このような納品締切制度の下において，例えば「当月末日納品締切，翌月末日支払」とする場合に，1月及び2月以外の月の1日に納品があるときは60日の期間を超えて下請代金が支払われることとなる。

しかし，このように月単位で納品を締め切って，当該締切日以降に下請代金を支払う締切制度が広く採用されていることから，下請法の運用においては，この60日以内との期間の算定にあっては，30日を1か月として換算されている。このため，当月の納品締切日に相当する翌月の日（当月末日納品締切の場合は翌月末日）までに下請代金の支払期日が設定されていれば下請法上問題ないものとされている。

なお，このような納品締切制度が採用されている場合に，下請代金の支払期日が金融機関の休業日に該当することがある。このような場合は，当該休業日の前に下請代金を支払わなければならないものとされていたが，現在の下請法の運用においては，親事業者と下請事業者との間で下請代金の支払日を金融機関の翌営業日に順延することが文書で合意され，かつ，その順延される期間が2日以内であれば問題ないものとされている。

## *3* 役務提供委託における締切制度の取扱い

役務提供委託の場合は，製造委託等の場合と同様の形で親事業者が給付を受領することが想定できないため，下請事業者が役務の提供を行った日が下請代金の起算日とされている。

そして，複数の役務が継続的に提供されている場合に，次の3つの要件が満たされているときは，月単位で設定された給付締切期間の末日に当該複数の役務が一括して提供されたものとして取り扱うことが法運用として認めら

第4節　下請代金の支払期日

れている。このため，当月末日給付締切，翌々月末日支払という支払制度を
採用することが認められている。

① 　支払制度の対象となる役務が同種のものであること。
② 　当該支払制度を採用することが，親事業者と下請事業者との間であら
　かじめ合意され，その旨が下請法3条による発注書面に記載されている
　こと。
③ 　発注書面において，下請代金の額が明記されていること。

## *4* 　月単位の締切制度により下請代金が支払われている場合に「60日以内」を「2か月以内」とする運用上の取扱い

　継続的な下請取引における下請代金の支払制度において下請法2条の2の
「60日以内」を「2か月以内」として運用されていることについては，下請
取引適正化推進講習会テキストなどでは明示的な説明がなされているものの，
下請運用基準では明示的な説明はなされていない。

　しかし，次の違反行為事例のように，「60日以内」を「2か月以内」とす
ることを前提とした説明が行われている。

---

**下請運用基準**

（略）

2　支払遅延

〈製造委託，修理委託における違反行為事例〉

2-1　親事業者は，毎月末日納入締切，翌月末日支払とする支払制度を
　　　採っていたが，検査完了をもって納入があったものとみなし，当月末
　　　日までに納入されたものであっても検査完了が翌月となった場合には
　　　翌月に納入があったものとして計上していたため，一部の下請代金の
　　　支払が，下請事業者の給付を受領してから60日を超えて支払われてい
　　　た。

---

## 第5節 発注書面

**Q34** 発注書面は，契約書とどう違うのか。発注書面に記載された内容が契約内容と異なる場合は，どちらが優先されることになるか。

**A** 契約書は親事業者と下請事業者の合意により作成されるものであり，発注書面は，下請事業者との合意内容に従い，親事業者が作成し下請事業者に交付するものであるので，基本的には契約書が優先されると考えられる。また，本来は両者の内容が相違することはないはずである。

両者の内容に相違があった場合に，発注書面に記載された内容が契約内容より下請事業者に不利なものとなっているのであれば，両者で合意した契約内容を親事業者が下請事業者の不利益となるよう変更しているものであって，当然に下請法上問題となる。

しかし，発注書面に記載された金額から一定率等を減じた額を下請代金の額とするとの事前の合意が契約書でなされたとしても，発注書面における金額を合意に基づき減ずることは原則として下請法4条1項3号違反となるとされているので，この場合においては契約書より発注書面が優先されていると考えられる。

**解説**

### *1* 契約書

契約書は，取引当事者である親事業者と下請事業者との間で取り決めた取引条件を書面化したものであり，下請法上は契約書の作成は特に義務付けられたものではない。一方，下請法3条の規定に基づく発注書面は，親事業者が下請事業者に対し製造委託等を行った場合に下請事業者に交付されるもの

であって，取引条件のうち下請事業者の給付の内容，下請代金の額など公正
取引委員会規則で定められた事項が記載されたものである。

　発注書面に記載すべき事項が契約書でも記載されている場合は，その内容
は同じものとなるはずであり，当該事項が全て契約書に記載されているとき
は，契約書を発注書面に代えることができることとされている。

## *2*　契約書と発注書面

　このような契約書と発注書面の関係を踏まえれば，両者間の取引条件を見
る際は契約書に記載された内容が優先され，発注書面の記載内容が契約書の
ものより下請事業者に不利なものとなっているのであれば，下請事業者に不
当に不利益を与えることとなり，当然に下請法上問題となると考えられる。

　例えば，　平成17年9月21日に勧告がなされた竹田印刷事件では，下請事
業者との間で取り決めた下請代金の額から事務手数料の名目で5パーセント
を徴収する旨を下請事業者に周知した上で，発注書面に当該5パーセントを
差し引いた額を記載していたことが下請法4条1項3号に違反するものとさ
れている。この事件においては，当該徴収につき下請事業者の合意を得てい
たか否かは明らかではないが，公正取引委員会の担当官による事件解説（堤
幸雄ほか「竹田印刷株式会社に対する勧告について」公取661号49頁）では，この合意
があったとしても下請法4条1項3号違反に該当するとされている。

## *3*　発注書面に記載された内容が契約書における合意内容より下請事業者に有利になっている場合

　一方，発注書面に記載された内容が契約書における合意内容より下請事業
者に有利になっている場合に，契約書における合意内容に従った取扱いをす
ることが下請法上問題とされることがある。

　例えば，下請代金の支払額を算定するに当たり，1か月間の発注金額の合
計が一定金額を超えた場合に当該合計額から一定率等を減じた金額を当該月
の下請代金の額とする旨の合意が行われ，この合意内容が契約書に記載され
ていることもある。

このような合意は一般の企業間取引でも見られるところであり，契約法上は当然に有効なものであるが，下請法の運用では，下請運用基準に定める「ボリュームディスカウント等合理的理由に基づく割戻金」（下請運用基準第4－3）に該当しない場合は，あらかじめ契約書等の文書で合意されたものであっても，発注書面に記載された下請代金の額を減ずることは下請法4条1項3号の規定に違反するものとされている。

このため，このような下請代金に係る記載については，契約書より発注書面のほうが優先されていると考えられる。

**35** 発注書面は発注後直ちに交付することになっているが，発注時までに具体的内容を決めることができない場合はどうすればよいか。

**A** 発注内容が具体的でなければ下請事業者が製造委託等に着手できないので，発注内容を下請事業者が理解できるようにする必要がある。発注内容の詳細が定められないことに正当な理由がある事項については，まず，記載できない事項以外の事項を記載した書面（当初書面）を交付し，当該記載できない事項の内容が定まった後，直ちに，当該事項を記載した書面（補充書面）を交付すればよいことになっている。

## 解　説

発注内容や支払条件等の取引条件が明確でないままに発注が行われ，下請事業者が受注した業務に着手したり，これを完了した後に取引条件が定められることになると，下請事業者が不利益を受けがちであるので，下請法3条1項で，親事業者が製造委託等を行った場合は，直ちに，公正取引委員会規

第5節　発注書面

則で定めるところにより下請事業者の給付の内容などを記載した書面（発注書面）を交付しなければならないこととされている。

　下請事業者の給付の内容などの発注内容が明確でなければ，下請事業者が受注した業務に着手できないため，まず，発注書面により発注内容を下請事業者が理解できるよう伝えることが必要となる。

　しかし，例えば，提供目的情報成果物作成委託の場合に，顧客の求める情報成果物の仕様が確定していないため，親事業者の下請事業者への発注内容も確定できないことがあり得る。このため，適用対象取引に情報成果物作成委託などが追加された平成15年の法改正において，下請法3条1項に「ただし，これらの事項のうちその内容が定められないことにつき正当な理由があるものについては，その記載を要しないものとし，この場合には，親事業者は，当該事項の内容が定められた後直ちに，当該事項を記載した書面を下請事業者に交付しなければならない。」とのただし書が追加されている。

　このため，発注内容の詳細が定められないことに正当な理由がある事項については，まず，記載できない事項以外の事項を記載した書面（当初書面）を交付し，当該記載できない事項の内容が定まった後，直ちに，当該事項を記載した書面（補充書面）を交付すればよいことになっている。

36　ビル管理業者が清掃業務などの業務を年間契約で外注する場合など，日々継続して業務の提供を受ける継続的な役務提供委託の場合は，発注書面はいつ交付すればよいか。

A　　下請法の運用において，長期継続的に役務の提供を受ける取引の場合は，期間での発注が認められており，個々の役務を発注するごとに発注書面を交付する必要はない。
　また，当初の契約において年間契約が1年ごとに自動更新とするこ

76

ととされている場合は，発注書面の記載事項に変更がなければ，毎年改めて交付する必要はないものとされている。

## 解　説

役務提供委託については年間契約とすることも多いことから，期間を定めて発注することも下請法の運用として認められている。

このため，例えば，ビル管理業者が清掃業務を年間契約で下請事業者に発注し，定額ないしあらかじめ定められた算定方法による下請代金を月ごとに支払うこととされている場合も，発注書面を毎月交付する必要はない（『鎌田』103頁）。また，運送業務を継続的に委託する場合も，個々の運送委託時に発注書面を交付する必要はないこととされている（講習会テキスト27頁）。

長期継続的な役務提供委託を行う場合は，年間契約として取引開始時の契約書等において１年ごとに自動更新とされることもある。このような場合に，この契約書に発注書面に記載すべき事項が網羅されていれば，契約時に改めて発注書面を交付する必要はなく，また，下請代金の額を改定するなどの発注書面の記載事項に変更がなければ，毎年改めて発注書面を交付する必要はないものとされている（講習会テキスト27頁）。

**Q37** 緊急に発注する必要があったため，電話や電子メールで下請事業者に発注内容を伝えた場合，発注書面はどうすればよいか。

**A** 緊急やむを得ない事情により電話で発注内容を伝える場合は，発注書面を交付する旨も伝えた上で，その後直ちに発注書面を交付する必要がある。

第5節　発注書面

> 　一方，下請事業者の事前の承諾を得ていること，送信された内容を書面化できることなどの条件を満たす場合は，電磁的方法により発注書面の必要記載事項の提供を行うこともできるので，この場合は電子メールを送信した後に改めて発注書面を交付する必要はない。

 解　説

## *1*　緊急を要する場合の取扱い

　電話のみでの発注は発注書面の交付義務違反となるため，緊急やむを得ない事情により電話で発注内容を伝える場合は，「直ちに発注書面を交付するので，発注内容を改めて確認してほしい」旨も併せて伝える必要がある。そして，その後直ちに発注書面を交付することで問題ないものとされている。

## *2*　電子メールによる発注

　一方，電子メールによる発注については，情報化社会の進展に対応して，発注書面の記載事項を電磁的方法により提供することで発注書面の交付に代えることが認められている（下請3条2項，下請令2条，下請3条規則4条）。

　このため，電磁的方法による提供につきあらかじめ下請事業者の承諾を受けていること，送信内容を出力して書面を作成できること等の要件を満たしていれば，電子メールの送信をもって発注書面の交付に代えることができ，必要記載事項を明記した電子メールを送信するだけで足りることとなる。

　しかし，電磁的方法により提供することにつき下請事業者の承諾が得られていない場合には，緊急やむを得ない事情により電話で発注内容を伝える場合と同様に，直ちに発注書面を交付するなどの対応を行う必要がある。

78

## Q38

**38** 発注後に状況が変化した場合は，下請事業者の了解を得て発注内容を変更しても問題ないか。

**A** 　発注内容を変更したとしても下請事業者の不利益とならない場合は，問題ないものとされている。
　また，下請事業者が受注した業務に着手した後であっても，発注内容の変更により下請事業者に発生する損失を親事業者が補填するなど，下請事業者に不利益が生じないようにすれば問題ないとされている。

### 解　説

　発注後に発注内容を変更することは，下請事業者が不利益を受けるおそれがあるので好ましくないが，発注内容を変更できないとすることは，かえって親事業者と下請事業者との間の円滑な取引関係を損ねるおそれがあると考えられる。このため，下請事業者が受注した業務に着手していない段階のものなど，下請事業者に不利益とならない場合は，発注内容を変更しても問題ないとされている。

　また，発注内容の変更により，着手済みのものが不要となるなど下請事業者に不利益が生じるような事情があれば，親事業者が当該着手済みのものを引き取るなど下請事業者に不利益が生じないような対応を行えばよいこととされている。

　なお，発注を取り消す場合も，同様に取り扱われている。

第6節　親事業者の遵守事項

# 第 **6** 節　　親事業者の遵守事項

## 第**1**　親事業者の義務との違い

**39**　下請法では，親事業者の義務と遵守事項が規定されているが，法律上の取扱いとして，この義務と遵守事項に何か違いはあるか。

**A**　下請法で定められた親事業者の義務については，下請法で規定されなければ親事業者は自由に判断できるはずの事項に関するものであり，親事業者が義務を履行しない場合は，罰則の対象となったり，下請法の規定に従った取扱いがなされることになる。一方，親事業者の禁止行為（遵守事項）については，下請法の規定がなくても契約法や独占禁止法上の優越的地位の濫用規制の観点から親事業者が遵守することが求められるような事項に関するもので，親事業者がこれを遵守しない場合は，公正取引委員会が勧告を行って是正を求めることになる。

### 解　説

### *1*　下請法上の親事業者の義務

　下請法上の親事業者の義務としては，親事業者が製造委託等を行った際の発注書面の交付義務（3条），書類の作成・保存義務（5条），下請代金の支払期日を定める義務（2条の2）及び遅延利息の支払義務（4条の2）がある。

　例えば，事業者間であっても契約は口頭でも成立し，契約内容を文書化する法律上の義務はないため，下請法3条の規定がなければ親事業者は発注書面を交付しなくてもよい。しかし，発注内容を書面により明確にすることは下請取引を適正なものとする前提であるため，下請法は親事業者に発注書面の交付義務を課している。そして，書類の作成・保存義務などについても，

*80*

第1　親事業者の義務との違い／Q39

下請法の規定があるからこそ親事業者は当該規定に定められた対応を行う必要があることとなる。

　また，親事業者が下請法上の義務を履行しない場合は，遅延利息の支払義務違反（下請代金の支払が遅延しているときは，公正取引委員会が遅延している下請代金及び遅延利息の支払を勧告）を除き，刑事罰の対象となったり（3条，5条違反），下請法で規定された取扱いがなされることになる（2条の2違反）。

## *2*　下請法上の親事業者の禁止行為（遵守事項）

　一方，下請法上の親事業者の禁止行為（遵守事項）としては，下請法4条1項で受領拒否など7類型の行為が，また，同条2項で支給原材料の対価の早期決済など4類型の行為が定められており，親事業者がこれらの行為を行った場合は，公正取引委員会が7条の規定に基づき勧告を行うことにより是正が図られることになる。

　下請法上の親事業者の禁止行為については，例えば，4条1項に違反する場合は契約不履行などとして，同条2項に違反する場合は独占禁止法上の優越的地位の濫用行為として問題となり得るので，あえて下請法で規制する必要はないとも考えられる。

　しかし，下請事業者が契約不履行などとして親事業者に是正を求めるのは難しいこと，また，優越的地位の濫用として規制する際の事実認定等が難しいことから，公正取引委員会が行政指導である勧告により迅速に是正できるようにするため，下請法4条の規定が設けられている。

## *3*　親事業者に係る義務規定と禁止規定

　なお，親事業者に係る義務規定と禁止規定については，上記のとおり法律で規定された趣旨が異なるが，条文の表現については，義務規定は親事業者に作為を求めるものであるのに対し，禁止規定は親事業者に不作為を求めるものとなっている。

第2章　下請法について

81

## 第2 受領拒否

**Q40** 「下請事業者の責に帰すべき理由」があるとして，受領を拒むことができるのは，どのような場合か。下請事業者の給付が発注時に定めた受領日よりも早かったことは，この理由となるか。

**A** 「下請事業者の責に帰すべき理由」があるとして，下請事業者の給付の受領を拒むことができるのは，当該給付が発注書面に記載された委託内容と異なる場合などに限られている。また，発注書面に記載された納期よりも早く納品される場合も，親事業者はこれを受領しなくともよいとされている。

### 解 説

#### 1 下請事業者の責に帰すべき理由

「下請事業者の責に帰すべき理由」があるとして下請事業者の給付の受領を拒むことができるのは，

① 下請事業者の給付の内容が発注書面に明記された委託内容と異なる場合
② 下請事業者の給付に瑕疵等がある場合
③ 下請事業者の給付が発注書面に記載された納期に行われない場合

の3つの場合に限られている（下請運用基準第4-1）。

なお，これらの場合であっても，それが下請事業者側に原因があるときに限られており，例えば，発注書面に委託内容が明確でないとき，検査基準を恣意的に厳しくして瑕疵等があるとしたとき，下請事業者側の事情を考慮せずに一方的に親事業者により納期が設定されたため納期に間に合わなかったときなどは，下請事業者の給付の受領を拒むことができないものとされてい

る。

## *2* 納期前に受領した場合の取扱い

下請事業者の給付が発注書面に記載された納期より早く納品された場合は，その時点では親事業者に受領する義務はないので，これを受領しなくとも問題はない。

なお，納期よりも早く受領しても問題はなく，その場合は，当該受領した日から60日以内に下請代金を支払わなければならないことになる。この下請代金の支払の問題を避けるため，当該受領日に「仮受領」として，本来の納期に正式に受領するとの取扱いをすることも認められている。

  給付の受領日に社内の準備が整わなかった場合に，下請事業者の了解を得て，受領日を延期することはできるか。

  社内の準備が整わないことは親事業者側の事情であり，下請事業者の責めに帰すべき理由とはならないが，受領延期により下請事業者に生ずる費用を親事業者が負担する場合は，受領拒否とならないものと取り扱われている。

 解　説

下請事業者の責めに帰すべき理由がないにもかかわらず発注書面に記載された受領日に受領しないことは，受領拒否として下請法4条1項1号に違反ことになるが，やむを得ない事情がある場合に，親事業者が下請事業者に生じた費用を負担していれば，受領拒否として問題とならないものとされている。

第6節　親事業者の遵守事項

　このため，親事業者側のやむを得ない事情により受領日を延期しようとする場合は，単に下請事業者の了解を得るだけでは足りず，受領日を延期することにより下請事業者に生ずる費用を負担する必要がある。

**42** 下請事業者の給付を受けた後に，当該給付の内容が委託どおりのものになっているかを検査しているが，この検査が終わって問題がないと確認できた後に，給付を受領したと取り扱ってよいか。

**A** 　下請事業者の給付を受け取った日から60日以内に，当該給付に係る下請代金を支払うとともに，検査を実施して不合格となった給付を下請事業者に返品することとすれば，そのような取扱いをすることは可能である。

### 解　説

　下請代金は，下請事業者の給付の内容について検査をするかどうかを問わず，下請事業者の給付を受領した日から起算して60日以内に支払う必要がある（下請2条の2第1項）。

　このため，例えば検査業務が最長でも10日間で終了する場合は，検査終了日から50日以内の期間内に下請代金の支払期日を設定すれば，支払遅延の問題は生じないことになる。

84

第3 支払遅延／Q43

## 第3 支払遅延

**Q43** 銀行振込で下請代金を支払っている場合に，支払期日が銀行の休業日に当たるときは，その翌日の銀行の営業日に振り込むことにしてよいか。

**A** 支払期日の経過後に下請代金を支払うことは支払遅延となるので，支払期日が銀行の休業日に当たる場合は，その前日に支払う必要がある。しかし，下請事業者との間で銀行の休業日の翌日に支払うことを文書であらかじめ合意しており，実際の支払日が支払期日から2日以内であれば，支払遅延とならないものと取り扱われている。

### 解 説

　下請代金をその支払期日の経過後なお支払わないことは，下請代金の支払遅延として問題となる（下請4条1項2号）。

　かつての下請法の運用では，下請代金の支払期日が金融機関の休業日に当たる場合は，支払日を当該休業日の前に繰り上げて支払う必要があるものとされていた。

　しかし，その後，下請事業者との間で文書による合意があり，下請代金の支払日の順延期間が2日以内であれば，金融機関の翌営業日に支払うことが認められるようになっている。そして，平成28年12月14日の下請運用基準の改正において「親事業者と下請事業者との間で，支払期日が金融機関の休業日に当たった場合に，支払期日を金融機関の翌営業日に順延することについてあらかじめ書面で合意していないにもかかわらず，あらかじめ定めた支払期日までに下請代金を支払わないとき」（下請運用基準第4-2(5)）に支払遅延に当たることが明記されたことにより，このような取扱いが明確化されている。

第2章 下請法について

85

第6節　親事業者の遵守事項

**Q44** 手形払いをしている取引先下請事業者から現金払いの希望があったため，銀行振込で支払うことにしたが，社内の経理処理の関係で支払期日に間に合わなかった。このような場合でも，支払遅延として下請法に違反することになるか。

**A** 下請事業者の希望に対応しようとしたものであっても，下請代金の支払期日を経過して下請代金を支払ったことになるので，支払遅延となる。

 **解　説**

　下請代金は支払期日までに支払う必要があるので，下請代金の希望により手形払いから銀行振込による現金払いにした場合でも，支払期日の経過後に下請代金を支払うことは支払遅延となる。

　なお，下請代金を手形払いとしている場合に，下請事業者の希望により現金払いとするときは，手形サイト期間に相当する親事業者の短期調達金利相当分を差し引いた額とすることが認められているが，支払制度として現金払いに変更する場合は，下請事業者と価格交渉を行い，改めて下請代金（発注単価）を取り決める必要がある。

第3 支払遅延／Q45

> **Q45** 資金繰りの都合で支払遅延となってしまったが，取引先下請事業者から請求されなかったため，遅延利息は支払わなかった。支払遅延となった場合，請求がなくとも遅延利息を支払う必要があるか。

**A** 遅延利息の支払は下請法で定められた親事業者の義務であるので，法律上は請求がなくとも支払う必要がある。なお，下請代金の支払を遅延している場合に公正取引委員会の勧告が行われるときは，親事業者に対し，遅延している下請代金の支払とともに遅延利息の支払が勧告されることになる。

 解　説

## *1*　遅延利息

　下請事業者の給付を受領した日から起算して60日を経過して下請代金の支払が遅延した場合の遅延利息の支払は，下請法4条の2で定められた親事業者の義務であるので，親事業者は下請事業者から請求されなくとも支払う必要がある。

　この遅延利息の支払についても公正取引委員会の勧告対象となっているが，支払が遅延している下請代金が支払われた後は遅延利息の支払まで公正取引委員会が勧告を行う必要はないとして，下請法7条1項では，親事業者が下請代金の支払を遅延している場合に「その下請代金若しくはその下請代金及び第4条の2の規定による遅延利息の支払」を勧告するものとされている。

## *2*　公正取引委員会の勧告

　このように遅延利息の支払につき公正取引委員会が勧告できるのは，下請代金の支払自体が遅延している場合に限られるので，遅延している下請代金が支払われた後は，遅延利息の支払については，その額をいくらとするかを

含めて親事業者と下請事業者との間の交渉に委ねられ，この交渉がまとまらなければ民事裁判によることになる。

そして，遅延利息の支払につき裁判が行われた場合は，公正取引委員会規則で定められた率（年14.6パーセント）による遅延利息の支払が命じられることになると考えられる。

**Q46** 下請事業者からの請求書に基づき下請代金を支払っているが，下請事業者からの請求書が遅れている場合は，発注書面に記載された支払期日より支払を遅らせたとしても問題ないか。

**A** 下請代金は，下請事業者からの請求の有無にかかわらず，支払期日に支払う必要がある。

**解説**

下請法4条1項2号では「下請代金をその支払期日の経過後なお支払わないこと」を支払遅延としており，下請事業者から下請代金の請求の有無は要件とされていない。

このため，親事業者は，下請事業者からの請求書が遅れているとしても，発注書面に記載された下請代金の額を支払期日に支払わなければならない。

## 第4 下請代金の減額

**Q47** 「下請事業者の責に帰すべき理由」があるとして，下請代金を減額できるのは，どのような場合か。

**A** 「下請事業者の責に帰すべき理由」があるとされるのは，受領拒否などの場合と同様に，下請事業者の給付の内容が発注書面に記載された委託内容と異なる場合や下請事業者の給付に瑕疵等がある場合に限られている。

### 解説

　下請運用基準において「下請事業者の責に帰すべき理由」があるとして下請代金の額を減額できるとされているのは，下請事業者の給付の内容が発注書面に記載された委託内容と異なる又は下請事業者の給付に瑕疵等があるとして，受領拒否や返品ができるような場合に限られている。

　そして，この下請事業者の責めに帰すべき理由があるとして受領拒否や返品をした場合に，これらに係る下請代金相当額だけ下請代金を減ずることは，当然に問題にはならない。

　また，下請事業者の給付に瑕疵等がある場合に，この瑕疵等を親事業者が手直しをした上で受領することとしたときに，この手直しに必要な費用相当分の減額を行うことも問題ないとされている。

第6節　親事業者の遵守事項

**48** 取引先との基本契約書で毎月の取引金額が一定額を超えた場合，その超えた額の3パーセントに相当する金額を控除したものを支払うことを定めている。このように取引開始時の基本契約書で定めている場合でも，発注書面の記載金額から減じて支払うことは下請法上問題となるか。

**A** いわゆるボリュームディスカウント等合理的な理由に基づく割戻金に該当する場合を除き，取引基本契約書等で定められているとしても，発注書面に記載された下請代金の額を減ずることは下請法に違反するものとされている。

 解　説

## *1*　事前の合意文書に基づく発注書面記載額からの減額の取扱い

　企業間取引においては，取引開始時に作成される取引基本契約書などにおいて，一定期間における個々の取引金額の集計額から一定率等の金額を差し引いた額が当該期間における売買代金額とする取決めがなされることがある。

　このような取決めは下請取引においても行われることがあるが，現在の下請法の運用においては，親事業者に発注書面の交付義務が課されていること，下請事業者の責めに帰すべき理由がなければ下請代金を減額することできないこと，親事業者からの要請が不当なものであっても下請事業者がこれを断ることができず下請事業者が真には合意をしていないケースがあることなどから，ボリュームディスカウント等合理的な理由に基づく割戻金に該当する場合を除き，事前の合意があったとしても，発注書面に記載された下請代金の額を減ずることは下請法4条1項3号に違反するものとされている。

## *2*　ボリュームディスカウント等合理的な理由に基づく割戻金の要件

　ボリュームディスカウント等合理的な理由に基づく割戻金（例えば，ある下

請事業者への一定期間内の発注数量が一定の数量を超え、それに伴い下請事業者のコストが低下するような場合に、当該下請事業者が親事業者に支払う割戻金）については、平成11年の下請運用基準の改正により認められたものであり、この割戻金に該当するとして下請法上問題ないとされるためには、次の要件が全て満たされる必要があるとされている。

　① 当該割戻金の内容が取引条件として合意され、書面化されていること。
　② この①の書面と発注書面記載の下請代金の額とを合わせたものを実際の下請代金の額とすることが合意されていること。
　③ 発注書面において、この①の書面との関連付けがなされていること。

**Q49** 取引先下請事業者にも合理化を求めて単価改定交渉をしているが、発注時までに合意に至らなかったため、発注書面には従前単価で記載し、実際には交渉を継続して合意が得られた単価で支払うことにした。このことについて取引先下請事業者の了解があったとしても、発注書面に記載された単価より低い単価で支払うことは問題となるのか。

**A** 発注書面に記載された単価より低い単価で算定した下請代金を支払うことは、下請事業者の合意があったとしても、下請代金の減額として問題となる。

**解　説**

下請法においては、親事業者は、発注前に下請事業者と交渉して下請代金の額を決定し、発注時に当該下請代金の額を記載した発注書面を下請事業者に交付する必要がある。

91

第6節　親事業者の遵守事項

　このため，親事業者が下請事業者との間で単価引下げ交渉を行っている場合に，この交渉が決着するまでの発注書面に当該交渉前の単価による下請代金の額を記載し，実際に下請代金を支払う際に交渉決着後の引き下げられた単価によることとするのは，下請代金の減額として下請法4条1項に違反することとなる。

　なお，このように単価引下げ交渉時において，当該交渉により決定された低い単価を決定前の発注における単価として下請代金の額を算定することは，「新単価の遡及適用」と呼ばれるものであって，代表的な下請代金の減額事例の一つとなっている。

**Q50** 手形払いとしている取引先下請事業者から現金払いの希望があったため，銀行振込で支払うことにしたが，手形サイトに相当する金利相当分や振込手数料を差し引いた金額を振り込むことで問題はないか。

**A**　手形払いとしている下請代金を下請事業者の希望により現金払いとした場合は，親事業者の短期調達金利相当分を差し引くことが認められている。また，振込手数料については，代金の支払側が負担するものであるので，これを下請代金の額から差し引くことは，原則として下請法上問題となる。

　**解説**

## 1　現金払いの際の割引料相当額の控除

　手形払いとしている下請代金について，下請事業者側の希望により，支払期日に手形の交付に代えて現金で支払う場合は，手形の満期日までの金利相

当額や手形割引料相当額を親事業者が負担することとなるので，下請代金の額からこれに相当する金額を差し引いたとしても，特に下請事業者の利益を損なうものではないと考えられる。

しかし，このような場合に親事業者が金利相当額と判断する額を差し引くこととすると，実際の金利相当額よりも多くなることもあるので，下請法の運用としては，親事業者の短期調達金利による算定額までの額を差し引くことが認められている（下請運用基準における違反行為事例3‐4参照）。

## *2* 振込手数料の控除

購入代金を支払う際の費用については，一般に支払者側の負担とされており（民485条参照），また，下請事業者の責めに帰すべき理由があるともいえないので，下請代金の額から振込手数料を控除することは，下請代金の減額に該当することとなる。

しかし，取引当事者間の交渉により振込手数料を受取側の負担とすることもできるので，下請法の運用においても，発注前に，親事業者と下請事業者の協議により振込手数料を下請事業者が負担する旨を書面で合意している場合は，親事業者が金融機関に支払う振込手数料の実費額の範囲内の額を差し引くことが認められている（下請運用基準における違反行為事例3‐13及び3‐14参照）。

第2章　下請法について

第6節　親事業者の遵守事項

## 第5　返　品

**Q51** 「下請事業者の責に帰すべき理由」があるとして，下請事業者から受領した給付を下請事業者に引き取らせることができるのは，どのような場合か。

**A** 「下請事業者の責に帰すべき理由」があるとして，受領した給付を下請事業者に引き取らせることができるのは，給付の内容が発注書面に記載された委託内容と異なる場合などに限られている。

解　説

### 1　下請事業者の責に帰すべき理由
「下請事業者の責に帰すべき理由」があるとして受領した給付を下請事業者に引き取らせること（返品）ができるのは，
　① 下請事業者の給付の内容が発注書面に明記された委託内容と異なる場合
　② 下請事業者の給付に瑕疵等がある場合
の2つの場合に限られている（下請運用基準第4-4）。

### 2　返品ができる期限
このように下請事業者の責めに帰すべき理由がある場合は，下請事業者に返品することが認められているが，受領後いつまでも返品ができるとすることは適当ではないため，納品検査時に全数検査を行う場合にあっては，直ちに発見できる瑕疵がある不良品は速やかに返品しなければならないことになっている。

この納品時の検査方法と返品可能期間に係る下請運用基準における取扱いを整理すると，次のとおりとなっている。

第5 返品／Q51

〈図10 検査方法と返品可能期間の関係〉

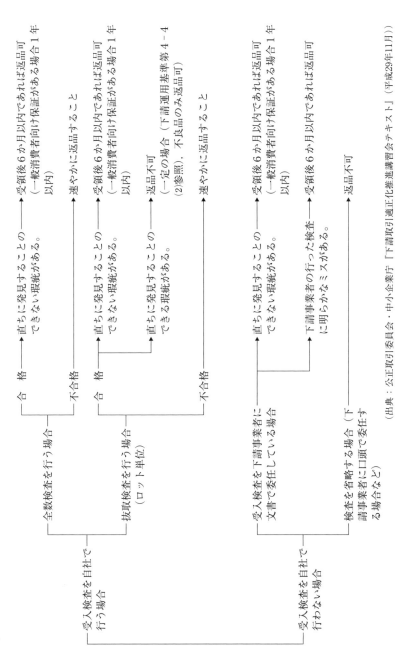

(出典：公正取引委員会・中小企業庁「下請取引適正化推進講習会テキスト」(平成29年11月))

第6節　親事業者の遵守事項

**Q52** 下請事業者から受領した物品を使用してから，不都合があることが分かった。このような場合，その物品を返品することはできるか。

**A** 通常の検査では直ちに発見できない瑕疵がある場合に相当するので，その瑕疵が下請事業者の責任によるものであって，当該物品を受領してから6か月以内であれば，返品することができることとなっている。

　解　説

　下請法の運用においては，受領時の検査方法と返品期間の関係について基準が設けられており（Q51参照），受領した物品を使用してから発見される瑕疵は「直ちに発見することのできない瑕疵」として，受領時に全数検査を行うか抜取検査を行うかなど検査方法のいかんを問わず，物品受領後6か月以内であれば返品ができるものとされている。

　また，親事業者が一般消費者に対し6か月を超えて品質保証をしている場合は，その保証期間に応じて最長1年以内であれば下請事業者に返品できるものとされている。

## 第6 買いたたき

**Q53** 下請事業者の給付の内容と同種又は類似の内容の給付に対し「通常支払われる対価」というのは、どのようにして判断されているか。

**A** 「通常支払われる対価」とは、その下請事業者の属する取引地域において一般に支払われる対価のことで、いわゆる市場価格であると解されている。

### 解 説

#### 1 通常支払われる対価

下請運用基準において、買いたたき規制における「通常支払われる対価」（下請4条1項5号）とは、当該給付と同種又は類似の給付について当該下請事業者の属する取引地域において一般に支払われる対価（通常の対価）をいうとされている。

また、この通常の対価を把握することができないか又は困難である場合に、当該給付が従前の給付と同種又は類似のものであるときは、従前の給付に係る単価で計算された対価を通常の対価として取り扱うものとされている。

#### 2 買いたたき該当性の判断

親事業者による下請代金の決定が買いたたきに該当するか否かについては、下請代金の額の決定に当たり下請事業者と十分な協議が行われたかどうか等の対価の決定方法、差別的であるかどうか等の決定内容、通常の対価と当該給付に支払われる対価との乖離状況及び当該給付に必要な原材料等の価格動向などを勘案して総合的に判断されるものとされている。

しかし、実際の下請法の運用においては、当該給付に係る取引当事者であ

る親事業者と下請事業者が，それぞれの事情を踏まえて協議をして下請代金の額を決定している場合は，当該代金額が通常の対価として妥当なものと取り扱うことができるとして，下請事業者と十分な協議を行っているか否かが重視されている。

**参考事例**

1　**大創産業に対する勧告（平26・7・15公取委報道発表資料・平成26年度年次報告179頁）**

　　大創産業は，100円ショップ「ダイソー」等の店舗で販売する自社ブランドの日用品等の製造委託に関し，販売期間が終了したこと等を理由として返品（下請代金相当額は14社に対し総額約1億3,916万円）を行ったほか，商品の売行きが悪いことを理由として発注前に下請事業者と協議して決定していた予定単価を約59パーセントから67パーセント引き下げた単価に定めて発注していたとして（当初の予定単価によるものと実際の下請代金の額との差額は，2社に対し総額約658万円），勧告が行われている。

2　**ホーチキメンテナンスセンターに対する勧告（平19・12・6公取委報道発表資料・平成19年度年次報告193頁）**

　　ホーチキメンテナンスセンターは，業として請け負う消防用設備の保守点検業務の委託先下請事業者に対し下請代金の額に一定率を乗じた額を下請代金の額から差し引くことが下請代金の減額（20社に対し総額約2億1,552万円）として問題とされたため，当該減額分を下請事業者に返還したが，各下請事業者と十分な協議を行うことなく，従前の計算による下請代金の額から当該一定率を乗じた得た額を新たな下請代金の額とすることとした。この新たな下請代金の額の決定について，通常支払われる対価に比して著しく低い下請代金の額を決定した買いたたきに該当するとして，下請事業者と協議をして通常の対価に比し著しく低いものでない額まで引き上げることなどの勧告が行われている。また，この勧告に合わせ，先の下請代金の減額行為についても，再発防止策を講じることなどの勧告が行われている。

## Q54

新規取引を求めるセールスを受け，その提示価格がかなり低かったので，既存の取引先下請事業者に対し，それと同様の価格に引き下げるよう求めたが，このようなことは「買いたたき」として問題となるか。

## A

新規取引を求める事業者の提示価格が市場における価格である「通常支払われる対価」に該当するのであれば，それと同様の価格を既存の取引先下請事業者に求めても買いたたきには該当しない。

### 解説

複数の事業者の提示価格を比較して，その最安値を提示した事業者と取引を行うこととすることは，価格競争の結果そのものであって，また，最安値を提示した事業者が当該提示価格で継続的に給付を提供できるのであれば，当該提示価格が市場価格であると考えられる。このため，親事業者が当該最安値での取引を既存の下請事業者に求めたとしても，それ自体は買いたたきに該当するものではない。

一方，新規取引を求める事業者が採算を度外視して安値を提示したような場合に，親事業者側から当該価格での取引を求めたり，当該価格では採算が合わないため継続的な取引を行うことが難しい事情を親事業者が承知しているなどの事情があれば，当該価格での取引を下請事業者に求めることは買いたたき規制の観点から問題ないとはいえないと考えられる。

第6節 親事業者の遵守事項

## 第7 取引強制

**55** お盆や年末などに，取引先に対し自社製品を紹介して購入依頼をするというセールスを行っているが，取引先の下請事業者にも同様のセールスをすることに問題はあるか。

**A** 下請事業者に対し自社製品に係るセールスを行う際に，当該商品を購入しなければ下請取引に影響が及ぶことになると受け取られる方法による場合は，取引強制に該当するおそれがある。

### 解 説

　下請事業者の給付の内容を均一にしたり，その改善を図るために必要があるなどの理由がなければ，下請事業者に自社の製品の購入を強制することは，取引強制として下請法4条1項6号に違反することになる。

　このため，取引先に対し自社製品を紹介して購入を依頼するといったセールスを行う場合は，購買・外注担当部署など下請事業者との取引に影響を及ぼすことができる部署以外の部署から案内を行うとともに，案内した商品の購入は下請取引と関係がない旨を下請事業者に周知した上で実施することが望ましい。

第 8　割引困難手形の交付／Q 56

## 第8 割引困難手形の交付

**Q56** 代金を支払う場合は，現金払いや銀行振込などによるのが
当然と考えるが，割引困難なものでなければ手形払いでも
よいことになっているか。

**A** 　代金を支払うという以上，現金払いが原則となるが，下請法制定当
時においては手形払いも一般的なものであり，現金払いに限ることが
現実的ではなかったため，支払期日に現金化できるような手形であれ
ば，問題ないものとされている。
　そして，昭和40年の法改正により割引困難手形に係る規定が設け
られたことから，下請法上も手形払いが支払手段として認められるこ
とになっている。

### 解　説

### *1*　支払手続

　下請代金の支払手段として手形払いを認めるか否かについては下請法制定
当時から問題となっており，昭和29年に公正取引委員会が定めた「下請代金
の不当な支払遅延に関する認定基準」（昭29・3・30公取委）では，「下請代金
を現金又はこれに準ずる確実な支払手段で支払わないこと」として，現金に
準ずる確実な支払手段であれば認められていた。
　これに対し，代金を支払う際には現金払いが原則であり，現金払いとなる
ことが望ましいという考え方もあって，制定時の下請法においては，支払手
段に係る規定は特に設けられていない。
　しかし，当時の状況下において手形払いを認めないことは現実問題として
不可能であったため，下請事業者が支払期日に現金化できるような手形であ
れば下請代金の支払手続として認めることとして，下請法5条の規定による

*101*

第6節　親事業者の遵守事項

規則（昭和31年公取委規則3号）において「下請代金について手形を交付した場合は，手形の交付の年月日，手形金額及び手形の満期」（当時の2条1項6号）が当該書類の記載事項とされている。

## *2*　通常の金融機関で手形割引等により現金化できない場合の取扱い

そして，昭和40年当時の法運用においては，下請代金の支払期日まで（当時の指導基準では，下請事業者の納品後60日以内）に通常の金融機関で手形割引等により現金化できない場合は下請代金の支払がないと取り扱われていたが，法律上も手形払を認めることとして，昭和40年の法改正で割引困難手形に係る規定（下請4条2項2号）が設けられている。

---

**57** 手形の割引が困難かどうかは，手形振出人の信用など多くの事情によると考えるが，手形サイトを基準として指導がなされているのはなぜか。

---

**A** 手形の割引が困難かどうかは親事業者や下請事業者の信用度などの諸事情を総合して判断されるが，一般的ないし特定の業界における手形の取扱いについては手形サイトが一応の目安となると考えられていたことから，割引困難手形に係る是正指導の迅速化を図る上でも手形サイトを基準とする指導が行われている。

## 解　説

下請代金を支払う際には現金払いとするのが当然となるが，製造業においては従前から手形払いも広く行われており，昭和40年の法改正により割引困難手形に係る規制が導入される以前においても，下請代金の支払期日までに

一般の金融機関の通常の割引により現金化できるような場合は，手形払いによる下請代金の支払も下請法の運用として認められていた。

　手形が一般の金融機関によって割引を受けることができるどうかは，当該手形のサイト，保証の有無，親事業者や下請事業者の信用度，金融機関との取引関係など種々の事情により異なるが，その時々の金融情勢により一般的な又は特定の業界における手形サイトについての目安が存在するとされている。

　そして，昭和40年の法改正前において下請代金を手形払いとした事案につき支払期日までに現金化することが困難であるとして公正取引委員会が是正指導を行った事案の約半数が長期手形に係るものであったこと，手形サイトを短縮することは下請事業者の利益となること，手形サイトによれば是正指導を迅速に行えることなどから，割引困難手形の規制（下請4条2項2号）については，まず手形サイトを基準とする是正指導が行われている。

　なお，下請代金を手形払いとする場合の親事業者及び下請事業者の業務量の軽減や印紙代の節減などを図るため，手形に代わる決済手段として債権譲渡方式（下請事業者が，下請代金の額に相当する下請代金債権を担保として，金融機関から当該下請代金の額に相当する金銭の貸付けを受ける方法）などの一括決済方式や電子記録債権を用いた支払手段も用いられるようになっている。そして，公正取引委員会では，これらが用いられることにより下請事業者の利益が害されることのないよう指導方針を公表している。

第6節　親事業者の遵守事項

**58** 手形サイトが120日（繊維業では90日）を超える手形は割引困難なものとして指導されているが，この120日以内との基準は，どのようにして決められているか。また，代金の支払は現金払いとすべきであるので，指導対象とする手形サイトは更に短くすべきではないか。

**A** 　手形の割引が困難となるかどうかは手形サイトだけで決まるものではないが，昭和40年の法改正により割引困難手形に係る規定が導入された当時において手形サイトが3～4か月を超えるものにつき是正指導を行っていたこと，当時の業界別の手形サイトは繊維業を除き120日以内のものが大部分であったことなどから，手形サイトを120日以内とする指導基準が昭和41年に設けられている。
　そして，経済事情の変化により取引の公正化が特に求められるようになったことから，平成28年，下請代金をできるだけ現金払いとすること，手形サイトを将来的には60日以内とすること等を内容とする指導基準が設けられている。

**解説**

## *1*　手形サイトを120日以内とする昭和41年の指導基準

　下請代金を支払う際には現金払いとするのが当然となるが，製造業においては従前から手形払いも広く行われていたことから，下請法の運用として下請代金の支払期日までに現金化できる場合は手形による支払も認められていた。そして，昭和40年の法改正により割引困難手形に係る規制が導入されたことに伴い，下請法上も手形が支払手段として位置づけられることになった。
　昭和30年代の下請法の運用においては，公正取引委員会は，手形サイトが3～4か月を超えるものにつき是正指導を行っていたが，昭和40年の法改正により割引困難手形に係る規制が導入されたことに伴い，各産業ごとの手形

サイトの実態を踏まえ指導対象基準を設けることとされた。そして，昭和41年3月に公正取引委員会事務局長と中小企業庁長官の連名での要請文書「下請代金の支払手形のサイト短縮について」（繊維業以外の団体には同月11日付け公取下169号・41企庁339号，繊維業の団体には同月31日付け公取下223号・41企庁467号）により，各業界団体に対し，手形サイトを原則として120日以内とし，さらに短縮に努めるよう求めている。なお，繊維業における手形サイトが90日と他の産業のものより短くなっているのは，当時の繊維業と他の産業の手形サイトの実態を踏まえたものとなっている。

## *2* 平成28年の手形サイトの短縮等に係る指導基準

平成28年6月2日の閣議決定「経済財政運営と改革の基本方針2016」において，中堅・中小企業・小規模事業者支援策として下請等中小企業の取引条件の改善を図ること等とされ，同年8月2日の閣議決定「未来への投資を実現する経済対策」において，中小企業・小規模事業者の経営力強化・生産性向上支援策として，手形支払等の取引慣行に係る課題の改善につながるよう下請企業等の中小事業者の取引条件の改善を図ることとされるなど，近年においては，下請取引におけるものを含め中小企業の取引条件の改善が政府全体の政策課題となっている。

このため，平成28年12月14日に，中小企業庁長官と公正取引委員会事務総長の連名での要請文書「下請代金の支払手段について」（20161207中1号・公取企140号）により，昭和41年の要請文書に代えて，①下請代金の支払は，できる限り現金によるものとすること，②手形等により下請代金を支払う場合は，その現金化に係る割引料等のコストを下請事業者の負担とすることのないよう，これを勘案した下請代金の額を下請事業者と十分協議して決定すること，③手形等（手形のほか一括決済方式及び電子記録債権によるものを含む。）のサイトについては，繊維業90日以内，その他の業種120日以内にすることは当然として，段階的に短縮することとし，将来的には60日以内とするよう努めること，を関係事業者団体に要請している。

なお，平成30年11月27日に，経済産業大臣と公正取引委員会委員長の連名

第6節　親事業者の遵守事項

文書「下請取引の適正化について」(20181026中１号・公取企87号) において，手形サイトを将来的に60日以内とするよう努める等，引き続き下請取引の適正化に努めるよう要請している。

第9 不当な経済上の利益提供要請 ／ Q59

## 第9 不当な経済上の利益提供要請

**Q59**
下請事業者に協賛金などの提供を求めることが「下請事業者の利益を不当に害して」いないとされるのは，どのような場合か。

**A**
例えば，親事業者が新たな販売促進活動を行うことにより下請事業者への発注数量が増加するなど下請事業者の利益にもなる場合に，その下請事業者が受ける利益の範囲内で協賛金などの費用の負担を求めるようなことが，これに該当する。

### 解 説

#### 1 不当な経済上の利益提供要請行為の規制内容

平成15年の下請法改正により，不当な経済上の利益提供要請に係る4条2項3号の規定が追加されている。

この不当な経済上の利益提供要請に該当する代表的な事例としては，親事業者が決算において減益となることを避けるため，いわゆる決算協賛金の提供を求めるものがあり，このような協賛金の提供は，下請事業者の親事業者への納入数量を増加させるようなものではなく，不当な経済上の利益提供要請に該当することになる。

一方，親事業者が販売する商品に係るカタログなどの広告物の作成費用の一部を下請事業者が負担することにより，親事業者の商品販売が促進されれば，下請事業者の親事業者への納入数量が増加することが想定される。また，親事業者の人員派遣要請に応えることにより，下請事業者の納入数量が増加したり，親事業者が有するノウハウを下請事業者の従業員が獲得できることもあり得る。このように，親事業者からの要請に応じることによって，当該要請に応じる以上の利益を下請事業者が得られるのであれば，「下請事業者

第6節　親事業者の遵守事項

の利益を不当に害して」いるものとはされない。

## 2　親事業者が下請事業者に利益提供の要請を行う際の留意点

　親事業者が協賛金を要請するなど下請事業者に利益提供要請を行う際には，それにより下請事業者にどの程度の利益が見込めるかについて合理的な根拠を示して説明するなど，下請事業者に十分に説明を行い，下請事業者の理解を得る必要がある。

　また，下請事業者に要請を行うに当たり，購買担当者など下請取引に影響を及ぼし得る者が窓口となることは，下請事業者が自主的に判断する際の妨げとなるので，このような者から要請を行うことは極力避ける必要がある。要請内容が下請取引に関するものであれば，購買担当者などから説明を行わざるを得ないこともあろうが，親事業者の販売する商品の購入案内をするなど，下請取引に直接的に関係しない場合においては，特に留意する必要がある。

　なお，不当な利益提供要請は独占禁止法上の優越的地位の濫用行為として問題となるもの（独禁2条9項5号ロ）と同様の行為であるので，優越的地位の濫用ガイドライン（「優越的地位の濫用に関する独占禁止法上の考え方」（平22・11・30公取委））で問題となるような行為が下請法上も問題となるのは当然である。

**参考事例**

□　**シジシージャパンに対する勧告（平28・9・27公取委報道発表資料・平成28年度年次報告233頁）**

　シジシージャパンは，小売業者等に販売する食料品，日用品等の製造委託に関し，下請代金の減額（23社に対し総額約4,717万円）を行うとともに，①創業40周年に際して行う値引販売等の費用を確保するための「特別販促費」，②商品のパッケージデザイン作成費用を確保するための「デザイン費」，③商品の値引販売の費用を確保するための「拡散協賛金」，④商品の販促費用を確保するための「その他リベート」，⑤自社活動を宣伝するための展示会における

108

第9　不当な経済上の利益提供要請 ／ Q60

試食に要する費用を確保するために「展示会サンプル代補填」（現金又は商品の現品）などを提供させていた（25社に対し総額約1,749万円）として勧告が行われている。

**Q60** 下請事業者に対し協賛金などの要請をすることが問題ない場合であっても，下請事業者は受け取った下請代金の中から負担することになるので，下請代金の減額として問題となるのではないか。

**A** 　下請代金の減額と協賛金等の徴収を同一の行為と評価できないこともあり，下請事業者の利益とならないような協賛金等の支払要請を効果的に規制する等のために，平成15年の法改正により，下請事業者の利益を不当に害する協賛金等の支払要請行為が規制されることになっている。

**解　説**

　下請事業者が協賛金等の支払を行う場合はそれまでに受領した下請代金の中から負担することになるが，下請代金の減額と協賛金等の徴収を同一の行為とまでは評価できず，協賛金等の支払要請行為を効果的に規制する上で問題もあった。一方，協賛金等を負担することにより下請事業者の給付に係る製品等の販売が促進され，ひいては下請事業者の利益につながる場合もあるが，このような場合でも協賛金等の支払を要請することが問題であると受け取られることもあった。

　このため，親事業者が協賛金等の支払を要請することにより下請事業者に不利益を与えることを効果的に規制できるようにするとともに，下請事業者

第2章　下請法について

*109*

第6節　親事業者の遵守事項

の利益が増進されるような協賛金等の要請が下請法上問題とならないことを明確にするため，平成15年の法改正により，下請事業者の利益を不当に害するような協賛金等の負担要請を禁止する4条2項3号の規定が設けられている。

61　スーパーのプライベート・ブランド商品の納入先から，バーゲンセール時に人員の応援要請があった。要請のあった人員を派遣しても当社が納入した商品の販売促進にはあまり役に立たないため断りたいが，どのように取引先スーパーに話せばよいか。

A　自社納入商品の販売促進につながらないことを伝えるのが望ましいであろうが，要請を断ることにより取引先スーパーとの取引関係に支障が生ずるおそれがあると判断されるのであれば，社内に説明する必要があるなどとして，人員の派遣要請に応えた場合の自社納入商品の販売促進効果を確認することから交渉を始めるほかないように考えられる。

### 解　説

#### 1　優越的地位の濫用行為規制

　下請法による規制だけでなく独占禁止法上の優越的地位の濫用行為規制の運用が厳しくなり，これらの規制に違反したとして公正取引委員会から問題とされた場合に，社会的な評判が低下することを含め，親事業者などの大企業が受けるリスクが増大していることが周知されるようになっている。

　このような状況の変化を踏まえ，親事業者の下請法等に関するコンプライ

アンス意識が向上し，社内での法令遵守体制も整備されるようになっている
ので，親事業者である取引先スーパーでもそのような取組みを行っているの
であれば，PB商品の納入窓口担当者に対し，納入商品の販売促進につなが
らないと考えていることを伝えたり，取引先の法務担当部署の意見を照会す
るなどの対応をしてよいと考えられる。

## *2* 親事業者のコンプライアンス意識が低い場合

一方，取引先スーパーのコンプライアンス意識が低く，納入商品の販売促
進効果についての質問についても十分な対応がなされないのであれば，親事
業者と交渉を続けるのではなく，公正取引委員会や中小企業庁に申告すると
いった対応を検討してよいと考えられる。

なお，取引先スーパーでは下請事業者を含む多くの納入業者に人員の派遣
要請を行っているはずであるので，公正取引委員会や中小企業庁から下請法
違反の疑いで調査が開始されたとしても，どの下請事業者から情報提供がな
されたかなどが取引先スーパーに知られるおそれはないと考えられる。

第7節 調査・措置関係

# 第7節 調査・措置関係

**Q62** 下請法の定期調査票が公正取引委員会から送られてくるときと中小企業庁から送られてくるときがあるが，調査に関して公正取引委員会と中小企業庁はどのような関係にあるか。

**A** 公正取引委員会及び中小企業庁では，下請法7条の調査権限に基づく親事業者に対する書面調査を分担して行っており，それぞれ調査対象とする親事業者については4年ごとに交換がなされている。

 解　説

## *1* 公正取引委員会及び中小企業庁における調査・措置権限

　下請法7条1項では親事業者の下請事業者に対する取引を公正化するため公正取引委員会に，同条2項では下請事業者の利益を保護するため中小企業庁に，それぞれ親事業者等に対する調査権限が認められている。

　そして，調査の結果，親事業者が下請法4条の規定に違反していると認められる場合は，公正取引委員会は当該親事業者に対し勧告をするものとされ（7条），中小企業庁は公正取引委員会に対し適当な措置を講ずるよう請求できること（6条）になっている。

　このように，下請法違反に係る公正取引委員会及び中小企業庁の調査・措置権限はやや複雑なものとなっているが，これは，昭和31年の下請法の制定時において公正取引委員会及び中小企業庁のいずれもが下請法案の策定を検討していたところ，政府部内での調整の結果，下請法を独占禁止法の補完法として制定することとして，下請法4条違反に対する勧告については公正取引委員会の権限とし，中小企業庁に対しては，公正取引委員会とは別に調査権限を認めるとともに，公正取引委員会に対する措置権限を持たせることと

*112*

されたことによるものである。

## *2* 公正取引委員会及び中小企業庁による調査活動の分担

　公正取引委員会及び中小企業庁では，毎年度，親事業者及び下請事業者に対し調査票を発送するなどして親事業者と下請事業者との間の取引の実態把握に努めている。

　この親事業者に対する調査を実施するため，親事業者名簿が作成されており，公正取引委員会及び中小企業庁が名簿に記載されている親事業者を2分割して調査を実施している。そして，それぞれが調査対象とする親事業者については，4年ごとに交換がなされている。

　このため，例えば今年度から公正取引委員会から定期調査票が送られてきた親事業者については，今年度からの4年間は公正取引委員会から調査票が送られてくることになり，5年目以降の4年間は中小企業庁から定期調査票が送られてくることになる。

---

**Q63** 下請法の定期調査は下請事業者に対しても行われているが，下請事業者がどのような回答をしたかを親事業者に報告させてもよいか。

---

**A** 　公正取引委員会等が下請事業者からの情報を基に親事業者から事情聴取などの調査を行う際は，どの下請事業者からの情報によるのかを親事業者が把握できないよう留意されており，また，下請事業者が親事業者の違法行為を報告したことを理由に不利益な取扱いをすることは禁止されているので，親事業者が下請事業者の回答内容を報告させることは避けるべきである。

第7節　調査・措置関係

 **解　説**

　公正取引委員会及び中小企業庁は，定期調査における親事業者及び下請事業者からの回答内容や下請事業者からの申告などの提供情報を基に，事情聴取等の個別調査の対象となる親事業者を選定している。公正取引委員会や中小企業庁が親事業者に対し個別に調査を行う際に，公正取引委員会等が，どの下請事業者からどのような情報提供があったかを明らかにすることはない。

　下請法には，親事業者が下請事業者から定期調査の回答内容を報告させることを禁止する規定は設けられていない。しかし，親事業者が4条違反に問われた場合に，下請事業者が親事業者の違反行為を下請事業者が公正取引委員会又は中小企業庁に報告したことを理由として，下請事業者に不利益な取扱いをすることは，同条1項7号により禁止されている。

　また，親事業者が定期調査において事実どおりに回答を行っていれば，下請法に違反する事実の有無は容易に判断できるので，親事業者が下請事業者の回答内容を把握する必要はないと考えられる。

　このため，下請事業者から公正取引委員会等への報告内容を親事業者が聴取することは，定期調査における親事業者の報告内容に虚偽があるとか，親事業者に下請事業者に不利益な取扱いをするのではないかとの疑いを招くおそれがあり，避けるべきである。

---

**Q64** 親事業者から不当な要求がなされていることを調査票に書いたり，公正取引委員会や中小企業庁に相談しても，その後の下請取引に影響はないか。

**A** 　公正取引委員会や中小企業庁が親事業者を調査するに当たり，どの下請事業者からどのような情報を得たかを具体的に伝えることはない

ので，調査票にはありのままを記載したとしても問題はない。

### 解　説

　公正取引委員会や中小企業庁が親事業者を調査するに当たり，どの事業者からどのような情報提供があったかを明らかにすることはない。

　また，下請法上問題となる行為を行っている親事業者は，通常，特定の下請事業者に対してだけではなく，取引先の下請事業者一般に対し同様に問題となる行為を行っている。

　このため，取引先の下請事業者が1社のみであるような親事業者の行為が問題となるといった場合を除き，どの下請事業者から情報提供があったかを親事業者が把握することは難しいので，その後の下請取引への影響もないと考えてよい。

　なお，下請事業者から申告など個別の情報提供がなされるなど，どの下請事業者による情報により調査が行われることになったかが明らかになるおそれがあるような場合は，公正取引委員会等では定期調査における報告がなされた後に親事業者から事情聴取を行うなど，個別の情報提供により調査を開始したことも明らかにならないような配慮がなされている。

公正取引委員会や中小企業庁から調査を受けてから，下請法に違反していたことに気がついた場合，どのような対応をすればよいか。対応次第によって，受ける措置に違いがあるか。

**A**　下請法に違反する事実が確認できたのであれば，下請事業者が被った不利益を補塡するなどの原状回復措置を講じるのが望ましい。

また，公正取引委員会は，親事業者の具体的な下請法違反行為につき公正取引委員会が調査に着手する前に，自発的に申出をするなどの一定の要件を満たしている場合は，下請法上の勧告を行わない旨の方針を公表しているが，下請法違反となる行為類型によっては，調査に着手された後であっても原状回復措置が講じられた後は勧告の対象とならないなどの違いもある。

 **解　説**

## *1*　下請法に違反したことが明らかになった場合の対応

　発注書面の交付義務に係るものなど，その違反行為につき罰則の適用があるものについては，違反する事実が確認できれば，直ちに是正措置を講ずることとすべきである。

　また，下請法4条の規定に違反した場合の法律上の措置としては行政指導である勧告を受けるにとどまるが，下請法に違反する事実を確認したのであれば，その違反状態を早急に解消するための措置を自主的に講ずるのが望ましいことは当然である。

## *2*　公正取引委員会に下請法違反行為を自主的に申し出た場合の取扱い

　公正取引委員会では，親事業者により自発的な改善措置を採られることが下請事業者の利益の早期回復に役立つとして，平成20年12月17日，次のような事由が認められる場合は，下請法7条の規定による勧告を行わないとの方針を公表している（「下請法違反行為を自発的に申し出た親事業者の取扱いについて」（平20・12・17公取委））。

　①　公正取引委員会が当該違反行為に係る調査に着手する前に，同委員会に自発的に申し出ていること。
　②　違反行為を既に取りやめていること。
　③　下請事業者に与えた不利益を回復するために必要な措置を講じている

こと（下請代金の減額事案にあっては，少なくとも過去１年間の減額分を返還していること）。

④　当該違反行為に係る再発防止措置を講じていること。

⑤　公正取引委員会が行う調査及び指導に全面的に協力していること。

このため，下請法４条に違反する事実を確認したのが公正取引委員会又は中小企業庁に提出する定期調査票の作成時点であるなど，親事業者に対する個別的な調査が開始される前の時点であれば，公正取引委員会に申し出るなどの対応を行うことが望ましいこととなる。

## *3*　違反行為の是正措置が講じられた後は勧告の対象とならないと解されている場合の取扱い

下請法７条の規定による勧告については，４条１項１号等に掲げる行為を「している」と認められる場合のもの（７条１項。なお，７条３項の場合も同様）と，４条１項３号等に掲げる行為を「した」と認められるもの（７条２項）に大別される。

親事業者が原状回復措置を講ずるなどにより下請法違反が解消された後の事案に係る現在の公正取引委員会の運用では，下請代金の減額事案など違反行為を「した」と認められる場合については，違反行為の再発防止措置など「その他必要な措置をとる」ことの勧告がなされているのに対し，下請代金の支払遅延事案など違反行為を「している」と認められる場合については，勧告は行われていない。

このため，下請代金の支払遅延と減額が同時に問題となった事案にあっては，下請代金の減額については勧告が行われているものの，下請代金の支払遅延については，勧告時に公表が行われる際に，支払遅延について指導を行った旨が併せ公表されるにとどまっている。

このような現在の法運用を前提とすると，下請代金の支払遅延事案など違反行為を「している」場合に勧告が行われる事案にあっては，違反行為を確認したのが公正取引委員会による調査開始後であっても，原状回復措置を講ずるなどの自主的な改善措置を講ずることが望ましいこととなる。ちなみに，

第7節　調査・措置関係

　下請代金の支払遅延事案にあっては，自主的な改善措置として遅延している
下請代金の支払とともに遅延利息も支払うことが適当であろうが，「その下
請代金若しくはその下請代金及び第４条の２の規定による遅延利息を支払」
を勧告するものとするとの７条１項の規定上，遅延している下請代金を支
払った後は遅延利息の支払のみを勧告することはできないこととなっている
ので，まず遅延している下請代金のみでも早急に支払うことが望ましいこと
となる。

　なお，下請代金の減額事案など違反行為を「した」場合に勧告が行われる
事案にあっても，原状回復措置のほか「その他必要な措置」の全てが自主的
に講じられた後は，勧告すべき事項が残っておらず，理論上は，勧告の対象
とならないことになる。

### 参考事例

☐　**日本生活協同組合連合会に対する勧告及び指導（平24・9・25，公取委報道
　発表資料・平成24年度年次報告190頁）**

　　日本生活協同組合連合会は，会員に供給するプライベート・ブランドの食料
品等について，①下請代金の減額（下請事業者449名に対し総額25億6,311万円），
②返品（その下請代金相当額は総額484万円）及び③不当な経済上の利益提供
要請（総額262万円）を行っていた。なお，同連合会では，平成23年２月から
24年８月までの間に返品分を再び引き取り，平成24年９月18日に，下請事業者
に対し，上記①の減額分の返金し，再び引き取ることができなかったものを含
め，上記②の下請代金相当額の支払い，さらに上記③の提供させた金額を返還
している。

　　これに対し，公正取引委員会は，同連合会に対し，上記各行為が下請法に違
反するものであることの理事会での確認，役員・従業員に対する周知措置，違
反行為の再発防止措置及び取引先下請事業者への周知措置を行うことを内容と
する勧告を行っている。

　　また，同連合会は，平成22年９月から24年７月までの間において下請事業者
の給付を受領してから60日以内に下請代金を支払っておらず，支払遅延が生じ
ていたが，平成24年７月までに支払遅延を解消し，同年９月18日，下請事業者

452名に対し総額13億2,334万円の遅延利息を支払っている。

　この下請代金の支払遅延行為について，公正取引委員会は，同連合会に対し今後同様の行為を行わないこととの指導を行い，上記勧告時に併せて公表している。

**Q66** 下請法に違反したとして公正取引委員会から勧告を受けたり，公正取引委員会や中小企業庁から指導を受けた場合に，これに従わなければ，どうなるか。

**A** 　親事業者が勧告に従わなかった場合には，その旨が公表されたり，独占禁止法の優越的地位の濫用規制の観点から調査されることがあり得るが，親事業者の経営状況が悪化するなどして勧告に従えない事情がある場合には，その事情が配慮されることもあるようであり，現在までのところ，勧告に従わなかったとして公表されたり，優越的地位の濫用として問題となった事例はない。

　また，公正取引委員会等が親事業者に指導を行う際には，親事業者側の事情やその対応状況を踏まえた内容の指導が行われているので，親事業者が指導に従えない事態は想定しがたいと考えられる。

第2章　下請法について

## 解　説

### 1　親事業者が勧告に従わない場合の取扱い

　下請法上の勧告は行政指導にとどまるので，親事業者がこれに従う法的な義務はない。

　現在の下請法の運用では勧告が行われた時点で公表されているが，平成15年の法改正前の下請法7条4項では「親事業者がその勧告に従わなかつたと

*119*

第7節　調査・措置関係

きは，その旨を公表するものとする」とされていたので，従わなかった旨の公表が行われることが想定される。また，その下請法違反行為が独占禁止法上の優越的地位の濫用行為に該当するものであれば，独占禁止法上の手続が開始されることもあり得よう。

　しかし，現在までのところ，平成15年の法改正前のものを含め，勧告に従わなかったとして公表された事例はなく，また，独占禁止法上の手続が開始された事例もない。なお，公正取引委員会においては，経営状況などから勧告に従えない事情がある場合は，親事業者にどのような措置を求めるかを含め，これに配慮するようにしているものと考えられる。

## *2*　親事業者が公正取引委員会等の指導に従わない場合の取扱い

　下請法に違反したとして公正取引委員会や中小企業庁が行う指導は，事実上の行政指導であるので，親事業者がこれに従う義務はない。

　しかし，親事業者に対する指導内容は親事業者側の事情を踏まえたものとされ，また，親事業者側の対応を待って指導が行われているはずであるので，親事業者が指導に従えない事態は想定しがたいと考えられる。

　親事業者がこの指導に従わない場合は，下請法上の勧告が行われることも想定されるが，現在までのところ，指導に従わないことを理由に勧告が行われた事例はなく，また，指導に従わなかった事例について公表されたこともないと思われる。

**参考事例**

　　Q53における参考事例②参照

**Q67**

**67** 下請法違反として実際に問題となった行為としては，どのようなものが多いのか。また，勧告が行われた事案では，どうか。

**A** 　下請法違反として公正取引委員会が勧告や指導を行った事件をみると，約半数が発注書面の交付義務などの手続規定（3条及び5条）に違反するものであり，約半数が実体規定（4条）に違反するものである。実体規定違反の中では，下請代金の支払遅延事案（4条1項2号）が5割から6割と最も多くなっている。

　また，勧告が行われた事案の大部分が下請代金の減額（4条1項3号違反）に係るものであり，不当な経済上の利益提供要請（4条2項3号）など他の行為類型に係る事案についても，そのほとんどが下請代金の減額とともに勧告が行われたものとなっている。

### 🏢 解 説

## *1* 公正取引委員会における勧告・指導状況

　公正取引委員会が毎年公表している下請法の運用状況によれば，平成29年度に勧告又は指導を受けた親事業者数は6,761社である。これらの親事業者による違反行為を行為類型（適用法条）別にみると，発注書面の交付義務（3条）及び書面の保存義務（5条）という手続規定違反が5,971件，受領拒否，下請代金の支払遅延等の実体規定（4条）違反が5,778件となっている（1社が複数の類型の違反行為を行っていることがあるため，これらの合計は違反親事業者数と一致しない）。

　手続規定違反のうち5,332件が発注書面の交付義務違反，649件が書類の保存義務違反であり，発注書面の交付義務違反については，公正取引委員会規則で定められた発注書面の記載事項のうち一部のものが記載されて記載不備のものが多いといわれている。

*121*

第7節　調査・措置関係

　また，実体規定違反を行為類型別にみると次表のとおりであり，下請代金の支払遅延が5割強と最も多くなっており，買いたたきが約2割，下請代金の減額が約1割となっている。

〈図11　行為類型別の下請法4条違反件数（勧告及び指導件数合計）〉

| 受領拒否 | 支払遅延 | 減額 | 返品 | 買いたたき | 購入強制等 | 早期決済 | 割引困難手形 | 利益提供要請 | やり直し等 | 報復措置 |
|---|---|---|---|---|---|---|---|---|---|---|
| 23 | 3,129 | 611 | 20 | 1,179 | 94 | 92 | 324 | 261 | 45 | 0 |

（注）　1社が複数の類型の違反行為を行っていることがあるので，これらの合計数は違反事業者数と一致しない。

　また，公正取引委員会は，平成15年の法改正以降，平成30年末までに親事業者163社に対し勧告を行っており，これを行為類型別にみると，次表のとおり，下請代金の減額が156件となっており，その他の行為類型の事案のほとんどは，下請代金の減額と併せて勧告が行われている。

〈図12　行為類型別の勧告件数〉

| 受領拒否 | 減　　額 | 返　品 | 買いたたき | 購入強制等 | 早期決済 | 利益提供要請 | 合　　計 |
|---|---|---|---|---|---|---|---|
| 2(1) | 156(139) | 13 | 2 | 2 | 1 | 14(1) | 190 |

（注）　（　）内は，その類型の違反行為のみが問題となって勧告が行われた件数である。

　公正取引委員会では，下請代金の減額分が1千万円を超えるなど下請事業者の受けた不利益が大きい事案に対し勧告を行っているようであるが，多くの事案については勧告が行われる前に親事業者が減額分を返還するなどの対応が行われているので，原状回復措置を採ることを勧告されるものは少なくなっている。

　なお，公正取引委員会が指導を行った事案では支払遅延事案が最も多くなっているが，勧告事案が公表されるようになった平成16年以降，支払遅延事案について勧告が行われたことはない。

## 2 中小企業庁における指導状況

中小企業庁では,公正取引委員会の調査対象親事業者数と同程度の親事業者に対し調査を実施しており,平成29年度では,867社の親事業者に改善指導を行っている。この改善指導の内容を行為類型別にみると,手続規定違反が1,502件(うち3条違反804件,5条違反698件),実体規定違反が689件となっており,実体規定違反のうち,下請代金の支払遅延が314件,減額が247件となっている。

また,中小企業庁では,勧告を行うのが相当とするものについては,公正取引委員会に措置請求を行っており(下請6条),平成16年の法改正後に勧告が行われた163件のうち20件が措置請求に基づくものとなっている。

　親事業者との契約内容に下請法違反となるものがあった場合,その契約は私法上無効なものとなるか。

A　下請法は,親事業者の下請事業者に対する取引を公正なものとするための取締法規であり,一般には,取締法規に反する行為であっても公序良俗に反するなどの事情がなければ,その民事法上の効力は否定されないと考えられている。

このため,下請法に違反することを理由として,親事業者と下請事業者との間の契約や取決めが無効とされることはほとんどないと考えられる。

 解 説

## 1 下請法違反行為の私法上の効力

下請法は,下請取引における優越的地位の濫用行為を効果的に規制するた

第7節　調査・措置関係

め，親事業者の行為が独占禁止法上の優越的地位の濫用に該当するとまでは
いえない場合を含め，親事業者の行為を規制する取締法規である。一般には，
取締法規に違反する行為であっても公序良俗に反するなどの事情がなければ，
その私法（民事法）上の効力は否定されないと考えられている。

　下請法違反を理由とする民事訴訟において，親事業者との間の契約や取決
めが無効とされた判決例はないようであるが，独占禁止法上の優越的地位の
濫用規制に関連して，優越的地位の濫用に該当するとされた行為の私法上の
効力を否定した最高裁判決もある。

　下請法違反の場合においても公序良俗違反に該当するとして私法上の効力
が否定されることもあり得ようが，いずれにせよ，そのような場合はかなり
限られていると考えられる。

## *2*　下請法上の特則規定の取扱い

　一方，下請法においては，親事業者と下請事業者との間で下請代金の支払
期日が定められなかったときは親事業者が下請事業者の給付を受領した日を
支払期日とする等の規定（2条の2）や，下請代金の支払が遅延した場合の
遅延利息を公正取引委員会規則で定める率（年14.6パーセント）とするとの規
定が設けられている。

　これらの規定に係る私法上の効力が問題となるのは，親事業者と下請事業
者との間の話合いがつかず，下請事業者が裁判所に提訴した場合に限られる
であろうが，その場合は，これらの規定が適用されることになると考えられ
る。

### 参考判例

□　**岐阜商工信用組合に対する金銭消費貸借契約無効確認請求事件・最高裁判決**
　（最二小判昭52・6・20民集31巻4号449頁，判時856号3頁，判タ349号192頁）

　　本件は，提灯等の製造販売業者である原告が，被告である岐阜商工信用組合
　から1,150万円の貸付を受けたが，そのうち600万円を定期預金として担保に差
　し入れさせられたことにつき，被告の優越的地位の濫用であるとして，契約無

*124*

効確認を求めた事件である。

　この事件の上告審である最高裁は，信用協同組合が組合員に貸付を行うに当たり，十分な物的及び人的担保があるのに，超過貸付をして即時両建預金にさせ，実質金利が利息制限法１条１項の制限利率を超えるときは，優越的地位の濫用に該当し独占禁止法19条に違反するとした。また，独占禁止法19条に違反した契約の私法上の効力は，公序良俗に反するような場合は別格として，直ちに無効ではないが，実質金利が利息制限法に定める利率を超過する部分は無効であるとした。

第8節　広報関係

# 第 **8** 節　**広報関係**

> **69**　下請法の広報は，どうなっているのか。

**A**　公正取引委員会及び中小企業庁では，毎年11月を「下請取引適正化推進月間」として，全国各地で下請取引適正化推進講習会を開催するなど下請法の普及・啓発のための取組を行っている。
　また，毎年11月以外の期間においても，公正取引委員会や中小企業庁による下請法講習会が開催されているほか，各種の広報用のガイドブックや動画資料が作成され，ホームページ上にも掲載されている。

## 解　説

### *1*　下請取引適正化推進月間における広報活動

　公正取引委員会及び中小企業庁では，毎年11月を「下請取引適正化推進月間」として，一般公募して定めたキャンペーン標語（平成30年度の標語は「見直そう　働き方と　適正価格」）の下に，広報・啓発活動を行うとともに，全国各地で下請取引適正化推進講習会を開催している。

　この下請取引適正化推進講習会は，公正取引委員会と中小企業庁のそれぞれが実施するものであり，主要都道府県では公正取引委員会主催のものと中小企業庁主催のものの双方が，その他の県ではいずれか主催のものが実施されている。

　また，この下請取引適正化推進講習会では，公正取引委員会及び中小企業庁が編集した講習会テキストが使用されており，このテキストにおける説明がその時点での下請法の公式な解釈・運用を示すものと考えられている。

　この下請取引適正化推進講習会の開催案内や申込方法などのほか，講習会テキストについても，公正取引委員会や中小企業庁のホームページに掲載さ

*126*

れている。

## *2*　その他の広報活動

　下請取引適正化推進月間における広報活動のほかにも，公正取引委員会や中小企業庁では，それぞれ独自の広報活動を行っており，ホームページには各種の広報用のガイドブックや動画資料が掲載されている。

　また，下請取引適正化推進講習会以外の講習会として，公正取引委員会では，基礎知識の取得希望者を対象とする「基礎講習会」，具体的な事例研究を中心とする「応用講習会」を全国各地で開催しており，中小企業庁では，全国各地で「適正取引推進講習会」を開催している。

　さらに，公正取引委員会（地方事務所を含む。）及び中小企業庁（地方経済産業局を含む）では，親事業者又は下請事業者からの相談にも対応しており，特に中小企業庁では，（公財）全国中小企業振興機関協会などへの委託事業として，全国48か所に「下請かけこみ寺」と称する相談窓口を設けており，また，下請取引の適正化のためのガイドラインを業種別（平成29年度末現在では18業種）に作成して公表している。

# 第3章　役務の委託取引ガイドラインについて

**Q70** 役務の委託取引ガイドラインが制定されているのは，どのような理由によるものか。

**A** 　一般的な流通取引に関するガイドラインとしては，「流通・取引慣行ガイドライン」があるが，これは，主として商品の取引について独占禁止法上の考え方を示したものである。役務の委託取引においては，ソフトウェアの開発やテレビ番組の制作等のように多種多様であり，その仕様等が複雑多岐にわたることが多く，また，契約の時点では実際に提供される役務の成果物の品質・評価が難しく，そのために委託者においても実際に提供された成果物をみて十分納得し得るものでなかったと評価される場合があり，提供される役務について，「やり直し」が求められること等が多い。このため，役務取引の特質に鑑みて特に役務の委託取引に即応してガイドラインが制定されたものである。

### 解　説

#### *1*　役務の委託取引ガイドラインの制定

　「役務の委託取引ガイドライン」は，役務の委託取引が独占禁止法に違反することがあるのはどのような場合であるかを明らかにすることによって，役務の委託取引の同法違反を未然に防止しようとするものである。制定された理由は，「近年，我が国経済のソフト化・サービス化が進展し，我が国経済に占めるサービス部門の比重が増大するとともに，事業者間の取引にあっても，部品，製品等といった商品の取引だけでなく，役務についての取引が

129

第3章　役務の委託取引ガイドラインについて

増加しており，特に，いわゆるアウトソーシング（社内業務の外部委託）の動きの活発化に伴って，提供される役務の仕様等の具体的内容が役務の提供を委託した事業者（以下，「委託者」という。）の指図により決定される取引（以下，「役務の委託取引」という。）が重要なものとなってきている」ことによるものである（役務の委託取引ガイドラインの「はじめに」）。

　一般的な流通取引に関するガイドラインとしては，「流通・取引慣行ガイドライン」がある。このガイドラインは，主として商品の取引について独占禁止法上の考え方を示したものであるが，役務の取引についても，その考え方は基本的には同様である。

　しかしながら，役務の委託取引の特徴として，委託がなされる時点では，取引の対象となる情報成果物の具体的内容が確定していないため，委託者が提供された情報成果物について「やり直し」を求めることがあるなど，流通・取引慣行ガイドラインの考え方をそのまま適用できない場合もみられる等のため，流通・取引慣行ガイドラインとは別に役務の委託取引ガイドラインが設けられたものである。

　「下請法」は，製造委託及び修理委託についての下請取引を対象としていたが，平成15年6月18日下請法の改正により，下請取引の対象として情報成果物作成委託及び役務提供委託が追加されたので，役務の委託取引のうち，資本金要件に該当する親事業者と下請事業者との取引については，下請法が適用される。

## *2*　役務の委託取引ガイドライン制定の理由

　役務の委託取引ガイドラインが流通・取引慣行ガイドラインとは別に特に設けられた理由は，前述の通り，役務の委託取引においては，商品の委託取引とは異なる取引形態が存在するからである。例えば，役務の委託取引においては，役務の仕様等の具体的内容が委託者の指示により決定される取引であることが多いことである。

　商品の製造等の委託取引においても商品の仕様等の具体的内容は委託者の指図により決定されるが，商品の仕様等については，一般的に定形的・画一

的であるのに対し，役務の場合はソフトウェアの開発やテレビ番組の制作等のように多種多様であり，受託者の独自の発案による部分もありその仕様等が複雑多岐にわたることが多く，また，契約の時点では実際に提供される役務の成果物の品質・評価が難しく，そのために委託者においても実際に提供された成果物をみて十分納得し得るものでなかったと評価される場合があり，提供される役務について，「やり直し」が求められることが多い。

　役務の委託取引において，一般的に，委託者が委託取引の相手方である受託者に対して，経済的に優越した地位にあることが多く，優越的地位の濫用として問題となることが多い。そして，委託取引が継続的であり，受託者がその取引先を容易に変更できないような場合もあるので，役務の委託取引ガイドラインはこれらの点を考慮した内容となっている。

### 参考事例

1　委託販売であるとの主張に対し，商品の所有権は販売業者へ移転するものとなっており委託販売制が認められなかった事例 ―― 森永乳業に対する件（昭52・11・28審決，公取委審決集24巻106頁）

　森永乳業は，育児用ミルクを卸売業者・小売業者を通じて販売しているところ，卸売業者に対し，小売業者に対する販売価格及び販売先を指示していることは拘束条件付取引に該当するとされた。

　森永乳業は，同社が採用している委託販売制は委託商品の所有権を留保するなど典型的な委託販売制のあらゆる特質を具備した真正の委託販売であるから，委託者は受託者に対し委託商品の販売価格及び販売先を指示することは合法である旨を主張した。

　これに対し，審決は，卸売業者との取引契約によれば，「卸売業者が販売委託商品の代金回収の責任を負うことになっており，これは販売代金が回収不能の場合の危険を卸売業者に負担させるものであり，また，卸売業者が本契約の条項に違反するなど一定の事由がある場合は，期限の利益を失い，被審人に対し，育児用ミルクの仕入代金の全額を一時に弁済することになっており，同契約は，卸売業者が小売業者に委託商品を販売した時点で，その所有権が被審人から卸売業者へいったん移転した上，卸売業者から小売業者に移転する内容の

第3章　役務の委託取引ガイドラインについて

ものと認められるし，更に，卸売業者の取引の実態をみると，自己の名において小売業者と取引し，販売した商品代金を全額自己の売掛金として取り扱う等」しているとして，被審人の主張を認めなかった。

　　公取委は，森永乳業が卸売業者に対し，小売業者に対する販売価格及び販売先を指示していることは拘束条件付取引（旧一般指定8（当時））に該当し，独占禁止法19条に違反するとした。

[2]　**製造委託につき強い信頼を抱かせたのもかかわらず，その製造委託をしなかったことは信義則上の注意義務違反による不法行為に該当するとして損害賠償が認められた事例（独占禁止法違反ではないが参考までに掲げておく。東京高判平28・6・16，LLI／DB判秘）**

　　雑穀製品の製造販売を行う1審原告が，①主位的請求として，雑穀製品の販売業者である1審被告との間に数年間にわたり各商品について各年度一定数量の製造委託をする旨の個別の製造委託契約をしたにもかかわらず，年間の各時期に納入する数量・納期等の指示を行わなかったために，その製品の製造を行うことができず，製造のために支出した包装機械等設備投資費用相当額の損害を被ったと主張して，個別の製造委託契約の債務不履行に基づく損害賠償請求権に基づき，②予備的請求として，仮に新商品に係わる個別の製造委託契約の成立が認められないとしても，被告が原告に新商品の製造委託につき強い信頼を抱かせたのにもかかわらず，その製造委託をしなかったことにより，原告が上記設備投資費用相当額の損害を被ったと主張して，信義則上の注意義務違反による不法行為又は債務不履行に基づく損害賠償請求を行い，②に基づく損害賠償の一部が認められたのに対し，双方が控訴した事件である。①の主張は認定されなかった。

　　控訴審では，1審被告の控訴が一部認められ，原判決の認定額が減額された。

[3]　**商品先物取引・金融商品取引・外国株式取引の受託事業者の顧客との取引における説明義務違反・過当売買等は不法行為に該当し損害賠償責任の対象となるとされた事例（独占禁止法違反ではないが参考までに掲げておく。東京地判平28・5・23証券取引被害判例セレクト51巻15頁，消費者法ニュース108号347頁，先物取引裁判例集75号205頁）**

　　原告が経験のない取引所株式指数証拠金取引を被告である商品先物取引・金

融商品取引業者と取引し，多大な損害を被った事件について，判決は，被告担当者が証拠金取引を勧誘したことが適合性原則（顧客の知識，経験，財産状況，金融商品取引契約を締結する目的に照らして不適当な勧誘を行ってはならないとする規制）から逸脱したものであったとは認められないが，説明義務違反，過当売買等の勧誘が認められるので，被告担当者の勧誘行為は不法行為に該当するとし，被告は損害賠償責任を負うとされた。

# Q71

役務の委託取引において独占禁止法上問題となるのは，業務委託事業者が優越的地位にある場合とされているが，優越的地位にある場合とはどのような場合か。

**A** 　委託者の行為が受託者に対し優越的地位の濫用に当たるか否かの判断は，①受託者の委託者に対する取引依存度，②委託者の市場における地位，③受託者にとっての取引先変更の可能性，④委託者と受託者との経済的格差を示す具体的事実，⑤取引の対象となる役務の需給関係等が総合的に考慮され，これらの行為が「正常な商慣習」に照らして不当に不利益となる場合にこれに該当するとされる。この場合の不当性の判断は，現に存在する商慣習に合致していることをもって直ちに正当化されるものではなく，公正競争秩序維持の観点（基本的には，対等取引者間で行われる取引の観点）からの再検討がなされる。

## 解 説

### *1* 優越的地位の濫用の基本的考え方

　事業者間の役務の委託取引においては，特定の事業者間で継続的に行われる場合があるが，委託取引を継続的に行っている場合には，一般的に，受託

第3章　役務の委託取引ガイドラインについて

者が委託者を変更することが困難となりがちであるほか，受託者が業務委託
を受託するために，委託者ごとに異なったノウハウを習得したり，設備を設
ける場合もあり，受託者がこれらの投資を行っている場合は，受託者は既存
の取引関係をできるだけ維持しようと努めることとなりがちである。

　もちろん，委託者が取引先を選択するに当たり，個々の取引における料金，
品質，サービス等の優劣に加え，供給の安定性，技術開発力，自己の要求へ
の対応の弾力性など受託者の事業者総体としての評価を加えた結果取引が継
続的なものとなっているのであれば，独占禁止法上問題となることはない。

　しかしながら，役務の委託取引において継続的な取引が行われ，委託者が
取引上優越した地位にある場合には，委託者が，受託者に対し，正常な商慣
習に照らして不当に不利益となるように役務の委託取引の条件を設定し，若
しくは変更し，又は取引を実施する場合には，受託者の自由かつ自主的な判
断による取引を阻害するとともに，受託者はその競争者との関係（受託者間）
において競争上不利となる一方で，当該委託者はその競争者との関係（委託
者間）において競争上有利となるおそれがある。

　このような行為は，「自己の取引上の地位が相手方に優越していることを
利用して，正常な商慣習に照らして不当」な行為に該当する場合があり，優
越的地位の濫用として不公正な取引方法に該当し，違法となる（独禁2条9項
5号）。

　独占禁止法2条9項5号は，優越的地位の濫用に当たる行為として，次の
ような行為を規定している。

① 　継続して取引する相手方に対して，当該取引に係る商品・役務以外の
　　商品・役務を購入させること。

② 　継続して取引する相手方に対して，自己のために金銭・役務その他の
　　経済上の利益を提供させること。

③ 　取引の相手方に対し，商品の受領拒否，商品の返品，対価の支払いの
　　遅延，対価の減額，その他不利益となる取引条件の設定・変更等を行う
　　こと。

*134*

## *2* 優越的地位の濫用の該当性

　役務の委託取引において委託者が受託者に対し取引上優越した地位にある場合とは，受託者にとって委託者との取引の継続が困難になることが事業経営上大きな支障を来すため，委託者が受託者にとって著しく不利益な要請等を行っても，受託者がこれを受け入れざるを得ないような場合である。その判断に当たっては，①受託者の委託者に対する取引依存度（依存度が高いほど当該委託者が優越的地位にあると考えられる。），②委託者の市場における地位（委託者が市場において市場占拠率・順位が高いほど当該委託者が優越的地位にあると考えられる。），③受託者にとっての取引先変更の可能性（受託者の委託者に対する取引依存度が高い場合であっても，容易に代替的取引先を見いだせる場合は，当該委託者が優越的地位にあるとはいえないと考えられる。），④その他委託者と受託者との経済的格差を示す具体的事実（取引当事者間の資本金・従業員数・総売上高等の事業規模において，委託者が大きく上回っていなければ，当該委託者が優越的地位にあるとはいえない場合があると考えられる。），⑤取引の対象となる役務の需給関係等（取引対象役務の需給が逼迫している場合には，その程度に応じて委託者側の取引上の地位の優越性は低下し，反対にその需給が緩和している場合には，その優越性は上昇することになると考えられる。），が総合的に考慮される。

　次に，委託者の行為の不当性を判断する際の「正常な商慣習」とは，公正な競争秩序の維持・促進の立場から是認される商慣習をいい，したがって，委託者の行為が，現に存在する商慣習に合致していることをもって，それが直ちに正当化されるものではない。つまり，当該商慣習は「正常」であるか否かが公正競争秩序維持の観点（基本的には，対等取引者間で行われる取引の観点）からの再検討がなされる。この考え方は，流通・取引慣行ガイドライン第2部第5-2，さらに，「優越的地位の濫用に関する独占禁止法上の考え方」（平22・11・30公取委）においても詳しく解説されている。

### 参考事例

　優越的地位の濫用に関する事件は，多数存在する。これらの事件においては，前提として，濫用行為を行うものの優越的地位にあることの認定が行われるが，

第3章　役務の委託取引ガイドラインについて

相手方に対し相対的に優越的地位にあることで足りる。

　優越的地位にあるか否かについては，上記のような事項を基に行われるが，一般的に次のような関係にあるものはその地位にあるといい得る。

---

• 百貨店・スーパーマーケット〜〜納入業者

　**例**　三越事件（昭57・6・17公取委審決集29巻31頁）

　　　　ユニー事件（平16・12・9公取委審決集51巻543頁）

　　　　エディオン事件（平24・2・16公取委審決集58巻Ⅰ-278頁）

• ホテル〜〜納入業者

　**例**　アパホテルに対する警告（平12・6・29公取委HP）

• フランチャイザー（本部）〜〜フランチャイジー（加盟者）

　**例**　サークルK（名古屋地判平13・5・18判時1774号108頁）

• メーカー〜〜販売業社

　**例**　明治乳業事件（昭52・11・28審決，公取委審決集24巻86頁）

• 金融機関〜〜一般事業者

　**例**　三井住友事件（平17・12・26公取委審決集52巻436頁）

• 出版社〜〜書籍取次店

　**例**　あさひ書籍販売事件（東京地判昭56・9・30判時1045号105頁）

---

**72**　役務の委託取引ガイドラインにおいて，どのような事項が定められているか。

**A**　役務の委託取引において，委託者が取引上優越した地位を利用して，受託者に対し，①代金の支払遅延，②代金の減額要請，③著しく低い対価での取引の要請，④やり直しの要請，⑤協賛金等の負担の要請，

136

⑥商品等の購入要請，⑦情報成果物に係る権利等の一方的な取扱いを行い，正常な商慣習に照らして不当に不利益を与える場合，が問題となる。したがってこのような事項について，どのような場合に独占禁止法上問題となりやすいかについて定められたものである。

## 解　説

### *1*　優越的地位の濫用として問題となる行為

役務の委託取引においても，委託者と受託者がどのような条件で取引するかは，基本的にはそれぞれの自主的な判断に委ねられるものであるが，委託者が受託者に対し取引上優越した地位にある場合において，その地位を利用して，受託者に対し，①代金の支払遅延，②代金の減額要請，③著しく低い対価での取引の要請，④やり直しの要請，⑤協賛金等の負担の要請，⑥商品等の購入要請，⑦情報成果物に係る権利等の一方的な取扱いを行う場合には，優越的地位の濫用として問題を生じやすい。

役務の委託取引ガイドラインは，以上のような行為について，問題となりやすい行為類型ごとに独占禁止法上の考え方を示している。委託者の個別具体的な行為が優越的地位の濫用として問題となるかどうかは，①委託者の取引上の地位が受託者に対し優越しているか否か，②取引上優越した地位にある委託者が当該地位を利用して正常な商慣習に照らして受託者に不当に不利益を与えているか否か，により個別具体的な事案ごとに判断される。

役務の委託取引ガイドラインは，これらの行為について，優越的地位の濫用規制の観点からの考え方を示しているが，優越的地位の濫用として問題となる行為は，これに限られるものではない。

例えば，委託者が受託者に対して，不当に競合する事業者と委託取引をしない条件を付ける排他条件付取引（一般指定11項），受託者のそれ以外の取引について取引先等を制限する拘束条件付取引（同12項），抱き合わせ販売等（同10項），取引条件についての差別的取扱い（同3項・4項）をしたり，また，委託者間ないし受託者間において報酬に関して取決めがされると問題となる。

これらについては後述する。

したがって，このガイドラインに取り上げられていない行為が独占禁止法上問題となるかどうかは，事案に即し，同法の規定に照らして個別具体的に判断されることになる。

## *2* 業務委託の再委託の場合

役務の委託取引ガイドラインでは，委託者が役務につき受託者に業務委託する場合における考え方を示しているが，役務の受託者（一次受託者）がそれを他の事業者（二次受託者）に再委託する場合がある。その場合に，一次受託者が委託者から被った不利益を二次受託者に転嫁している場合には，委託者及び一次受託者の行為が優越的地位の濫用として問題となることがある。

〈図13 二次委託のイメージ〉

なお，一次受託者と二次受託者との関係が，二次受託者が一次受託者の50パーセント超の子会社である場合は，仮に一次受託者が二次受託者に対して問題となる行為を行ったとしても，実質的に同一企業内の行為であるとして，一次受託者が特に問題とされることはない。

## *3* 契約書作成の必要性

役務の委託取引でしばしば問題となるのは，委託者と受託者の間で取引対象となる役務の具体的内容や品質に係る評価の基準，役務の成果物に係る権利の帰属，対価の具体的額・支払時期・支払方法等があらかじめ明確になっていない場合が多い。これらが明確になっていない場合には，制作等が行われた後になって，対価が減額・支払遅延されたり，委託者から内容の変更や追加の作業が要求される等，受託者にとって不利益な取扱いがされても，そ

れを不当として問題とすることができない。したがって，このようなことがないよう，取引条件をあらかじめ明確にしておき，受託時にそうした内容を明確に契約書面で定めておくことが重要である。

### 参考事例

1 **業務委託契約終了後において事務管理の成立を認めて有益費用・相当報酬の支払いを命じた事例**（東京高判平30・4・18，LLI/DB判秘）

　本件は，画像類似性判定エンジン・システム開発等を業とする原告が，被告から，小売店舗における商品陳列棚の写真画像をデータ処理してマーケティング情報として商品メーカー等に提供する事業（本件事業）に使用する画像データプログラム等の開発業務の委託を受け，当該業務の委託料を請求した事件である。契約期間は，平成24年11月1日から平成26年5月31日であった。被告の原告に対する委託料の支払は，契約期間末期において滞った。

　原告は，当該業務委託契約の満了後の平成26年6月1日以降も黙示の業務委託契約が成立していたと主張したことについてはこれを否定したが，原告の被告に対する事務管理の成立を認めた。

　判決は，業務委託契約の終期は平成26年5月31日であるが，その後事務管理の成立を認めた理由として，次の点をあげた。①本件運用業務は契約期間終了後も継続する予定のものであった。②被告は本件運用業務の中止を申し入れていない。③被告は原告にメールやミーティングを通じて，6月1日以降も本件事業を継続すると伝えていた。④被告は，6月1日以降も原告データに頻繁にアクセスしていた。⑤被告が本件事業を中止したのは，同年11月であった。

　そして判決は，「これらの事情を併せ考慮すると，客観的に見て，原告は同年6月1日以降の本件運用業務を被告のためにする意思を持って被告の事務として行ったものであると認められるから，事務管理が成立するというべきである。」とし，原告は被告に対し，被告のために支出した有益費用（民702条1項）及び相当な報酬（商512条）を請求することができるとした。

（注）民法702条1項「管理者は，本人のために有益な費用を支出したときは，本人に対し，その償還を請求することができる。」

　　　商法512条「商人がその営業の範囲内において他人のために行為をしたときは，相当な報酬を請求することができる。」

第3章　役務の委託取引ガイドラインについて

第3章　役務の委託取引ガイドラインについて

2 住宅設備機器の修理補修等を業とする会社と業務委託契約を締結してその修理補修等の業務に従事する受託者が，上記会社との関係において労働組合法上の労働者に当たるとされた事例（最三小判平23・4・12判タ1350号165頁，判時2117号165頁）

　最高裁は，住宅設備機器の修理補修等を業とする会社と業務委託契約を締結してその修理補修等の業務に従事する受託者は，次の①～⑤など判示の事実関係の下では，上記会社との関係において労働組合法上の労働者に当たるとした。

①　会社が行う住宅設備機器の修理補修等の業務の大部分は，能力，実績，経験等を基準に級を毎年定める制度等の下で管理され全国の担当地域に配置された受託者によって担われており，その業務日及び休日も会社が指定していた。

②　業務委託契約の内容は会社が定めており，会社による個別の修理補修等の依頼の内容を受託者の側で変更する余地はなかった。

③　受託者の報酬は，会社による個別の業務委託に応じて修理補修等を行った場合に，会社があらかじめ決定した顧客等に対する請求金額に会社が当該受託者につき決定した級ごとの一定率を乗じ，これに時間外手当等に相当する金額を加算する方法で支払われていた。

④　受託者は，会社から修理補修等の依頼を受けた業務を直ちに遂行するものとされ，承諾拒否をする割合は僅少であり，業務委託契約の存続期間は1年間で会社に異議があれば更新されないものとされていた。

⑤　受託者は，会社が指定した担当地域内においてその依頼に係る顧客先で修理補修等の業務を行い，原則として業務日の午前8時半から午後7時まで会社から発注連絡を受け，業務の際に会社の制服を着用してその名刺を携行し，業務終了時に報告書を上記会社に送付するものとされ，作業手順等が記載された各種マニュアルに基づく業務の遂行を求められていた（補足意見がある。）。

(注)　労働組合法上の労働者に当たる者が労働組合に加入している場合には，会社は当該労働者の要求につき，当該労働組合との団体交渉に応ずる義務があり，応じない場合は，不当労働行為に該当することとなる（参照条文：労働組合法3条・7条）。

*140*

**Q73** 代金の支払遅延が問題となる場合とは、どのような場合か。

**A** ①　社内の支払手続の遅延など委託者側の一方的な都合により、契約で定めた支払期日に代金を支払わない場合、②　役務の成果物を対象とする取引において、役務の成果物の提供が終わっているにもかかわらず、当該成果物の検収を恣意的に遅らせることなどにより、契約で定めた支払期日に代金を支払わない場合、③　役務の成果物を対象とする取引において、代金は当該成果物を委託者が実際に使用した後に支払うこととされている場合で、委託者側の一方的な都合により当該成果物の使用時期を当初の予定より大幅に遅らせ、これを理由として代金の支払を遅らせる場合である。

**解説**

## *1* 代金の支払遅延の考え方

　委託者が、提供を受けた役務の代金について、受託者に責任がないにもかかわらず、その全部又は一部を契約で定めた支払期日より遅れて支払うことがあり、その理由として、収支の悪化や社内手続の遅延などを理由とすることが多い。その場合、取引上優越した地位にある委託者が、正当な理由がないのに、契約で定めた支払期日に代金を支払わない場合、受託者が、今後の取引に与える影響等を懸念してそれを受け入れざるを得ない場合には、正常な商慣習に照らして不当に不利益を受託者に与えることとなり、優越的地位の濫用として問題となる。

　また、取引上優越した地位にある委託者が、一方的に代金の支払期日を正常な商慣習に照らして遅く設定する場合や、支払期日の到来を恣意的に遅らせる場合にも、受託者に不当に不利益を与えることとなりやすく、優越的地位の濫用として問題を生じやすい。ただし、支払期日が遅く設定される場合

第3章　役務の委託取引ガイドラインについて

であっても，代金の額について支払期日までの受託者側の資金調達コストを
踏まえて代金を増額するなど正常な商慣習に照らして受託者に不当に不利益
を与えていないと認められるときは，優越的地位の濫用の問題とはならない。

　さらに，例えば，提供を受けた役務の内容が契約で定められたものと異
なっているため，契約で定められた役務の提供を受けるまで支払いを見合わ
せるようなことは，「正当な理由」があるといえる。

　なお，下請法では，支払期日を下請事業者の給付の受領日から60日以内と
している（下請2条の2）ので，同法が適用されない場合であっても，役務の
受領日から60日以内に支払期日が設定されているのであれば，特段の事情が
ない限り正常な商慣習と認められるので，当該支払期日の設定自体が問題と
なることはないと考えて良い。

## *2*　独占禁止法上問題となる場合

　取引上優越した地位にある委託者が代金の支払を遅らせることは，次のよ
うな場合には，正常な商慣習に照らして受託者に不当に不利益を与えること
となり，不公正な取引方法に該当し，違法となる。

(1)　社内の支払手続の遅延などを理由として，委託者側の一方的な都合に
　　より，契約で定めた支払期日に代金を支払わない場合

(2)　役務の成果物を対象とする取引において，役務の成果物の提供が終
　　わっているにもかかわらず，当該成果物の検収を恣意的に遅らせること
　　などにより，契約で定めた支払期日に代金を支払わない場合

(3)　役務の成果物を対象とする取引において，代金は当該成果物を委託者
　　が実際に使用した後に支払うこととされている場合に，委託者側の一方
　　的な都合により当該成果物の使用時期を当初の予定より大幅に遅らせ，
　　これを理由として代金の支払を遅らせるとき

# Q 74 代金の減額要請が問題となる場合とは、どのような場合か。

A　①受託者に責任がないにもかかわらず、役務の提供を受けた後に、予算不足など委託者側の一方的な都合により契約で定めた代金の減額をする場合、②提供を受けた役務について、あらかじめ定められた検査基準を恣意的に厳しくし、委託内容と異なることや瑕疵があることなどを理由として、契約で定めた代金の減額をする場合、③委託者側の一方的な都合により取引の対象となる役務の仕様等の変更・やり直し・追加的な役務の提供を要請した結果生じた作業量増加分に係る代金の支払を認めたにもかかわらず、当初の契約で定めた代金しか支払わない場合、④受託者が委託者の要請に基づいて設備投資や人員の手配を行うなど委託者に対する役務提供の準備のための費用を負担せざるを得なくなっているにもかかわらず、委託者側の一方的な都合により、当該役務の一部の委託を取りやめ、契約で定めた代金から委託取引の減少分に係る代金の減額をする場合である。

　解　説

## 1　代金の減額要請の考え方

　委託者が、受託者に対し、代金が契約で定められているにもかかわらずその代金の減額を要請することがある。減額要請をする場合、委託者は、受託者が提供した役務の内容が委託時点で取り決めた条件に満たないこと等を理由とする場合があるが、真に取り決められた条件に満たない場合は正当な理由があるといえるが、そうでない場合は（したがって、受託の際には、役務の具体的内容・品質などについて契約書面で明らかにしておくことが必要となる。）、取引上優越した地位にある委託者が代金を減額の要請することは、優越的地位の濫用として問題を生ずることになる。減額要請に代えて「協賛金」や「協力

第3章　役務の委託取引ガイドラインについて

金」等の金銭的な負担を要請する場合も同様である。

　また，委託者が契約で定めた代金を変更することなく，役務の仕様を変更したり，契約外の役務の提供を要請することもあるが，このような場合は，代金の実質的な減額をすることとなるので上記と同様である。

　ただし，受託者から提供された役務に瑕疵がある場合，委託内容と異なる役務が提供された場合や納期に間に合わなかったために取引の目的が達成できなかった場合等は，受託者側の責めに帰すべき事由によるものであるから，当該事由を勘案して相当と認められる金額の範囲内で代金を減額することは，正常な商慣習に照らして不当に不利益を与えることとならず，優越的地位の濫用の問題とはならない。

## *2*　独占禁止法上問題となる場合

　取引上優越した地位にある委託者が代金の減額を行うことは，次のような場合には，正常な商慣習に照らして受託者に不当に不利益を与えることとなり，不公正な取引方法に該当し違法となる。

① 　受託者に責任がないにもかかわらず，役務の提供を受けた後に，予算不足など委託者側の一方的な都合により契約で定めた代金の減額をする場合

② 　提供を受けた役務について，あらかじめ定められた検査基準を恣意的に厳しくし，委託内容と異なることや瑕疵があることなどを理由として契約で定めた代金の減額をする場合

③ 　委託者側の一方的な都合により取引の対象となる役務の仕様等の変更，やり直し又は追加的な役務の提供を要請した結果，受託者側の作業量が大幅に増加することとなるため，受託者に対し当該作業量増加分に係る代金の支払を認めたにもかかわらず，当初の契約で定めた代金しか支払わない場合

④ 　受託者が委託者の要請に基づいて設備投資や人員の手配を行うなど委託者に対する役務提供の準備のための費用を負担せざるを得なくなっているにもかかわらず，委託者側の一方的な都合により，当該役務の一部

の委託を取りやめ，契約で定めた代金から委託取引の減少分に係る代金
の減額をする場合

### 参考事例

1 **資本金区分により下請法の適用がない場合においては同法の規定は直接適用されないが，下請法の条項の趣旨に照らして不当性が強いときは，公序良俗に違反して無効となるとした事例**（東京地判平28・2・18，ウエストロー）

　本件は，原告が建設工事の請負代金の未払について，被告に対し，下請法違反を理由としてその支払を求めた事件である。

　被告の下請法違反の有無について，判決は，「下請法は，親事業者の遵守事項として，下請事業者の責に帰すべき理由がないのに下請代金の額を減ずること，下請事業者の給付の内容と同種又は類似の内容の給付に対し通常支払われる対価に比し著しく低い下請代金の額を不当に定めることを禁止している（下請法4条1項3号・5号）。本件代金合意が上記条項に違反した場合，合意に至る経緯や，合意された請負代金の額を考慮して，上記条項の趣旨に照らして不当性の強いときには，本件代金合意が公序良俗に違反して無効となり得るというべきである。」と述べた。

　そして，本件の契約金額と支払金額については，契約金額を1億5516万円と推認し，支払金額が1億4950万円であるから，その差額の566万円が未払ということになるとしてその支払を命じた。

　この点について，「原告に帰責事由がないのに下請代金を減額したものとして，下請法4条1項3号に違反するものというべきである。」とし，その不当性が強いので，本件代金合意が公序良俗に違反して無効となるとした。

　下請法違反の主張については，「原告は，下請法違反の点が，本件契約の債務不履行を構成するとも主張するが，下請法は取締規定であり，これを遵守することが直ちに本件契約の債務となるとは解されない……」と述べた。

2 **下請代金の支払につき，手形払を現金払とした場合に，親事業者短期調達金利相当額を超える金額を控除することは下請法4条1項3号の減額に当たり，同号違反の趣旨に照らして不当性の強いときは，公序良俗に違反して無効となるとした事例**（東京地判平22・5・12判タ1363号127頁，LLI/DB判秘）

第3章　役務の委託取引ガイドラインについて

　下請事業者である原告と親事業者である被告とは合意して，下請代金の支払につき，従来手形払であったものを一時的に現金払とした。親事業者は当初の取引条件よりも早い時期に現金を下請事業者に支払うことになるという理由で，下請代金の額から，原告が金融機関から割り引くときに最も有利な割引率を基準として割引額を計算し，一部上場企業である親事業者の短期調達金利相当額を超える金額を控除した。

　この点について，判決は，親事業者短期調達金利相当額を超える金額の控除は下請法4条1項3号に違反する，しかし，「割引料相当額の控除が下請法4条1項3号に違反した場合，減額に至る経緯，減額の割合等を考慮して，同号の趣旨に照らして不当性の強いときには，割引料相当額の控除の合意が公序良俗に違反して無効となることがあり得るが，そうでないときには同号に抵触するということだけで直ちに上記合意が無効となるものではないと解するのが相当である。」とした。

3　**下請代金の減額が下請法の趣旨に照らし不当性が強く公序良俗に違反して無効であるとした事例**（東京地判平28・2・18，ウエストロー・判秘）

　原告は主として，ディスプレイの制作を行う会社であり，被告は施設・イベントのディスプレイの制作・企画・デザイン・設計・施工を行う会社であるところ，原告被告とは2件のディスプレイの制作の請負契約を締結し，原告は制作を完成させた。更に被告から追加制作依頼があったため，原告はこれを完成させ，これらを引き渡した。しかしながら，被告が下請代金の支払をしないため，支払を求めて訴訟を提起した。

　裁判で，原告は，3件の制作につき，それらの原価分を全額支払うとの本件原価保証合意が成立したと主張し，請負代金の未払は，債務不履行・下請法違反であると主張した。

　判決は，追加制作に関し，原告被告との間の契約では，必要性が認められたものに代金を支払うという趣旨であるので，本件原価保証合意の成立は認められないとした。しかし，一部の代金の減額は下請法4条1項3号に該当することを認めた。この点につき，「合意に至る経緯や下請代金の額を考慮して，上記条項の趣旨に照らして不当性の強いときには，本件代金合意が公序良俗に違反して無効となり得るというべきである。」と述べ，同金額が関係者に支払っ

*146*

た実費ベースで積算した表を前提とした査定額すら下回っていること等を考慮すると，これに該当する旨を述べた。

一方で，取締規定である下請法を遵守することが直ちに本件各契約の債務になるとは解されない等として，被告の債務不履行は否定した。

つまり，著しい減額は下請法の趣旨に照らし公序良俗に違反し無効であるが，減額だけで債務不履行となるものではないとするものである。

4 メーカーが本来販売業者に属する売買差益を一時的にせよ保管することは優越的地位の濫用に当たるとされた事例――雪印乳業に対する件（昭52・11・28審決，公取委審決集24巻65頁）

雪印乳業は，育児用粉ミルクの販売において，次のような「払戻制」を実施していたことが，優越的地位の濫用に当たるとされた。

雪印乳業は，育児用粉ミルクの販売を卸売業者・小売業者を通じて，一般消費者に販売しているが，卸売業者に対して，卸売業者が小売業者から販売代金を回収する際に小売業者の売買差益の一部（1,200グラム缶についてみると1缶につき売買差益130円のうち28円）を徴収させて保管し，3か月ごとに締め切り，締切り1か月後にこれを小売業者へ直接払い戻す。また，卸売業者から販売代金を回収する際にその売買差益の一部（1,200グラム缶についてみると1缶につき売買差益72円のうち28円）を徴収して保管し，4か月ごとに締め切り，締切り1か月後にこれを払い戻す。

この払戻制につき審決は，メーカーが本来卸売業者・小売業者が，自分が処分すべき売買差益を徴収して保管することは，①一時的にせよ資金の運用をとざすもので，卸売業者・小売業者に不利益を与える，②払込制がない場合に比し余分の資金を投入させる，③販売価格を高めにさせる傾向を助長させる，④メーカーの販売方針に協力的であるかどうかにより払戻しに差別があるのではないかとの心理的不安を抱かせる，⑤値引き販売を抑制する機能を有すると述べた。

公取委は，上記行為は，優越的地位の濫用に該当し，旧一般指定10（当時）に該当し，独占禁止法19条に違反するとした。

第3章 役務の委託取引ガイドラインについて

第3章　役務の委託取引ガイドラインについて

**Q75** 著しく低い対価での取引の要請が問題となる場合とは，どのような場合か。

**A** 取引上優越した地位にある委託者が，受託者に対し，① 受託者が役務の委託取引を行うに際して新たに設備投資や人員の手配を行うことによって当該役務の提供に必要な費用等が大幅に増加したにもかかわらず，掛かる費用増を十分考慮しないこと，② 受託者に対して短い納期の設定を行い，これによって当該役務の提供に必要な費用等が大幅に増加するにもかかわらず，かかる費用増を十分考慮しないこと，③ 多量ないし長期間の役務の委託取引をすることを前提として受託者に見積りをさせたにもかかわらず，対価を少量ないし短期間しか取引しない場合の対価として定めること，④ 特定の受託者に対し，合理的な理由がないにもかかわらず，他の受託者の対価と比べて差別的に，著しく低い対価を定めること，は，正常な商慣習に照らして不当に不利益を受託者に与えることとなり，違法となる。

**解　説**

## 1　著しく低い対価での取引要請の考え方

　委託者が，受託者に対し，当該役務の内容と同種又は類似の内容の役務の提供に対し通常支払われる対価に比して著しく低い対価での取引を要請すること（買いたたき）がある。役務の委託取引における委託者の買いたたきは，受託者にもっとも不満のあるところである。

　取引の対象となる役務の対価について，取引上優越した地位にある委託者が，受託者に対し著しく低い対価での取引を要請する場合には，不当に受託者に不利益を与えることとなりやすく，優越的地位の濫用として問題を生じやすい。

　しかし，問題となるのは，「当該役務の内容と同種又は類似の内容の役務

の提供に対して通常支払われる対価に比して著しく低い対価」が設定される場合であるので，委託者が要請する対価が受託者の見積りにおける対価に比べて著しく低く，受託者側からは，委託者による代金の買いたたき行為であると考える場合でも，①委託者が要請する対価で受託しようとする同業者が他に存在する場合，②その額が需給関係を反映したものであると認められる場合，③いわゆるボリュームディスカウントなど取引条件の違いを正当に反映したものであると認められる場合には，正常な商慣習に照らして不当に不利益を与えることとならず，優越的地位の濫用の問題とはならない。

なお，委託者が受託者に見積り合わせにより発注すること自体は，委託者が安いコストによる調達を図ろうとするものであり，公的機関や事業者一般が物品等を入札により安く調達しようとする場合と同様に問題となるものではない。

著しく低い対価での役務の委託取引を要請することが優越的地位の濫用に該当するか否かについては，対価の決定に当たり受託者と十分な協議が行われたかどうか等の対価の決定方法，他の受託者の対価と比べて差別的であるかどうか等の決定内容や取引の対象となる役務の需給関係を反映しているかどうか等の対価の決定状況等を総合的に勘案して判断される。

> （注1）　独占禁止法上取引の相手方に対する差別対価であっても（独禁2条9項2号，一般指定2項），次のような理由による場合は，合理的理由に基づくものとして問題となることはない。
> 　　　・取引の数量（数量割引）　　・代金の支払い方法
> 　　　・物流費用の差異　　　　　　・競争価格に対する対抗価格
> （注2）　同業者の対価が独占禁止法2条9項3号又は一般指定6項に規定する不当廉売に該当する場合には，当該同業者の対価は需給関係を反映したものであるとは認められない。

## *2*　独占禁止法上問題となる場合

取引上優越した地位にある委託者が，受託者に対し，次のように，役務の委託取引において著しく低い対価を定めることは，正常な商慣習に照らして受託者に不当に不利益を与えることとなり，不公正な取引方法に該当し違法となる。

①　受託者が役務の委託取引を行うに際して新たに設備投資や人員の手配

第3章　役務の委託取引ガイドラインについて

を行う必要があるなど，これによって当該役務の提供に必要な費用等が
大幅に増加するため，受託者が対価の引上げを求めたにもかかわらず，
かかる費用増を十分考慮することなく，著しく低い対価を定める場合
② 受託者に対して短い納期の設定を行い，これによって当該役務の提供
に必要な費用等も大幅に増加するため，受託者が対価の引上げを求めた
にもかかわらず，かかる費用増を十分考慮することなく，著しく低い対
価を定める場合
③ 多量ないし長期間の役務の委託取引をすることを前提として受託者に
見積りをさせ，その見積りにおける対価を少量ないし短期間しか取引し
ない場合の対価として定めるとき
④ 特定の受託者に対し，合理的な理由がないにもかかわらず，他の受託
者の対価と比べて差別的に低い対価を定める場合

**参考事例**

□ 適切な情報を与えないで見積書を提出させることにより通常の対価の4分の
1にも満たない対価での委託は下請法に違反する買いたたきに当たり不法行為
に該当するとした事例（東京地判平21・3・25，ウエストロー）

　原告は，被告からソフトウェアの開発を請け負ったが，請負代金が不当に安
いため，下請法4条1項5号（買いたたき）に該当するとして，不法行為に基
づき損害賠償請求をした。

　判決は，被告は原告に対し，本件業務について十分な情報を与えないまま概
算の見積もりを求めて見積書等を提出させ，以後これを基準として，工数が増
加してもその増加に伴う工数に見合う費用を認めず，被告が原告に支払ったの
は，本件業務の通常の対価の4分の1にも満たなかったものであるとした。そ
して，被告が原告に対し低価格で受注した行為は，下請法4条1項5号で禁じ
られている買いたたきに該当するのみならず，民法709条所定の不法行為を構
成するとして，請求を容認した。

Q76

# Q76 やり直しの要請が問題となる場合とは，どのような場合か。

**A** 　取引上優越した地位にある委託者が，受託者に対し，①　委託者側の一方的な都合により取引の対象となる役務の仕様等を変更したにもかかわらず，その旨を受託者に伝えないまま，受託者に継続して作業を行わせた後にやり直しをさせる場合，②　役務の提供を受ける過程で，その内容について了承したにもかかわらず，提供を受けた後にやり直しをさせる場合，③　提供を受けた役務についてあらかじめ定められた検査基準を恣意的に厳しくし，委託内容と異なることや瑕疵があることなどを理由としてやり直しをさせる場合，④　受託者が委託者に対し仕様ないし検査基準の明確化を求めたにもかかわらず，正当な理由なくこれを明確にしないまま，仕様等と異なることや瑕疵があることなどを理由としてやり直しをさせる場合は，正常な商慣習に照らして不当に不利益を受託者に与えることとなり，違法となる。

## 解　説

### 1　やり直し要請の考え方

　委託者が，受託者に対し，提供を受けた役務について，やり直しの要請をそれに要する費用を負担することなくすることがある。もっとも，提供を受けた役務の内容が委託時点で取り決めた条件に満たない場合（受託者の債務不履行）には，当該条件を満たすよう受託者にやり直しを要請することは問題とはならない。

　しかし，役務の業務の委託契約の時点で必ずしも明確になっていなかった内容について，成果物を引き渡した後になって委託者がそれに要する費用を負担することなくやり直しを要請することは，優越的地位の濫用として問題となることがある。特に役務の成果物が取引の対象となる場合に問題となる

151

第3章　役務の委託取引ガイドラインについて

ことが多いものであり，広告制作作業やテレビ番組制作作業においてやり直しが多いとされている。

やり直しが行われる最も大きな原因としては，契約時点で取引対象役務の具体的内容や提供された役務の評価基準について，当事者間で認識が必ずしも一致していないことが原因として挙げられる。この点は，後述する裁判例でも明らかにされている。また，受託者がある程度作業をした後でなければ具体的内容を確定できない場合には，トラブルを防止するために，いつの時点でそれを確定するか，どの程度のやり直しであれば当初の代金に含まれるかなどといった点について，あらかじめ決めておくことが必要ということになる。したがって，取引当事者間での委託時点で，委託する役務の具体的内容や提供された役務の評価基準，さらに上記のような点を含め，できるだけ明確にしておくことが望まれる。

役務の成果物が取引対象となる取引であって受託者が成果物を試作した後でなければ具体的な仕様等が確定できないため委託者が当該試作品につきやり直しを要請する場合がある。このような場合には，当該試作品についてやり直しが生じることを想定してそれに係る費用負担についてあらかじめ協議・定めておく必要がある。そして，当該やり直しに係る費用が当初の対価に含まれるとするか追加負担の対象とするかについて最終的に適切に定められていると認められるときは，正常な商慣習に照らして不当に不利益を与えることとならず，優越的地位の濫用として問題とはならない。

## *2*　独占禁止法上問題となる場合

取引上優越した地位にある委託者が，受託者に対し，提供を受けた役務のやり直しをさせることは，次のような場合には受託者に正常な商慣習に照らして不当に不利益を与えることとなり，不公正な取引方法に該当し違法となる。

①　委託者側の一方的な都合により取引の対象となる役務の仕様等を変更したにもかかわらず，その旨を受託者に伝えないまま受託者に継続して作業を行わせ，仕様に合致していないとして受託者にやり直しをさせる

場合

② 役務の提供を受ける過程で，その内容について了承したにもかかわらず提供を受けた後に受託者にやり直しをさせる場合

③ 提供を受けた役務について，あらかじめ定められた検査基準を恣意的に厳しくし，委託内容と異なることや瑕疵があることなどを理由として受託者にやり直しをさせる場合

④ 受託者が委託者に対し仕様ないし検査基準の明確化を求めたにもかかわらず，正当な理由なくこれを明確にしないまま，仕様等と異なることや瑕疵があることなどを理由として受託者にやり直しをさせる場合

**参考事例**

[1] **デザインの発注に際し発注者が十分に発注の意図を伝えたものでない場合は，意図に沿わないものが提供されたとしても，そのやり直しを求めることができないとした事例（東京地判昭62・5・18判時1272号107頁）**

ア 本件は，婦人服の製造，販売等を業とする原告が商業店舗の企画，設計等を業とする被告に対し，原告が出店を予定している渋谷区内の2店舗の内装の設計及び監理を依頼し，設計請負契約（以下，「本件設計契約」という。）を締結し，初回支払金として合計金152万円を支払った。

本件各店舗の内装は，そこで販売するKファクトリー及びBクラブという原告の各ブランド商品のイメージ，雰囲気に合ったものでなければならないため，原告は，本件設計契約締結の際に，被告に対して各ブランド製品を見せ，これらのイメージを説明し，内装設計についての希望を伝えた。被告は，20日後，各店舗の内装についての模型及び図面を原告に提出してきた。

しかし，これらのデザインは各ブランドの雰囲気に合うものではなかったので，原告は，被告に対しそれぞれ別のデザインを考えてくるよう要求した。これに対して被告は，そのデザインで十分であるとして，他のデザインを提出することを拒否し，以後何らの作業も進めなかった。そこで，原告は，被告の本件設計契約における債務不履行を主張した。

原告は，従来，店舗の内装のデザインの設計を依頼する場合，いきなりデザイナーと設計契約を締結するのではなく，予めデザイナーに一応のデザイ

第3章　役務の委託取引ガイドラインについて

ンを提出させ，それが自己の意に沿えば，正式に設計契約を締結して発注するが，デザインが気に入らなければ設計契約を締結せず，何度かデザインを制作し直させたときでもそのデザイナーに対して何らの金員も支払わないという方法をとってきた。

イ　一方，被告はインテリアデザイン業界では屈指の地位を占めているが，顧客からデザインの設計の依頼を受けたときは，予め設計契約を締結し，デザインを制作するに当たっては，顧客の要求するイメージを表現しようとすることはもちろんであるが，その感性と創作能力をもって制作したデザインに対し顧客が否定的な評価をしても，基本的概念を変えない範囲での部分的な修正には応じるが，別個のデザインを制作し直すということはしない主義をとってきた。

原告は，被告との打合せの際，原告は被告に対して希望するデザインの抽象的イメージを伝えるだけで，店舗の素材，色彩又は形状等について特定はしなかった。また，被告の方で一応のたたき台としてのデザインを提出して，原告の要求により修正又は制作し直してデザインの内容を決定していくとの話もしていなかった。

このような打合せがされた後，被告は原告に対し各ブランドの店舗の内装の設計について契約書の作成を求めた。原告としては，従来原告がとってきたやり方とは異なるが，本件設計契約を締結しても原告の要求によりいくらでもデザインの修正又は制作のし直しをしてくれるものと思って，契約書に調印した。

ウ　その後，被告の方で各デザインの制作にとりかかり，各デザインの模型及び図面を原告に届けた。しかし，原告は，いずれのデザインも原告の希望したイメージに合っていないと判断し，被告に対して全く別個のデザインを制作して提出すべきことを要求した。これに対して被告は，被告が提出したデザインが原告の希望するイメージに合わないことを争い，これで十分であるとして，別個のデザインの制作を拒否した。

エ　そこで原告は急拠他のデザイナーに各デザインの設計を依頼し，その完成引渡しを受けて，予定どおり各店舗の内装工事を完了させた。

判決は，原告の主張する被告の債務不履行の有無について次のように判断

した。

「本件のようにKファクトリー及びBクラブというブランドの婦人服を専門的に販売する店舗の内装のデザインがその商品のイメージに合い，これを引き立てる効果を有するものであることが必要であることはいうまでもない。そして，本件設計契約において，原告は被告に対してそのようなデザインの設計を依頼したことは当事者間に争いがなく，被告においては，原告の希望するイメージのデザインを制作することがその債務となることもいうまでもない。

しかし，デザインにおける素材，色彩又は形状等について発注者から指示があればデザイナーはそれに従うべきことは当然であるが，そのような指示のない限りそのようなイメージのデザイン化は，あげてデザイナーの感性，創作能力に委ねられるものであってデザイナーが予め発注者とイメージついて充分打合わせをし，その結果に基づきそのイメージに合うものとしてその感性，創作能力をもってデザインを制作した以上，結果的にデザインが発注者の意に沿わないものであったとしても，デザイナーとしてはその債務を履行したものというべきであって，発注者とデザイナーとの間で明示的又は黙示的にその旨の合意がない限り，デザイナーにおいて発注者の意に沿うまでデザインを制作し直す義務はないというべきである（信義則上要求される程度の修正は別問題である。）。

けだし，デザインがあるイメージに合うか否かは全く個人の主観によるものであり，デザイナーがその感性，制作能力により真摯に発注者の希望するイメージを表現すべくデザインを制作したにも拘らず，発注者において希望するイメージに合わないと判断する限り，デザイナーの費用負担において幾度でもデザインを制作し直さなければならないとすれば，デザイナーの不利益は甚しいものがあるからである。」。

2 アニメキャラクターのデザイン等の制作に作監業務の債務不履行はないと認定された事例（東京地判平27・7・17判時2284号82頁）

本件は，アニメーションの制作等を行う原告が，映画・アニメーション等の企画・開発・制作・販売等を行う被告から，特定のキャラクターのデザイン等の制作の委託を受け，制作委託契約を締結し，原告は契約に基づき制作して制

第3章　役務の委託取引ガイドラインについて

作品を納入したが，被告は原告の債務不履行を理由に制作代金を支払わないため，その支払いを求めた事件である。

被告は，原告の作監業務（原画に描かれたキャラクターのイメージ（表情，頭身，動き，芝居）の統一性や均一性を確保するために，その作図を点検してこれに修正を加える業務）について不履行があると主張して，制作委託契約を解除した。

判決は，原告は制作委託契約で定められた内容に従った制作をしていることを認定し，その限度において作監業務を履行しているため，原告の債務不履行を認めず，制作代金の支払を命じた。

---

### 77 協賛金等の負担の要請が問題となる場合とは，どのような場合か。

**A** 取引上優越した地位にある委託者が，受託者に対し，①協賛金等の負担額及びその算出根拠・使途等について，明確になっていない場合であって，受託者にあらかじめ計算できない不利益を与えることとなる場合，②委託者の決算対策などを理由としたり，受託者が受ける直接の利益等を勘案して合理的であると認められる範囲を超えて協賛金等の負担を要請する場合は，協賛金等の負担の条件が明確になっている場合であっても正常な商慣習に照らして不当に不利益を受託者に与えることとなり違法となる。

---

🏢 **解　説**

## 1 協賛金等の負担要請の考え方

委託者が催事，広告等を行うに当たり，受託者に対し，その費用の一部と

156

して協賛金等（協力金，負担金，賛助金等の名目のいかんを問わない。）の負担を要請することがある。代金の減額に代えて協賛金等の負担の要請が行われることがあるが，その場合についての考え方も基本的に代金の減額要請の場合と同一である。

このような要請は委託者が流通業者である場合に行われることが多いが，流通業者が商品の納入業者に協賛金等の負担を要請する場合には，それを負担することが納入商品の販売促進につながるなど受託者にとっても直接の利益となる場合もあり，その場合は問題とならない。しかし，役務の委託取引においては，販売促進活動につながるなど自己の協賛金等の拠出額に見合った直接の利益を受託者が受けることは少ないので，取引上優越した地位にある委託者が，受託者に対し，その一方的な都合で協賛金等の負担を要請する場合には，受託者に不当に不利益を与えることとなりやすく，優越的地位の濫用として問題を生じやすい。

## *2* 独占禁止法上問題となる場合

取引上優越した地位にある委託者が，受託者に対し，協賛金等を負担させることは，次のような場合には，正常な商慣習に照らして不当に不利益を受託者に与えることとなり，不公正な取引方法に該当し違法となる。

(1) 協賛金等の負担額及びその算出根拠，使途等について，委託者と受託者の間で明確になっていない場合であって，受託者にあらかじめ計算できない不利益を与えることとなる場合。

(2) 次のような方法により協賛金等を負担させ，受託者に不利益を与えることとなる場合は，協賛金等の負担の条件について委託者と受託者の間で明確になっている場合であっても違法となる。

① 委託者の決算対策など，収益が悪化したことを理由として，協賛金等の負担を要請する場合。

② 商品の納入業者など他の事業者に対しても協賛金等の負担の要請を行っていることだけを理由として，役務の委託取引において，役務の受託者が受ける直接の利益等を勘案して合理的であると認められる範

第3章　役務の委託取引ガイドラインについて

囲を超えて協賛金等の負担を要請する場合。

③　一定期間に一定程度以上の委託取引がなされた場合に，協賛金等を
徴収することをあらかじめ定めていた場合において，当該取引量に至
らないにもかかわらず当該協賛金等の負担を要請するとき。

**参考事例**

1　**商品等の購入要請，協賛金の負担要請が違法とされた事例**── 三越事件（昭
57・6・17審決，公取委審決集29巻31頁）

三越は，次の各行為を行っていたことが，優越的地位の濫用（旧一般指定
10）に該当するとされた。

①　店頭外販売（売場外で各従業員の業務上又は個人的な縁故関係を通じての
販売）を，納入業者を含め，積極的に展開した（商品等の購入要請）。

②　東宝と共同で制作した映画「燃える秋」の前売券約60万枚を納入業者等に
販売した（商品等の購入要請）。

③　軽井沢花火大会の費用の一部を納入業者に負担させるとともに，その入場
券を購入させた（協賛金等の負担要請，商品等の購入要請）。

④　「パリ三越開店7周年記念ツアー」に相当数の納入業者を参加させた（商
品等の購入要請）。

⑤　自己の店舗の売場改装費用の一部について，納入業者に負担させた（商品
等の購入要請）。ただし，「その売場等を当該納入業者に専ら使用させる場合
であって，費用負担が合理的であり，かつ，費用負担について納入業者の明
示の同意がある場合を除く。」とされている。この例外は，納入業者の利益
になる場合は，その限度で費用負担させることが許容されるとの考えに基づ
くものである。

⑥　「大銀座まつり」のパレード等の費用の一部を納入業者に負担させた（協
賛金等の負担要請）。

2　**金銭の提供要請が違法とされた事例**── ローソン事件（平10・7・30審決，
公取委審決集45巻136頁）

ローソンが次の行為を行ったことが，優越的地位の濫用に該当する（旧一般
指定14項2号）とされた。

ローソンは，主要な日用品の納入業者との間で，納入高等を基準として，仕入割戻しに関する約定を締結しているところ，自社の収益実績が予想を下回ったことから，①主要な日用品の納入業者約60名に対し，特段の算出根拠がないのに，一定額の金銭の提供を要請し，②さらに，同約70名に対し，標準棚割商品の一定個数を無償で（ただし，会計処理上の理由でその後「1円納入」に変更）納入するよう要請した。

### ③　従業員の派遣要請・協賛金の負担要請・値引き・返品・商品等の購入強制が違法とされた事例 —— 山陽マルナカ事件（平23・6・22排除措置命令・同日課徴金納付命令，公取委審決集58巻Ⅰ-312頁）

　山陽マルナカは，次の行為を行ったことが独占禁止法2条9項5号に該当するとされた。

①　新規開店，全面改装，棚替え等に際し，納入業者に対し，当該納入業者が納入する商品以外の商品を含む商品について，納入業者の有する技術又は能力を要しない作業（商品の陳列，補充，接客等）を行わせるため，事前の合意なく，自社が費用を負担することなく，当該納入業者の従業員等を派遣させた。

②　自社が主催する「こども将棋大会」，「レディーステニス大会」に，納入業者の商品の販売促進効果等の利益がない，又は当該利益を超える負担となるにもかかわらず，金銭を提供させた。

③　独自に定めた「見切り基準」を経過したものについて返品した。

④　季節商品の割引販売をした商品について，仕入価格の値引きをさせた。

⑤　クリスマス関連商品について購入強制した。

　山陽マルナカに対しては，排除措置命令のほか，平成22年1月1日施行された改正独占禁止法20条の6に基づき，納入業者からの平成22年1月1日以降の購入額の1パーセントに相当する額の課徴金納付命令が行われた。

　両命令については審判手続が行われ，平成31年2月20日，いずれも一部変更する旨の審決が行われた。

### ④　商品の仕入先に対する金銭の提供要求が違反とされた事例 —— 全国農業協同組合連合会事件（平2・2・20勧告審決，公取委審決集36巻53頁）

　全国農業協同組合連合会（全農）は，全国の農業協同組合（単位農協）に対

第3章　役務の委託取引ガイドラインについて

し青果物用ダンボール箱を供給している。ダンボール箱は，全農指定のダンボール箱製造業者（指定メーカー）から仕入れ，これを都道府県を地区とする都道府県経済農業協同組合連合会（経済連）を通じて，単位農協に販売（系統ルート）している。

　青果物用ダンボール箱の単位農協への供給は，ダンボール箱製造業者から商社を通じて行われるもの（系統外ルート）もあるが，系統ルートによる供給は，東日本で約6割，全国で約5割である。

　全農は，青果物用ダンボール箱の系統ルートによる販売を拡大するため，指定メーカーに対し，系統外ルートへの販売がある場合には，当該メーカーに対し系統外ルートへの販売をしないよう申し入れた。

　また，全農は，東日本において，青果物用ダンボール箱の系統外ルートによる低価格販売があった場合に，系統ルートがそれに対抗するために価格を引き下げた場合には，その引下げによる価格との差額を単位農協へ補填することとし，その費用に充てるため指定メーカーに対し，「市況対策費」と称して金銭を提供させていた。

　全農の行為は，指定メーカーに対する優越的地位の濫用行為（旧一般指定14項2号）に該当し，独占禁止法19条違反とされた。

---

**78**　商品等の購入要請が問題となる場合とは，どのような場合か。

**A**　取引上優越した地位にある委託者が，委託取引の際に，受託者に対し，受託者がその事業遂行上必要としない商品又は役務を購入させる場合であって，委託取引担当者等の役務の委託取引に影響を及ぼし得る者が購入を要請する場合，組織的又は計画的に購入を要請する場合，購入する意思がないことが明らかに認められる場合等に購入を要請するに問題となる。

160

**解 説**

## *1* 商品等の購入要請の考え方

　委託者が，受託者に対し，役務の委託取引関係を利用して自己の販売する商品又は役務若しくは委託者の関係会社・取引先事業者が販売する商品又は役務の購入を要請することがある。

　取引上優越した地位にある委託者が，受託者に対し，商品又は役務の購入を要請する場合には，受託者は，当該商品又は役務の購入を希望しないときであっても，今後の役務の委託取引に与える影響を懸念して当該要請を受け入れざるを得ないこととなり，優越的地位の濫用として問題となる。

　役務の委託取引ガイドラインは，「商品等の購入要請」について規定しているが，商品等の購入を事実上強制するものとして，「抱き合わせ販売」がある。抱き合わせ販売については，一般指定10項で規定されており，また，大規模小売特殊指定6項においても押し付け販売等として禁止されている（この規定では，「大規模小売業者が，正当な理由がある場合を除き，納入業者に自己の指定する商品を購入させ，又は役務を利用させること。」を禁止している。）。

## *2* 独占禁止法上問題となる場合

　取引上優越した地位にある委託者が，委託取引の際に，受託者に対し，自己又は自己の指定する者から，次のような方法により受託者がその事業遂行上必要としない商品又は役務を購入させることは，正常な商慣習に照らして不当に不利益を受託者に与えることとなり，不公正な取引方法に該当し違法となる。

　① 委託取引担当者等の役務の委託取引に影響を及ぼし得る者が購入を要請する場合
　② 受託者に対し，組織的又は計画的に購入を要請する場合
　③ 購入する意思がないとの表明があった場合又はその表明がなくとも明らかに購入する意思がないと認められる場合に，重ねて購入を要請し，

第3章　役務の委託取引ガイドラインについて

又は不必要な商品を一方的に送付するとき
④　購入しなければ今後の役務の委託取引に影響すると受け取られるような要請をし，又はそのように受け取られるような販売の方法を用いる場合

**参考事例**

　Q77における参考事例①（三越事件（店頭外販売，映画の前売り券・花火大会の入場券の販売，海外旅行ツアーへの参加要請）），③（山陽マルナカ事件（クリスマス関連商品の購入強制））参照

情報成果物の権利等の取扱いが問題となる場合とは，どのような場合か。

A　情報成果物が取引対象となる役務の委託取引において，取引上優越した地位にある委託者が，当該成果物を作成した受託者に対し，次のような行為を行う場合には問題となる。
①　受託者に権利が発生している場合に，当該成果物が委託者との委託取引の過程で得られたこと又は委託者の費用負担により作成されたことを理由として，一方的に当該成果物に係る著作権，特許権等の権利を委託者に譲渡させる場合，②二次利用による収益配分を条件として，著作権等の権利を委託者に譲渡したにもかかわらず，二次利用の管理を行う委託者が受託者からの二次利用の要請や提案に対して，合理的な理由がないのに応じない場合，③委託者には権利が発生しないにもかかわらず，委託者にも権利が発生すると主張して，一方的に当該成果物の二次利用の収益配分などの取引条件を取り決める場合，④

*162*

一方的に当該成果物の二次利用の収益配分などの取引条件を取り決める場合等である。

### 解　説

## *1* 情報成果物の権利等の取扱いの考え方

情報成果物が取引の対象となる役務の委託取引にあっては，受託者が作成した成果物について，受託者に著作権，特許権，意匠権等の権利が発生することがある。また，受託者が当該成果物を作成する過程で，他に転用可能な成果物，技術等を取得することがあり，これらが取引の対象となる成果物とは別の財産的価値を有する場合がある。

このような役務の委託取引において，取引上優越した地位にある委託者が，受託者に対し，当該成果物が自己との委託取引の過程で得られたこと又は自己の費用負担により作成されたことを理由として，一方的に，これらの受託者の著作権，特許権等の権利を自己に譲渡（使用許諾を含む。以下同じ。）させたり，受託者が当該成果物，技術等を役務の委託取引の趣旨に反しない範囲で他の目的のために利用すること（二次利用）(注)を制限する場合などには，受託者に不当に不利益を与えることとなりやすく，優越的地位の濫用として問題を生じやすい。

(注)　二次利用としては，例えば，以下のような場合がある。
① 委託者からの発注により制作した地上放送用のテレビ番組を，受託者がビデオ化して販売する。
② 委託者からの発注により制作した劇場映画用のアニメーションを，受託者がインターネットにより配信する。
③ 委託者からの発注により制作した委託者の自社使用のためのコンピュータープログラムを，受託者が他の事業者のために使用する。
④ 委託者からの発注により制作した特定商品のためのキャラクターについて，受託者が他の商品に使用する。

第3章　役務の委託取引ガイドラインについて

　しかしながら，このような場合に，成果物等に係る権利の譲渡又は二次利用の制限に対する対価を別途支払ったり，当該対価を含む形で対価に係る交渉を行っていると認められるときは，優越的地位の濫用の問題とはならない。

　ただし，このような場合であっても，成果物等に係る権利の譲渡等に対する対価が不当に低い場合や成果物等に係る権利の譲渡等を事実上強制する場合など，受託者に対して不当に不利益を与える場合には，優越的地位の濫用として問題となる。

　また，委託者が技術，人員等を提供することにより，情報成果物を受託者と共同で作成したとみることができる場合においては，当該成果物に係る権利の譲渡，二次利用及び労務，費用等の負担に係る取決め内容について，委託者と受託者の間で著しく均衡を失し，受託者が不当に不利益を受けることとなるときには，優越的地位の濫用又は共同行為における差別的取扱い（一般指定5項）として問題となる。

　委託者が役務の委託取引を行うに当たり，委託者が有する技術の利用を許諾する場合がある。つまり，役務の委託取引と技術の利用契約が同時に行われる。この場合における独占禁止法上の問題の有無については，「知的財産の利用に関する独占禁止法上の指針」（平19・9・28公取委，最終改正：平28・1・21。以下，「知的財産の利用ガイドライン」という。）に従って判断することになる。

## *2*　知的財産の利用ガイドライン

　知的財産の利用ガイドラインの第4「不公正な取引方法の観点からの考え方」の4「技術の利用に関し制限を課す行為」においては，次のような場合は，不公正な取引方法に該当するおそれがあり，又は該当するおそれはないと規定している。

### ⑴　原材料・部品に関する制限

　ライセンサーがライセンシーに対し，当該技術を用いて製品を供給する際に用いる品質や購入先を必要な限度を超えて制限する行為は，抱き合わせ販売等（10項），排他条件付き取引（11項），拘束条件付取引（12項）に該

当するおそれがある。

(2) **販売に関する制限**

ライセンサーがライセンシーに対し，当該技術を用いた製品の販売地域，販売数量，販売先，商標使用等を制限する行為は，拘束条件付取引に該当する場合がある。

(3) **販売価格・再販売価格の制限**

ライセンサーがライセンシーに対し，当該技術を用いた製品に関し，販売価格・再販売価格を制限する行為は，原則として，独占禁止法2条9項4号に該当する。

(4) **競合品の製造・販売及び取扱いの禁止**

ライセンサーがライセンシーに対し，ライセンサーの競合品を製造・販売することを制限したり，ライセンサーの競争者から競合技術のライセンスを受けることを制限する行為は，不当な取引拒絶（2項），排他条件付取引，拘束条件付取引に該当するおそれがある。

(5) **最善実施努力義務**

ライセンサーがライセンシーに対し，当該技術の利用に関し，最善実施努力義務を課す行為は，原則として，不公正な取引方法に該当しない。

(6) **ノウハウの秘密保持義務**

ライセンサーがライセンシーに対し，契約期間中及び契約終了後において，当該技術の秘密保持義務を課す行為は，原則として，不公正な取引方法に該当しない。

(7) **不争義務**

ライセンサーがライセンシーに対し，当該技術に関する権利の有効性について争わない義務を課す行為は，拘束条件付取引に該当することがあり得るので注意を要する。

## *3* 独占禁止法上問題となる場合

情報成果物が取引対象となる役務の委託取引において，取引上優越した地位にある委託者が，当該成果物を作成した受託者に対し，次のような行為を

第3章　役務の委託取引ガイドラインについて

行う場合には，正常な商慣習に照らして不当に不利益を受託者に与えること
となり，不公正な取引方法に該当し違法となる。

(1)　**情報成果物の権利の譲渡**

(a)　受託者に権利が発生している場合に，当該成果物が委託者との委託取
引の過程で得られたこと又は委託者の費用負担により作成されたことを
理由として，一方的に当該成果物に係る著作権，特許権等の権利を委託
者に譲渡させる場合。

(b)　受託者に権利が発生している場合に，二次利用による収益配分を条件
として，著作権等の権利を委託者に譲渡したにもかかわらず，二次利用
の管理を行う委託者が受託者からの二次利用の要請や提案に対して，合
理的な理由がないのに応じない場合。

(2)　**情報成果物の二次利用の制限等**

(a)　受託者に権利が発生し，委託者には権利が発生しないにもかかわらず，
委託者が，自らに，又は自らにも権利が発生すると主張し，これを前提
として，受託者との間で，一方的に当該成果物の二次利用の収益配分な
どの取引条件を取り決める場合，又は二次利用を制限する場合。

(b)　受託者に権利が発生する場合において，委託者が，当該成果物が委託
者との委託取引の過程で得られたこと又は委託者の費用負担により作成
されたことを理由として，受託者に対し，一方的に当該成果物の二次利
用の収益配分などの取引条件を取り決める場合，又は二次利用を制限す
る場合。

(c)　受託者に権利が発生する場合において，受託者が，委託者が提示する
成果物作成の対価に加えて，当該成果物の二次利用による収益配分の条
件も考慮して決定されているにもかかわらず，二次利用の管理を行う委
託者が受託者からの二次利用に関する要請や提案に対して，合理的な理
由がないのに応じない場合。

(3)　**受託者が情報成果物を作成する過程で発生した取引対象外の成果物等の
権利の譲渡及び二次利用の制限等**

受託者が取引対象である情報成果物を作成する過程で生じた当該成果物

以外の成果物等について，受託者に権利が発生する場合において，委託者が上記(1)(a)(b)及び(2)(a)(b)と同様の行為を行う場合。

# 第4章 大規模小売業者と納入業者との取引に関する不公正な取引方法について

大規模小売業者と納入業者との取引に関して「大規模小売特殊指定」が制定されているのは、どのような理由によるか。

**A** 大規模小売業者（百貨店、スーパーのほか、ホームセンター、衣料、家電等の専門量販店、ドラッグストア、コンビニエンスストア本部等）については、多様な優越的地位の濫用行為がみられ、これを効果的に規制するため「大規模小売特殊指定」が制定された。

## 解説

　優越的地位の濫用行為の規制については、独占禁止法2条9項5号において一般的に規定されており、大規模事業者が2条9項5号に該当する行為を行った場合も、同法20条排除命令のほか、20条の6に基づき課徴金納付命令が行われる。

　しかし、大規模小売業者と納入業者との取引においては、一般的にはみられない特殊な取引として、納入業者の従業員等の不当使用、不当な委託販売取引、特売商品の買いたたき等の行為がみられ、これらの行為を効果的に規制するため、「大規模小売業者による納入業者との取引における特定の不公正な取引方法」（平17・5・13公取委告示11号。以下、「大規模小売特殊指定」という。）が指定されている。

　もともと、大規模小売業者の納入業者に対する優越的地位の濫用行為を規制する基本的ルールとして、昭和29年公取委告示7号「百貨店業における特

*169*

第4章　大規模小売業者と納入業者との取引に関する不公正な取引方法について

定の不公正な取引方法」（以下，「旧告示」という。）が定められ，これが運用されてきた。この旧告示は，いわゆる百貨店，スーパー等を規制対象とするものであった。しかし，その後，大規模小売業者については，百貨店，スーパーのほか，ホームセンター，衣料，家電等の専門量販店，ドラッグストア，コンビニエンスストア本部，通信販売業など業態が多様化するとともに，その規模等も拡大してきた。

　そこで，このような大規模小売業者による優越的地位の濫用行為を効果的に規制するため，旧告示を見直し，納入取引の実態に即した取引上の地位の不当利用を規制する新たなルールとして，大規模小売特殊指定が指定されたものである。本特殊指定の解釈については，「『大規模小売業者による納入業者との取引における特定の不公正な取引方法』の運用基準」（平17・6・29公取委事務総長通達9号。以下，「運用基準」という。）が制定されている。

## ポイント解説

〈大規模小売特殊指定の規制関係事業者〉

　「大規模小売業者」とは，「一般消費者により日常使用される商品の小売業を行う者」であって，①前年度の総売上高が100億円以上，又は②一定以上の店舗面積の店舗を有する者（東京都の特別区及び地方自治法で定める指定都市にあっては店舗面積3,000㎡以上，それ以外の区域にあっては店舗面積1,500㎡以上）をいう。「小売業を行う者」とは，一般消費者により日常使用される商品を当該消費者に販売する者をいい，生協，農協であっても実態として消費者に販売している場合にはこれに該当し，フライチャイズシステムにおけるフランチャイザー（本部）も含まれる（運用基準第1-1）。

　「納入業者」は，その取引上の地位が当該大規模小売業者に対して劣っていないと認められる者を除く。大規模小売業者からみた納入業者からの仕入形態には，一般に買取仕入れ，委託仕入れ及び売上仕入れ（消化仕入れ）があるが，これらの仕入形態を用いて納入を受ける場合の相手方は，いずれも納入業者に該当する（運用基準第1-2(1)）。

170

Q81

# Q81 大規模小売特殊指定では，どのような行為が優越的地位の濫用として問題となるか。

**A** 　優越的地位の濫用として問題となるとされているのは，不当返品，不当値引，不当な委託販売取引，特売商品等の買いたたき，特別注文品の受領拒否，押し付け販売等，納入業者の従業員等の不当使用等，不当な経済上の利益の収受等，要求拒否の場合の不利益な取扱い等である。

## 解　説

### 1　不当返品（運用基準第2-1）

　「不当返品」とは，大規模小売業者が，次のいずれかに該当する場合を除き，自己又はそのフランチャイズシステムの加盟者（以下，「自己等」という。）が納入業者から購入した商品の全部又は一部を当該納入業者に対して返品すること（購入契約を委託販売契約に切り替えて返品すること，他の商品と取り替えること等，実質的に購入した商品の返品となる行為を含む。以下同じ。）をいう。

**【不当返品に該当しない行為】**

① 納入業者の責めに帰すべき事由により，当該商品を受領した日から相当の期間内に，当該事由を勘案して相当と認められる数量の範囲内で返品する場合

② 商品の購入に当たって納入業者との合意により返品の条件を定め，その条件に従って返品する場合（当該商品について，その受領の日から一定の期間内における一定の数量の範囲内での返品又は受領した商品の総量に対して一定の数量の範囲内での返品が，大規模小売業者と納入業者との取引以外の一般の卸売取引において正常な商慣習となっており，かつ，当該商慣習の範囲内で返品の条件を定める場合に限る。）

③ あらかじめ納入業者の同意を得て，かつ，商品の返品によって当該納入業者に通常生ずべき損失を大規模小売業者が負担する場合

*171*

第４章　大規模小売業者と納入業者との取引に関する不公正な取引方法について

④ 納入業者から商品の返品を受けたい旨の申出があり，かつ，当該納入業者
が当該商品を処分することが当該納入業者の直接の利益となる場合

## *2*　不当値引（運用基準第２‐２）

「不当値引」とは，大規模小売業者が，自己等が納入業者から商品を購入
した後において，当該商品の納入価格の値引きを当該納入業者にさせること
をいう。ただし，当該納入業者の責めに帰すべき事由により，当該商品を受
領した日から相当の期間内に，当該事由を勘案して相当と認められる金額の
範囲内で納入価格の値引きをさせる場合を除く。

## *3*　不当な委託販売取引（運用基準第２‐３）

「不当な委託販売取引」とは，大規模小売業者が，納入業者と委託販売取
引を行う場合において，一般の委託販売取引における正常な商慣習に照らし
て納入業者に著しく不利益となるような条件をもって，当該納入業者に自己
等と委託販売取引をさせることをいう。

買取仕入れから委託仕入れに変更した場合，通常の取引条件であれば，そ
の委託手数料は従来の買取仕入れにおけるものに比べると相当程度低くなる
にもかかわらず，委託手数料を従来の買取仕入れにおけるものと同じとする
ような取引条件を設定するような場合は不当な委託販売取引に該当する。

> （注）「真正の委託販売」とは，委託者が商品や製品の販売を第三者に委託（代行）
> して販売してもらうことであり，商品等の所有権を委託者に留保したまま販売を
> 委託するものである。受託者は，販売手数料を受領する。債権（代金）回収は受
> 託者が行うが，回収できなかったリスクは委託者が負担する。出版業界で行われ
> ている通称の委託販売は返品条件付売買であり，厳密な意味で両者は異なる。

## *4*　特売商品等の買いたたき（運用基準第２‐４）

「特売商品等の買いたたき」とは，大規模小売業者が，自己等が特売等に
用いる特定の商品（セール用商品）について，当該商品と同種の商品に係る自
己等への通常の納入価格に比べて著しく低い価格を定め，当該価格をもって
納入業者に納入させることをいう。

*172*

Q81

## *5* 特別注文品の受領拒否（運用基準第2‐5）

「特別注文品の受領拒否」とは，大規模小売業者が，納入業者に対してあらかじめ特別の規格，意匠，型式等を指示して特定の商品を納入させることを契約した後において，当該納入業者の責めに帰すべき事由がないのに，当該商品の全部又は一部の受領を拒むことをいう。ただし，あらかじめ納入業者の同意を得て，かつ，商品の受領を拒むことによって当該納入業者に通常生ずべき損失を当該大規模小売業者が負担する場合を除く。

不当な受領拒否に該当する場合は，プライベート・ブランド商品の製造委託をした場合の受領拒否が典型であるが，これに限るものではなく，特別に仕様を指示して納入させたような商品の場合を含む。

## *6* 押し付け販売等（運用基準第2‐6）

「押し付け販売等」とは，大規模小売業者が，正当な理由がある場合を除き，納入業者に自己の指定する商品を購入させ，又は役務を利用させることをいう。

なお，「正当な理由」がある場合の例としては，大規模小売業者が納入業者に対してプライベート・ブランド商品等の製造を委託する際に，当該商品の内容を均質にするなど合理的な必要性から，納入業者に対して当該商品の原材料を購入させるような場合がある。

## *7* 納入業者の従業員等の不当使用等（運用基準第2‐7）

「納入業者の従業員等の不当使用等」とは，大規模小売業者が，次のいずれかに該当する場合を除き，自己等の業務に従事させるため，納入業者にその従業員等を派遣させ，又はこれに代えて自己等が雇用する従業員等の人件費を納入業者に負担させることをいう。

### 【納入業者の従業員等の不当使用等に該当しない行為】

① あらかじめ納入業者の同意を得て，その従業員等を当該納入業者の納入に係る商品の販売業務（その従業員等が大規模小売業者の店舗に常駐している場合にあっては，当該商品の販売業務及び棚卸業務）のみに従事させる

*173*

第4章　大規模小売業者と納入業者との取引に関する不公正な取引方法について

　　　　　場合（その従業員等が有する販売に関する技術又は能力が当該業務に有効
　　　　　に活用されることにより，当該納入業者の直接の利益となる場合に限る。）
　　　② 派遣を受ける従業員等の業務内容，労働時間，派遣期間等の派遣の条件に
　　　　　ついてあらかじめ納入業者と合意し，かつ，その従業員等の派遣のために
　　　　　通常必要な費用を大規模小売業者が負担する場合

　したがって，例えば，次のような場合は，納入業者の従業員等の不当使用
等に該当する。

　【納入業者の従業員等の不当使用等に該当する行為】
　　　① 自社の店舗の新規オープンに際し，あらかじめ納入業者の同意を得ること
　　　　　なく一方的に，当該納入業者が納入する商品の陳列補充の作業を行うよう
　　　　　納入業者に要請し，当該納入業者にその従業員を派遣させること。
　　　② 自社の店舗の改装オープンに際し，納入業者との間で当該納入業者の納入
　　　　　する商品のみの販売業務に従事させることを条件として，当該納入業者の
　　　　　従業員を派遣させることとしたにもかかわらず，その従業員を他社の商品
　　　　　の販売業務に従事させること。
　　　③ 自社の棚卸業務のために，派遣のための費用を負担することなく，当該業
　　　　　務を行うよう納入業者に要請し，当該納入業者にその従業員を派遣させる
　　　　　こと。
　　　④ 大規模小売業者が従業員の派遣のための費用を負担する場合において，
　　　　　個々の納入業者の事情により交通費，宿泊費等の費用が発生するにもかか
　　　　　わらず，派遣のための費用として一律に日当の額を定め，交通費，宿泊費
　　　　　等の費用を負担することなく，当該納入業者にその従業員を派遣させるこ
　　　　　と。

　なお，納入業者の従業員等の使用が認められる例外的な場合の「販売業
務」には，主として消費者に商品を売る業務（接客業務）をいい，例外的に
商品の陳列業務及び補充業務が含まれる場合もあるが，例えば，新規開店前
の什器の設置，トラックからの荷卸し，バックヤード（倉庫）への搬入，開
店後のサッカ応援（レジでの袋詰め），ショッピングカートの整理，社内事務，
駐車場整理，棚卸・棚替え，閉店時の商品の撤去，トラックへの積込み（他
の店舗への移動），什器の解体，店内清掃等は，いずれも，前記の「販売業務」
には該当しない。

174

## *8* 不当な経済上の利益の収受等（運用基準第2‐8）

「不当な経済上の利益の収受等」とは，前項に規定するもののほか，大規模小売業者が，自己等のために，納入業者に本来当該納入業者が提供する必要のない金銭，役務その他の経済上の利益を提供させ，又は当該納入業者が得る利益等を勘案して合理的であると認められる範囲を超えて金銭，役務その他の経済上の利益を提供させることをいう。

したがって，例えば，次のような場合は，本項の不当な経済上の利益の収受等に該当する。

### 【不当な経済上の利益の収受等に該当する行為】

① 大規模小売業者の決算対策のために協賛金を要請し，納入業者にこれを負担させること。

② 店舗の新規オープンに際し，当該店舗の粗利益を確保するため，事前に協賛金の負担額，算出根拠，目的等について明確にすることなく，一定期間にわたり，納入業者の当該店舗に対する納入金額の一定割合に相当する額を協賛金として負担させること。

③ 一定期間に一定の販売量を達成した場合に大規模小売業者にリベートを供与することをあらかじめ定めていた場合において，当該販売量を達成しないのに当該リベートを要請し，納入業者にこれを負担させること。

④ 店舗の新規オープン時のセールにおける広告について，実際に要する費用を超える額の協賛金を要請し，納入業者にこれを負担させること。

⑤ 物流センター等の流通業務用の施設の使用料について，その額や算出根拠等について納入業者と十分協議することなく一方的に負担を要請し，当該施設の運営コストについて納入業者の当該施設の利用量等に応じた合理的な負担分を超える額を負担させること。

## *9* 要求拒否の場合の不利益な取扱い（運用基準第2‐9）

「要求拒否の場合の不利益な取扱い」とは，納入業者が前各項に規定する行為に係る要求に応じないことを理由として，大規模小売業者が，当該納入業者に対して代金の支払遅延，取引数量の減少，取引停止，その他不利益な取扱いをすることをいう。

第4章　大規模小売業者と納入業者との取引に関する不公正な取引方法について

## *10*　公取委への報告に対する不利益な取扱い（運用基準第2‐10）

「公取委への報告に対する不利益な取扱い」とは，大規模小売業者が前各項に規定する行為をした場合又は当該行為をしている場合に，納入業者が公取委に対しその事実を知らせ，又は知らせようとしたことを理由として，当該大規模小売業者が，当該納入業者に対して代金の支払遅延，取引数量の減少，取引停止，その他不利益な取扱いをすることをいう。

**参考事例**

1　**従業員の派遣要請を違法とした事例**——ヤマダ電機事件（平20・6・30公取委排除措置命令，公取委審決集55巻688頁）

　　ヤマダ電機は，次の行為を行ったことが，優越的地位の濫用に該当する（大規模小売特殊指定7項）とされた。

　　ヤマダ電機は，家電製品等の納入業者に対し，当該納入業者の納入商品であるか否かを問わず，自店売場への商品の陳列・補充・接客等を行わせるため，あらかじめ派遣条件に合意することなく，かつ，派遣のために必要な費用を負担することなく，納入業者に従業員等を派遣させた。

（注）　大規模小売特殊指定7項は，納入業者への従業員等の派遣要請につきあらかじめ納入業者の同意を得て，その従業員等を当該納入業者の納入に係る商品の販売業務（常駐している場合にあっては，販売業務及び棚卸業務）のみに従事させる場合であって，その従業員が有する販売に関する技術又は能力が有効に活用されることにより当該納入業者の直接の利益となる場合は，例外としている。

2　**大規模小売店の納入業者に対する返品・値引き・従業員の派遣要請を優越的地位の濫用とした事例**——マルキョウ事件（平20・5・23公取委排除措置命令，公取委審決集55巻671頁）

⑴　マルキョウは，九州地方に93店舗を有するスーパーマーケットであり，食料品・雑貨類等の約350の納入業者と取引しているところ，次のような優越的地位の濫用行為があるとされた。

　①　特定の食品について，メーカー等が定めた賞味期限の2か月前の日，精米日から2週間を経過した日など独自の販売期限を定め，当該販売期限を経過した商品について，当該納入業者に対し，当該販売期限を経過したことを理由に，納入業者との合意もなく当該商品の返品を行っていた。

*176*

② 菓子・雑貨について，商品回転率が低いこと，店舗を閉鎖したこと，季節商品の販売期間が終了したこと，陳列棚からの商品の落下等により商品が破損したことを理由に，当該納入業者に対し，商品を返品し，又は割引販売のために大幅な値引を要請していた。

③ デイリー商品，菓子，精肉，雑貨について，「大判」と称するセール，棚卸，棚替え等に際し，当該納入業者の従業員を派遣させて販売を行わせるとともに，食品，デイリー商品，菓子，雑貨について，「店舗クリニック」と称して，当該納入業者の従業員を派遣させて店舗の清掃等を行わせていた。

(2) 公取委は，上記の返品，値引き，従業員の派遣について，独占禁止法19条違反（大規模小売特殊指定1項・2項・7項）とした。

3 **フランチャイズシステムの加盟店が価格を引き下げて見切り販売するのを阻止したことが優越的地位の濫用に当たるとされた事例** ── セブンイレブン・ジャパン事件（平21・6・22公取委排除措置命令，公取委審決集56巻2‐6頁）

(1) フランチャイズ・システムを展開するセブンイレブン・ジャパン（本部）は，システムへ加盟する加盟店との間で加盟店基本契約を締結し，加盟店に対し，商標の使用，経営に関する指導・援助等を行い，商品の発注・仕入れ，代金の決済等を本部の統一的システムの下で処理し，加盟店が販売する商品のほとんど全てを本部が供給するものであるなど，本部の取引上の地位は加盟店に対し優越している。

本部は加盟店に対し，推奨商品について標準的な販売価格（推奨価格）を定めてこれを提示している。加盟店は販売価格は契約法上は加盟店が定めることができることになっているが，ほとんどの加盟店は商品を推奨価格で販売している。

(2) 本部は，推奨商品のうちデイリー商品（品質が劣化しやすい食品及び飲料であって，原則として毎日店舗に納品されるもの）について，メーカーが定める消費期限又は賞味期限より前の日を，独自の基準により販売期限として定め，加盟店は当該販売期限を経過したデイリー商品については，全て廃棄させることとしており，加盟店が価格を引き下げて見切り販売することは許されていなかった。そして，その廃棄された商品の原価相当額は加盟店が全

第4章　大規模小売業者と納入業者との取引に関する不公正な取引方法について

額負担することとされていた。

　　加盟店が価格を引き下げて見切り販売するのを止めさせるために，本部の経営相談員（OFC）は，加盟店を常に監視しており，見切り販売が行われたことを知ったときには当該加盟店に対し，再び見切り販売を行わないようにさせ，それでも止めないときは加盟店基本契約の解除等の不利益な取扱いをする旨を示唆するなどしていた。

(3)　本部と加盟店との契約では，加盟店の本部に支払うロイヤルティの額は，売上高から原価相当額を控除したものに一定率を乗じたものになっている。つまり，ロイヤルティの額が加盟店で破棄された商品の原価相当額の多寡に左右されない。このため，加盟店としては，デイリー商品について見切り販売を行うことにより少しでも売上高を増加させたいところであるがこれが許されないため，加盟店としては多大な損害を受けていた。

(4)　公取委は，上記事実に対し，「セブンイレブン・ジャパンは，加盟店が自ら合理的な経営判断に基づいて廃棄に係るデイリー商品の原価相当額の負担を軽減する機会を失わせている。」として，旧一般指定14項4号に該当し，独占禁止法19条に違反するとした。

(参考)　中村昌典『失敗しないフランチャイズ加盟』(日本加除出版，2011) 152頁参照。

---

**82** 公取委の実態調査で，大規模小売業者による納入業者に対する業務委託において，どのような問題が指摘されているか。

**A**　公取委の実態調査で，問題となり得る行為が多いとされたものとしては，協賛金等の負担の要請，返品，買いたたき，購入・利用の要請，従業員等の派遣の要請，減額，受領拒否，支払遅延等である。

178

**解　説**

## *1*　実態調査

　公取委は，大規模小売業者による納入業者に対する業務委託において，優越的地位の濫用として問題となる行為が多いことから，大規模事業者と取引する納入業者に対して実態調査を行い，平成30年1月31日「大規模小売業者との取引に関する納入業者に対する実態調査報告書」としてこれを公表している（調査対象期間：平28・7・1～平29・6・30）。

　調査は，年間売上高70億円程度以上の大規模小売業者との取引があるとみられる納入業者に対して，それぞれ取引高が大きい大規模小売業者上位3社（以下，「主要取引先」という。）との取引について，「優越的地位の濫用に関する独占禁止法上の考え方」（平22・11・30公取委）の内容に沿った項目について行われた。大規模小売業者との取引があると回答した納入業者は，8,201名であり，それらの主要取引先の延べ数は，19,289取引（集計対象取引）であった。

## *2*　調査結果
(1) **問題となり得る行為がみられた取引数及び割合**
　① 　問題となり得る行為がみられた取引の上位3の行為類型
　　・「協賛金等の負担の要請」
　　・「返品」
　　・「取引の対価の一方的決定（買いたたき）」
　② 　問題となり得る行為が一つ以上みられた取引は，次の通り，3,063取引であり，集計対象取引全体の15.9パーセントであった。

〈図14　問題となり得る行為の類型と割合〉

| 行為類型 | 問題となり得る行為がみられた取引数 | 集計対象取引に占める割合 |
|---|---|---|
| 協賛金等の負担の要請 | 1,302 | 6.7% |
| 返品 | 1,232 | 6.4% |

第4章　大規模小売業者と納入業者との取引に関する不公正な取引方法について

| | | |
|---|---|---|
| 取引の対価の一方的決定（買いたたき） | 693 | 3.6% |
| 購入・利用の要請 | 657 | 3.4% |
| 従業員等の派遣の要請 | 522 | 2.7% |
| 減額 | 370 | 1.9% |
| 受領拒否 | 214 | 1.1% |
| 支払遅延 | 180 | 0.9% |
| 合計（上記行為が1つ以上みられた取引数） | 3,063 | 15.9% |

（出典：公正取引委員会「大規模小売業者との取引に関する納入業者に対する実態調査報告書」（平成30年1月31日））

(2)　**主要取引先の業態における問題となり得る行為類型の割合が多いもの**

（他の業態と比較し，特に割合が大きいもの）

・ドラッグストア……返品

・ホームセンター……協賛金等の負担の要請

・ディスカウントストア……従業員等の派遣の要請

・ドラッグストア・ディスカウントストア・100円ショップ……買いたたき

(3)　**問題となり得る回答があった行為類型の事例**

①　協賛金等の負担の要請

　　「大規模小売業者から，事前に負担額，算出根拠及び目的について明確にすることなく，一定額又は納入取引金額の一定割合に相当する額の協賛金等の要請」との回答が最も多く，次いで「物流センターの利用料について，事業経営上のメリットに応じた合理的な負担分を超える額の要請」が多かった。

　　**例**　・　ホームセンターは，顧客に対するポイント還元等のイベントごとに販売応援という名目だけで，その算出根拠を明示することなく，負担させる。

　　　　　・　総合スーパーからは，取引を行うために物流センターの利用が必

*180*

要であると言われており，使わないという選択はできない。物流セ
ンターの使用に際してはセンターフィーを支払う必要があるが，そ
の算定根拠は示されることなく，料金を提示されるだけで交渉の余
地はない。

② 返　品

「売れ残り，売場の改装等を理由とした返品」との回答が最も多く，
次いで「大規模小売業者が破損・汚損したことを理由とした返品」が多
かった。

**例**
- 専門量販店は，返品について事前に取決めはないので，明確に返
品を求められるということはなく，「どうしようか。」という言い方
をしてくる。しかし，これは返品を求めているので，今後の取引を
考えて返品を受け入れている。
- 食品スーパー等から，納入している青果物のうち一つの商品でも
傷んでいれば，それ以外は問題のない同じ棚に乗っている商品を全
て店頭から撤去して返品される。事前に相談されることはなく，返
品される商品と返品伝票を渡されるだけである。

③ 取引の対価の一方的決定

「セールで販売することを理由に，通常時の取引価格を下回る価格を
一方的に定めた。」との回答が最も多かった。

**例**
- 農協は，セールを行うという理由で一方的に価格を引き下げ，そ
の後セール終了後も価格を据え置いて元の価格に戻してくれない。
価格交渉においては，「おまえのところと取引を行わない。」と言わ
れるので引き下がるしかない状況である。
- 100円ショップとの取引において，一定の納入数量を前提として
納入する価格を決定したにもかかわらず，それに満たない納入数量
の発注でも同じ価格を押し付けられる。

第4章　大規模小売業者と納入業者との取引に関する不公正な取引方法について

## ⑷　問題となり得る行為を行っている大規模小売業者の状況

①　ドラッグストア……「返品」が他の業態に比べて著しく多い。

**例**
- ドラッグストアは，売れ残りを理由として商品を返品してくる。多く仕入れておいて，売れ残ったら返品すればよいという考え方で普通に返品してくる。返品されると損失になることから受け入れたくはないが，他社の話では，返品を断ったら店舗で商品を陳列する場所が減らされたということで受け入れざるを得ない。
- ドラッグストアからの返品が日常的に発生している。医薬品業界に返品の慣習があるようなので，その慣習を医薬品以外の商品に適用していると思う。

②　ホームセンター……「協賛金等の負担の要請」が他の業態に比べて多い。

**例**
- ホームセンターは販促活動として顧客に景品を提供するために，商品を無償で提供するように求めてくる。新規店舗の開店，正月の売出しを行う店舗が示され，これらの店舗用に無償提供を行ってもらいたいという要請が行われる。当社には直接のメリットはないけれども，取引上の付き合いで応じざるを得ない。

③　ディスカウントストア……「従業員等の派遣の要請」が他の業態に比べて多い。

**例**
- ディスカウントストアの店舗で商品の入替作業をさせられている。納入業者が集められ，必要であれば宿泊もしながら1年間で全店舗において商品の入替作業を行っている。この作業によって発生する費用についてはディスカウントストアの負担は全くない。作業は朝から夜まで商品の陳列，補充，清掃，倉庫整理を行うこととなる。

## *3* 公取委の対応（同調査における公取委コメント）

　本調査の結果，大規模小売業者と納入業者の一部の取引において，大規模小売業者による優越的地位の濫用規制上問題となり得る行為が行われている状況が認められた。

　違反行為の未然防止及び取引の公正化の観点から，以下の対応を行う。

(1) **周　知**

　① 大規模小売業者の関係事業者団体に対して，優越的地位の濫用規制の内容を傘下会員に周知徹底するなど，業界における取引の公正化に向けた取組を要請する。

　② 大規模小売業者を対象とする講習会を実施（本調査結果及び優越的地位の濫用規制の内容を説明）する。

　③ 大規模小売業者及び納入業者に対し，ホームページ，ツイッター，フェイスブック等を通じ，各種講習会への参加，講習用動画の活用等を広く呼びかけを行う。

(2) **実態調査及び予防**

　今後とも，本調査結果を踏まえ，大規模小売業者と納入業者の取引実態を注視し，優越的地位の濫用規制上問題となるおそれのある行為の把握に努めるとともに，これに違反する行為に対しては，厳正に対処する。

# 第5章 特定荷主による物品の運送・保管の委託に関する不公正な取引方法について

**Q83** 特定荷主の運送・保管の委託に関する特殊指定が定められているが，それはどのような理由によるものか。

**A** 物流事業者が他の物流事業者に物品の運送・保管を委託する場合は，下請法の規制対象となる。しかし，物流事業を行っていない荷主が物品の運送・保管を直接物流事業者に委託する場合は下請法の対象とならないので，荷主による物流事業者に対する優越的地位濫用を規制するため「特定荷主が物品の運送又は保管を委託する場合の特定の不公正な取引方法」（物流特殊指定）が設けられた。

本特殊指定では，下請法と同様に，資本金区分により優越的地位濫用行為が規制されているが，それ以外に，相対的に取引上の地位が優越している者がその地位が劣位にある者に対して濫用行為を行うことも規制することとしている。規制される行為の内容については，下請法におけるものとほとんど同一である。

## 解説

### 1 特定荷主による物品の運送又は保管に関する特殊指定が定められている理由

物品の運送又は保管に関して，荷主が直接物流事業者に委託する場合は下請法の対象とならないため，その委託取引において，荷主による物流事業者に対して優越的地位の濫用が行われる場合を規制するためである。また，荷主による物品の運送又は保管に関する取引においては，相対的に取引上の地

第5章　特定荷主による物品の運送・保管の委託に関する不公正な取引方法について

位が優越している者が劣位にある者に対して濫用行為を行うことも規制する
必要があった。

　そこで上記のような行為を独占禁止法に基づき規制するために，「特定荷
主が物品の運送又は保管を委託する場合の不公正な取引方法」（平16・3・8
公取委告示1号，最終改正：平18・3・27。以下，「物流特殊指定」という。）が制定さ
れたものである。以上のことは，本特殊指定で規制対象となる「特定荷主」
及び「特定物流事業者」の定義をみれば理解できる。

　本特殊指定では，「特定荷主」及び「特定物流事業者」について，次のよ
うに定義されている。ただし，「特定荷主」については，下請法2条4項に
規定する役務提供委託に該当する場合（当該荷主が運送・保管事業をも行っている
場合）は除かれる。また，特定荷主から物流を委託された特定物流事業者が
他の物流事業者に再委託する場合は，下請法の対象となる。

　「特定荷主」とは，次の者をいい，これから物流を委託される者を特定物
流事業者という。

【特定荷主に該当する場合】
　① 資本金又は出資総額が3億円を超える荷主が，個人又は資本金若しくは出
　　資総額が3億円以下の事業者に対し，継続的に物品の運送又は保管を委託
　　するもの
　② 資本金又は出資総額が1,000万円を超え3億円以下の荷主が，個人又は資
　　本金若しくは出資総額が1,000円以下の事業者に対し，継続的に物品の運
　　送又は保管を委託するもの
　③ ①・②以外の物品の運送又は保管を委託する荷主であって，受託する事業
　　者に対し取引上優越した地位にある者が，取引上の地位が劣っている事業
　　者に対し，継続的に物品の運送又は保管を委託するもの

〈図15 特定荷主及び指定物流事業者の定義〉

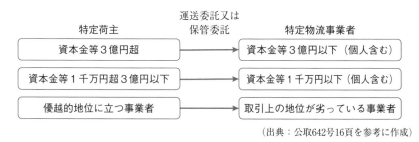

（出典：公取642号16頁を参考に作成）

　以上でいう「特定物流事業者」からは，親会社である荷主の物流子会社（親会社が議決権株式の過半数を有する会社。以下同じ。）は除外される（特定物流事業者の定義規定）。製造業者等の荷主が物流子会社を設立し，荷主が物流子会社に物流業務を委託する場合があるが，そのような荷主が物流子会社に運送等を委託し，物流子会社がさらに他の物流事業者に再委託する場合は，このような物流子会社は，実質的な荷主である親会社の取引上の地位を背景として他の物流事業者と取引する立場にある。したがって，このような物流事業者を不公正な取引を行う主体として荷主と同等に取り扱うこととしている。すなわち，当該子会社たる物流事業者が他の物流事業者に再委託する場合であって，再委託を受ける物流事業者が当該荷主から直接委託を受けるのであれば，本指定の適用を受けることとなる場合は，再委託する物流子会社は特定荷主，再委託を受ける事業者は特定物流事業者とみなされる。

〈図16 荷主とその物流子会社との関係〉

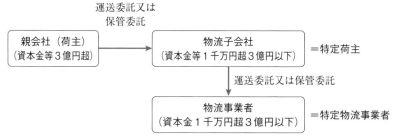

（出典：公取642号17頁を参考に作成）

第5章　特定荷主による物品の運送・保管の委託に関する不公正な取引方法について

**84** 物流特殊指定では，特定荷主のどのような行為が不公正な取引方法に該当するとされているか。

A　下請法で定めるものと同様な規定が設けられている。すなわち，支払遅延，減額，買いたたき，購入・利用強制，割引き困難な手形の交付，不当な経済上の利益の提供要請，不当な給付内容の変更・やり直し，要求拒否に伴う取引停止等，報復措置である。

　解　説

　物流特殊指定においては，特定荷主が特定物流事業者に対し，物品の運送又は保管の委託をした場合に，次のような行為をすることが不公正な取引方法に該当するとされている。

■運送・保管に関する不公正な取引行為
(1)　支払遅延
　　特定物流事業者の責に帰すべき理由がないのに，代金をあらかじめ定められた支払期日に支払わないこと。ただし，例えば，その責任により運送等を完了しなければならない日までに当該業務を終了しない等の場合を除く。
(2)　減　額
　　特定物流事業者の責に帰すべき理由がないのに，あらかじめ定められた代金を減額すること。ただし，例えば，その責任により受託した貨物を毀損したり，運送が遅延した等の場合を除く。
(3)　買いたたき
　　特定物流事業者の物品の運送又は保管の内容と同種又は類似の内容の運送又は保管に対し，通常支払われる対価に比し著しく低い代金の額を不当に定めること。

⑷ **購入・利用強制**

　正当な理由がないのに，自己の指定する物を強制的に購入させ，又は役務を強制的に利用させること。例えば，運送又は保管に必要である燃料等の物品を自己の指定する者から強制的に購入させたり，保険への加入を強制すること。

⑸ **割引き困難な手形の交付**

　代金の支払につき，支払期日までに一般の金融機関による割引きが困難であると認められる手形を交付することにより，特定物流事業者の利益を不当に害すること。

⑹ **不当な経済上の利益の提供要請**

　自己のために金銭・役務その他の経済上の利益を提供させることにより，特定物流事業者の利益を不当に害すること。

⑺ **不当な給付内容の変更・やり直し**

　特定物流事業者の運送・保管の内容を運送等が完了する前に変更させ，又は運送・保管を行った後に，追加的な運送・保管を行わせてやり直させることにより，特定物流事業者の利益を不当に害すること。

⑻ **要求拒否に伴う取引停止等**

　特定物流事業者が，上記⑴〜⑺に該当する特定荷主の要求を拒否したことを理由として，特定物流事業者に対し，取引量の減少，取引停止，その他不利益な取扱いをすること。

⑼ **報復措置**

　特定荷主が，上記⑴〜⑻に該当する行為をしていた場合に，特定物流事業者が公取委に対しその事実を知らせ又は知らせようとしたことを理由として，取引量の減少，取引停止，その他不利益な取扱いをすること。

第5章　特定荷主による物品の運送・保管の委託に関する不公正な取引方法について

> **85** 物流の取引において，荷主が物流事業者に対して，優越的地位の濫用としてどのような行為が問題とされているか。

**A** 公取委の実態調査によれば，代金の減額，買いたたき，物品等の購入・利用強制，代金の支配遅延，経済上の利益の提供要請，発注内容の変更等が問題とされている。

 解　説

## *1*　公取委による実態調査

　公取委は，荷主が物流事業者に対して，優越的地位の濫用規制上の問題となり得る行為を行っていないかの観点から，荷主及び物流事業者について実態調査を実施し，調査結果を平成27年3月11日「荷主と物流事業者との取引について」として公表している。

- 調査対象期間：平25・8・1～平26・7・31
- 回答のあった者のうち，物品の運送・保管につき取引を行っている荷主は，4,530名，物流事業者は，4,620名。

## *2*　物流業界の概要
[事業規模]
- 荷主…………資本金3億円超の事業者54.3パーセント，年間売上高100億円超の事業者45.8パーセントで，比較的大規模な事業者である。
- 物流事業者……資本金5,000万円以下の事業者は88.7パーセント，年間売上高10億円以下の事業者は75.6パーセントで，比較的小規模な事業者である。

[契約書面の交付]

　荷主と物流事業者との間の取引における契約書面の交付は，81.1パーセントについて行われている。

## *3*　優越的地位の濫用の疑いがあるといい得る行為類型（物流事業者の取引先上位３名の荷主についての回答）

代金の減額‥‥‥‥‥‥‥‥‥‥‥‥‥‥‥‥4,620名中188名，　4.1%

買いたたき‥‥‥‥‥‥‥‥‥‥‥‥‥‥‥‥‥同　 67名，　1.5%

物品等の購入・利用強制‥‥‥‥‥‥‥‥‥‥‥同　 57名，　1.2%

代金の支配遅延‥‥‥‥‥‥‥‥‥‥‥‥‥‥‥同　 29名，　0.6%

経済上の利益の提供要請‥‥‥‥‥‥‥‥‥‥‥同　 27名，　0.6%

発注内容の変更‥‥‥‥‥‥‥‥‥‥‥‥‥‥‥同　 8名，　0.2%

複数の行為類型のうちの不利益を
一つでも受けた事業者‥‥‥‥‥‥‥‥‥‥‥同 306名，　6.6%

## *4*　公取委の対応（同調査における公取委コメント）

　本調査の結果，物品の運送等に係る一部の取引において，荷主による優越的地位の濫用規制上問題となり得る行為が行われていることが明らかとなった。公取委としては，荷主により物流事業者に不当に不利益を与えるような行為が行われることがないよう注視する必要がある。これらの行為は，荷主と物流事業者との間で，あらかじめ取引条件等を定めていなかったり，荷主から物流事業者に対し，取引条件等が記載された書面が交付されていなかったことに起因しているとも考えられることから，物品の運送等の取引に当たっては，取引条件等の明確化や書面の交付が望まれる。

　公取委としては，物流事業者から荷主に対して代金の引上げ要請があっても，取引に影響が生じる旨を示唆するなど代金の引上げ要請自体をさせないようにする行為は優越的地位の濫用規制上問題となり得る行

第5章　特定荷主による物品の運送・保管の委託に関する不公正な取引方法について

為であることを周知していく必要がある。

　さらに，こうした行為が，物流事業者間の取引において行われた場合には，優越的地位の濫用規制上問題となり得ることはもとより，下請法上問題となり得ることにも留意する必要がある。

　このため，公取委は，違反行為の未然防止の観点から，本調査結果を公表するとともに，以下の対応を行うこととする。

　㋐　荷主及び物流事業者を対象とする講習会を実施し，本調査結果並びに優越的地位の濫用規制及び下請法の内容を説明する。

　㋑　荷主及び物流事業者の関係事業者団体に対して，本調査結果を示すとともに，荷主及び物流事業者が物品の運送等の委託取引における問題点の解消に向けた自主的な取組を行えるよう，改めて優越的地位の濫用規制及び下請法の内容を傘下会員に周知徹底するなど，業界における取引の公正化に向けた自主的な取組を要請する。

*192*

## 第6章 建設業の下請取引に対する建設業法・独占禁止法の適用

**Q86** 建設業法では建設業の下請取引に対してどのような規制が行われているか。

**A** 建設業法では，建設工事の請負契約に関して，高額な代金の下請契約の締結の制限，不当に低い請負代金の禁止，不当な使用資材等の購入強制の禁止，一括下請負の禁止，下請代金の支払，特定建設業者の下請代金の支払期日，公取委への措置請求等について定めている。

 **解 説**

建設業法においては，建設工事の下請契約に関して，次のような事項を定めている。

(1) **下請契約の締結の制限**（建設業16条）

下請契約の締結の制限として，その下請代金の合計額が4,000万円以上（建設業法施行令2条）である下請契約は，特定建設業の許可を受けた者でなければ発注者から直接請け負った工事を施工するために下請契約を締結してはならないことが定められている。これは，特定建設業者としての許可要件（建設業15条）として，経営業務の管理責任者として十分な経験がある者及び専任技術者を有していること，一定の財産的基礎を有していること等が要件とされており，このような要件を満たす建設業者でなければ，発注者及び下請建設業者の利益を確保できないからである。

(2) **不当に低い請負代金の禁止**（建設業19条の3）

注文者は，自己の取引上の地位を不当に利用して，その注文した建設工

事を施工するために通常必要と認められる原価に満たない金額を請負代金
の額とする請負契約を締結してはならない。

(3) **不当な使用資材等の購入強制の禁止**（建設業19条の４）

注文者は，請負契約の締結後，自己の取引上の地位を不当に利用して，
その注文した建設工事に使用する資材・機械器具，これらの購入先を指定
して，これらを請負人に購入させることにより，その利益を害してはなら
ない。

(4) **一括下請負の禁止**（建設業22条）

建設業者はその請け負った建設工事を一括して他人に請け負わせてはな
らないこととされている。ただし，当該建設工事の元請負人があらかじめ
発注者の書面による承諾を得た場合はこの限りでない。

(5) **下請負人の変更請求**（建設業23条）

注文者は請負人に対して，建設工事の施工につき著しく不適当と認めら
れる下請負人があるときは，その変更を請求することができることを規定
している。

(6) **下請負人の意見の聴取**（建設業24条の２）

元請負人は，その請け負った建設工事を施工するために必要な工程の細
目，作業方法その他元請負人において定めるべき事項を定めようとすると
きは，あらかじめ，下請負人の意見を聞かなければならないこととされて
いる。

(7) **下請代金の支払**（建設業24条の３）

① 元請負人は，請負代金の出来形部分に対する支払又は工事完了後にお
ける支払を受けたときは，その工事を施工した下請負人に対して，元請
負人が支払いを受けた金額の出来形に対する割合及び当該下請負人が施
工した出来形部分に相応する下請代金を，支払を受けた１月以内で，か
つ，できる限り短い期間内に支払わなければならない（同条１項）。

② 元請負人は，前払金の支払いを受けたときは，下請負人に対して，資
材の購入，労働者の募集その他建設工事の着手に必要な費用を前払金と
して支払うよう適切な配慮をしなければならない（同条２項）。

(8) **検査及び引渡し**（建設業24条の4）

① 元請負人は，下請負人からその請け負った建設工事が完成した旨の通知を受けたときは，20日以内で，かつ，できる限り短い期間内にその完成の確認検査を完了しなければならない（同条1項）。

② 元請負人は，検査により建設工事の完成を確認した後，下請負人が申し出たときは，原則として直ちに当該建設工事の目的物の引渡しを受けなければならない（同条2項）。

(9) **特定建設業者の下請代金の支払期日等**（建設業24条の5）

特定建設業者が注文者となった下請契約における下請代金の支払期日は，次の通りとされている。

① 下請負人から当該建設工事の目的物の引渡しの申出があった時は，その日から50日以内で，かつ，できる限り短い期間内の日を支払期日と定めなければならない（同条1項）。

② 支払期日が定められなかったときは，当該建設工事の目的物の引渡しの申出があった日が支払期日とみなされる（同条2項）。

③ ①に違反して支払期日が定められたときは，当該建設工事の目的物の引渡しの申出の日から50日が支払期日とみなされる（同条2項）。

④ 特定建設業者が注文者となった下請契約における下請代金の支払につき，一般の金融機関で割引を受けられることが困難である手形を交付してはならない（同条3項）。

⑤ 特定建設業者は，①により定められた支払期日又は②，③に従い下請代金を支払わなければならず，その支払をしなかったときは，建設工事の目的物の引渡しの申出があった日から起算して50日が経過した日から支払までの期間について，年14.6パーセントの遅延利息を支払わなければならない（同条4項）。

(10) **特定建設業者の下請負人の指導等**（建設業24条の6）

特定建設業者は，当該建設工事の下請負人に対して，その下請負の建設工事に関して，次のような指導等をしなければならない。

① 建設業法，労働関係法令に違反しないよう下請負人の指導に努めるこ

と。

② それらの法令に違反していると認めたときは，是正指導をすること。

③ 是正指導に従わないときは，建設業の許可をした国交大臣又は都道府県知事に通報すること。

⑾ **公取委への措置請求**（建設業42条）

① 国交大臣又は都道府県知事は，その許可を受けた建設業者が建設業法19条の3（前記(2)），19条の4（前記(3)），24条の3第1項（前記(7)①），24条の4（前記(8)），24条の5第3項（前記(9)④）・第4項（前記(9)①〜③・⑤）に違反している事実が独占禁止法19条に違反していると認めるときは，公取委に対し，同法の規定に従い適当な措置をとるべきことを求めることができる。

② 国交大臣又は都道府県知事は，中小企業者である下請負人と下請契約をした元請負人について，①により措置をとるべきことを求めたときは，遅滞なく，中小企業庁長官にその旨を通知しなければならない。

⑿ **中小企業庁長官による措置**（建設業42条の2）

① 中小企業庁長官は，中小企業者である下請負人の利益を保護するために特に必要があると認めるときは，元請負人又は下請負人に，報告命令及び立入検査をすることができる。

② 中小企業庁長官は，①の結果，元請負人が建設業法19条の3，19条の4，24条の3第1項，24条の4，24条の5第3項・第4項に違反している事実が独占禁止法19条に違反していると認めるときは，公取委に対し，同法の規定に従い適当な措置をとるべきことを求めることができる。

③ 中小企業庁長官は，②の措置をとるべきことを求めたときは，遅滞なく，当該元請人につき建設業の許可をした国交大臣又は都道府県知事にその旨を通知しなければならない。

**Q87**

**Q 87** 建設業の下請取引に対して，独占禁止法はどのような行為に適用されるか。

**A** 「建設業の下請取引ガイドライン」に基づき，建設業の特質を勘案しながら，下請法に準じた規制が行われることになっている。すなわち，完成確認の検査，目的物の引渡し，代金の支払，割引き困難な手形の交付，不当に低い請負代金の禁止，減額，不当な使用資材等の購入強制の禁止，早期相殺等について規制されることになっている。

## 解 説

### *1* 建設業の下請取引に対する独占禁止法の適用

建設業法においては，建設工事の下請取引に関して，特定建設業者による下請契約の締結，注文者による不当に低い請負代金・使用資材等の購入強制の禁止，一括下請契約の禁止，特定建設業者による下請代金の支払等について定めているが，建設業法は下請法が制定される以前から制定されていることもあり，下請取引に関しては一般的に定める下請法におけるほど建設工事の下請契約に関して網羅的に規定されているものではない。下請法は，役務提供委託のうち建設工事の請負契約に関しては同法の規制から除外することとしているが（下請2条4項），下請法の一般的な規制と比較して建設業法における規定が必ずしも完備していない事項については，独占禁止法の優越的地位の濫用規制の観点から，「建設業の下請取引に関する不公正な取引方法の認定基準」（昭47・4・1事務局長通達4号，最終改正：平13・1・4。以下，「建設業の下請取引ガイドライン」という。）を設けており，これにより下請法における規制に準じた規定が網羅的に規定されている。

このような法律による重複規制に全く問題はない。建設業法違反に対しては同法に基づき措置が執られるのに対し，独占禁止法違反に対しては同法に基づき措置が執られる。公取委としては，建設業法に基づき規制されない場

*197*

第6章 建設業の下請取引に対する建設業法・独占禁止法の適用

合に独占禁止法違反として処理することとなる。このように規制官庁が重なる場合の行政の取扱いとしては，一方の官庁が規制する場合は，他方は規制を行わないという形で重複規制が避けられている。

なお，建設業の下請取引に対する独占禁止法の適用は，「建設業の下請取引ガイドライン」で規定されている行為に限定されている訳ではない。建設業の下請取引に関して同ガイドラインで規定されている以外の独占禁止法違反行為がある場合は，当然，当該行為に対して独占禁止法が適用される。

## *2* 建設業の下請取引ガイドライン

「建設業の下請取引ガイドライン」は，建設工事の請負契約のうち優越的地位の濫用規制上問題となる行為に対して独占禁止法を適用するための解釈基準を定めたものであり，建設業の下請取引において，元請負人が行う次の行為は，不公正な取引方法に該当するとして取り扱うこととされている。

(1) **完成確認の検査**

下請負人から請負建設工事が完了した旨の通知を受けたときに，正当な理由がないのに，20日以内にその完成確認の検査を完了しないこと。

(2) **目的物の引渡し**

前項の検査によって建設工事の完成を確認した後，下請負人が申し出た場合に，正当な理由がないのに，直ちに当該建設工事の目的物の引渡しを受けないこと。

(3) **代金の支払**

請負代金の出来形部分に対する支払又は工事完成後における支払を受けたときに，当該支払の対象となった建設工事を施工した下請負人に対して，元請負人が支払を受けた金額の出来形に対する割合及び当該下請負人が施工した出来形部分に相応する下請代金を，正当な理由がないのに，1月以内に支払わないこと。

(4) **特定建設業者の代金の支払期日**

特定建設業者が注文者となった下請契約（下請契約における請負人が特定建設業者又は資本金1,000万円以上の法人であるものを除く。(5)においても同じ。）にお

*198*

ける下請代金を，正当な理由がないのに，当該建設工事の目的物の引渡し
の申出の日から50日以内に支払わないこと。

(5) **割引き困難な手形の交付**

特定建設業者が注文者となった下請契約に係る下請代金の支払につき，
当該建設工事の目的物の引渡しの申出の日から50日以内に，一般の金融機
関による割引を受けることが困難であると認められる手形を交付すること
によって，下請負人の利益を不当に害すること。

(6) **不当に低い請負代金の禁止**

自己の取引上の地位を不当に利用して，注文した建設工事を施工するた
めに通常必要と認められる原価に満たない金額を請負代金の額とする下請
契約を締結すること。

(7) **減　額**

下請契約の締結後，正当な理由がないのに，下請代金の額を減ずること。

(8) **不当な使用資材等の購入強制の禁止**

下請契約の締結後，自己の取引上の地位を不当に利用して，注文した建
設工事に使用する資材・機械器具又はこれらの購入先を指定して下請負人
に購入させることによって，その利益を害すること。

(9) **早期相殺**

注文した建設工事に必要な資材を自己から購入させた場合に，正当な理
由がないのに，当該資材を用いる建設工事に対する下請代金の支払期日よ
り早い時期に，支払うべき下請代金の額から当該資材の対価の全部もしく
は一部を控除し，又は当該資材の対価の全部もしくは一部を支払わせるこ
とによって，下請負人の利益を不当に害すること。

(10) **報復措置の禁止**

元請負人が前記(1)から(9)までに掲げる行為をしている場合又は行為をし
た場合に，下請負人がその事実を公取委，国交大臣，中小企業庁長官又は
都道府県知事に知らせたことを理由として，下請負人に対し，取引量の減
少，取引停止，その他不利益な取扱いをすること。

第6章 建設業の下請取引に対する建設業法・独占禁止法の適用

(参考)
　建設業法に基づき，国土交通省及び各都道府県に「建設工事紛争審査会」が設置されており，同審査会は建設工事の請負契約に係る紛争について，あっせん・調停・仲裁を行うこととしている。

**参考事例**

□　建設二次下請負事業者がその請負代金を元請負事業者に直接請求して容認された事例（東京地判平29・3・14判秘）

　本件は，被告（元請業者）が注文者から建物の改修工事を請け負い，この工事をAに一次下請に出し，Aがそのうちの空調等設備工事につき原告に二次下請に出したものである。原告がAに対し二次下請負代金の支払を求めたが，Aは資力がないとして支払わないため，原告が債権者代位権に基づき直接元請負事業者である被告に対し二次下請負代金の支払を求めた（Aが被告に対して有する債権について，原告がAに代位して自己の債権を回収することができる権利を債権者代位権（民423条）という）。

　裁判において，被告は注文者から支払われた請負代金からAに対する一次下請負代金を全額支払ったと主張し，Aは一次下請負代金を全額受領したとする「確認書」を提出し，それに沿う従業員の証言もあったが，裁判において，被告の主張並びに「確認書」は諸々の事情を検討したうえ採用されなかった。このため，結論（判決）として，原告の被告に対する債権者代位権が容認された。

## 第7章 その他の業務委託における問題

**Q88** 葬儀事業者の業務委託において優越的地位の濫用として問題となるおそれがある行為としてどのようなものがあるか。

**A** 公取委の実態調査によれば，葬儀業者の納入業者に対する優越的地位の濫用として問題になり得る行為として，商品・サービスの購入・利用の要請，買いたたき，金銭・物品の提供の要請，返品，発注内容以外の作業等が指摘されている。

### 解説

#### 1 葬儀の取引に関する実態調査報告書

公取委は，葬儀の取引に関する実態を調査し，その結果を平成29年3月22日「葬儀の取引に関する実態調査報告書」として公表している。この調査では，葬儀事業者696名，葬儀事業者と取引のある納入業者1,451名が原則として直近の1事業年度における実態について報告した。

(1) **葬儀事業者の実態**

① 葬儀業の市場規模は漸増傾向が続いている。死亡者数は，平成26年において約127万名であり，過去10年間でおよそ25パーセント増加している。今後も増加傾向は続き，25年後には約167万名とピークを迎えることが予想されている。

② 葬儀種別としては，「家族葬」が年間の件数・売上高ともに50パーセントを超えた。

「一日葬」（通夜を行わず火葬と告別式を1日で行う方式＝デジタル大辞泉），

第 7 章　その他の業務委託における問題

「直葬」（通夜・告別式などの儀式を行わず，自宅又は病院から直接火葬場に遺体を運び火葬する方式＝同）が増加しているのに対し，従来型の「一般葬」が減少している。

③　事業規模が大きい葬儀事業者ほど年間取扱件数，年間売上高とも増加傾向にある。今後，大手の葬儀事業者はより事業を拡大し，中小の葬儀事業者との二極化が進んでいくことも考えられる。

⑵　**納入業者調査**

葬儀事業者から優越的地位の濫用規制上問題となり得る行為を一つ以上受けたと回答のあった取引は29.9パーセント（434取引）であり，また，資本金区分から下請法の適用対象となり得るのは，434取引のうち，101取引であった。

優越的地位の濫用規制上問題となり得る行為を受け入れた納入業者の割合は，取引年数が長いほど高い傾向にあり，また，優越的地位の濫用規制上問題となり得る行為を受け入れた納入業者の取引年数の平均値（18.7年）と，受け入れなかった納入業者の取引年数の平均値（14.7年）には統計的に有意な差が認められた。

⑶　**優越的地位の濫用規制上問題となり得る行為**

納入業者からの具体的回答事例において，優越的地位の濫用規制上問題となり得る行為は，次の通りであった。

①　**商品・サービスの購入・利用の要請**（1,451名中216件，14.9%）

　**例**　• イベントのチケットやおせち料理の購入，互助会への入会など，様々な要請がある。葬儀業者側では取引先の納入業者の購入実績や利用者の互助会への入会実績を記録しており，実績が少ないと取引を減らされるため，不要なものでも要請に応じるしかない。

②　**採算確保が困難な取引**（買いたたき）（同166件，11.4%）

　**例**　• 葬儀業者が消費者向け価格として設定した価格の75パーセントを納入価格とする契約で取引を始めたが，一方的に消費者向け価格として設定した価格の45パーセントにまで下げられてしまった。

当該葬儀業者に対する売上高は，当社の年間総売上高の半分以上を占めており，今後の取引を考えて仕方なく受け入れている。

③ **金銭・物品の提供の要請**（同110件，7.6%）

**例** ・ 葬儀業者が主催するイベントにおけるゲームの景品として，数万円分のフラワーアレンジメントの提供の要請がある。イベントにフラワーアレンジメントを提供しても直接当社の売上げにつながることはない。無償のため，当社にとって負担になるが，今後の取引を考えると要請に応じざるを得ない。

④ **返品**（1,107名中71件，6.4%）

**例** ・ 通夜・告別式の後の返礼用の海苔の一部を，自宅への弔問客用にということで，施主の自宅に届けることがある。それらの返品が遅い場合は，3か月以上も経ってから葬儀業者から返品されることがある。しかし，返品された返礼用の海苔は風味が落ち再び贈答用としては使用できず，処分するしかないが，葬儀業者は代金を負担してくれない。

⑤ **発注内容以外の作業等**（1,451名中71件，4.9%）

**例** ・ 当社が仕出料理を葬儀場に届けた際や食器を引き取りに行った際，当社に関係するゴミだけでなく，葬儀業者のゴミの処分までさせられる。この業界では，葬儀業者のゴミを仕出料理業者が処分することが半ば当たり前のようになってしまっている。疑問を持っているが他の仕出料理業者も同様のことを行っているため，取引継続のことを考えると当社のみがやらないということはできない。

第7章　その他の業務委託における問題

## *2*　取引を行う上での留意点（公取委指摘）

### (1)　葬儀業者

　　商品・サービスの購入・利用の要請及び金銭・物品の提供の要請については，これまでも独占禁止法違反として法的措置が採られた実績のある典型的な優越的地位の濫用行為であり，また，採算確保が困難な取引（買いたたき）については，最も重要な取引条件の一つである取引価格に関するもので，他の実態調査等においても納入業者からの指摘が多い行為類型である。

　　違反行為の未然防止の観点から，葬儀業者は，これらの行為類型を含め，違反行為を行うことのないよう留意する必要がある。

### (2)　納入業者

　　葬儀業者から優越的地位の濫用規制上又は下請法上問題となり得る行為を受けた場合，公取委に相談する，あるいは申告するといった対応をとることができるよう，優越的地位の濫用規制及び下請法に関する理解を深めることが重要である。

## *3*　公取委の対応（同調査における公取委コメント）

　　本調査の結果，葬儀に関する一部の取引において，葬儀業者による優越的地位の濫用規制上又は下請法上問題となり得る行為が行われている状況が認められた。公取委として，違反行為の未然防止及び取引の公正化の観点から，以下の対応を行うこととする。

(1)　葬儀業者の関係事業者団体に対して，本調査結果を示すとともに，葬儀業者が葬儀の取引に関する問題点の解消に向けた自主的な取組を行えるよう，改めて優越的地位の濫用規制及び下請法の内容を傘下会員に周知徹底するなど，業界における取引の公正化に向けた取組を要請する。

(2)　葬儀業者を対象とする講習会を実施し，本調査結果並びに優越的地位の濫用規制及び下請法の内容を説明する。

(3) 葬儀業者及び納入業者に対し，優越的地位の濫用規制及び下請法
への理解を深められるよう，公取委のホームページ，ツイッター，
フェイスブック等を通じ，各種講習会への参加，講習用動画の活用
等を広く呼びかけていく。

公取委は，今後とも，葬儀に関する取引実態を注視し，優越的地位の
濫用規制上又は下請法上問題となるおそれのある行為の把握に努めると
ともに，これらの法律に違反する行為に対しては，厳正に対処していく。

**Q89** ブライダル事業者の業務委託において，優越的地位の濫用
として問題となるおそれがある行為としてどのようなもの
があるか。

**A** 公取委の実態調査によれば，ブライダル事業者の納入業者に対する
優越的地位の濫用として問題にあり得る行為として，商品・サービス
の購入・利用の要請，金銭・物品の提供の要請，買いたたき，発注内
容の変更，やり直し，従業員等の派遣の要請，返品等があることが指
摘されている。

## 解　説

*1*　公取委は，優越的地位の濫用規制又は下請法上問題となり得る事例が見
受けられる取引分野としてブライダル事業について実態調査を実施した。

ブライダル事業に関する取引実態調査報告書は，平成29年3月22日に公
表されている。この調査では，ブライダル事業者255名，ブライダル事業

*205*

第7章　その他の業務委託における問題

者と取引のある納入業者1,157名が，原則として平成27年度における実態
について報告している。

(1)　**ブライダル業界の実態**

①　ブライダル市場の特徴として，披露宴等の小規模化とブライダル市場
の縮小がある。

②　ブライダル会場の形態として，専門式場が30.5パーセント，ホテルが
27.2パーセントであり，いずれも件数としては減少傾向であり，一方，
ゲストハウス，レストランによるものが増加傾向にある。

(2)　**納入業者調査**

ブライダル事業者の納入業者に対する優越的地位の濫用の規制上問題と
なり得るとみられる取引の状況として，次のようなものがあった。

①　**商品・サービスの購入・利用の要請**（1,157名中278名，24.0%）

例　・　ブライダル事業者からイベントのチケットを購入させられている。
チケットの購入に際しては，年間取引高に応じて，ブライダル事業
者から一方的に「お宅は○○万円買ってもらう」などと言われ，全
く異論を差し挟む余地はなかった。

②　**金銭・物品の提供の要請**（同194名，16.8%）

例　・　ブライダル事業者から，新聞広告の協賛金の提供を要請される。
当社にどのような形で利益になっているのかは分からないが，仕方
なく協賛金を提供している。

③　**採算確保が困難な取引**（買いたたき。同142名，12.3%）

例　・　飲料を納入する複数の事業者と取引しているブライダル事業者と
の取引の場合，納入価格は一番安く納入する事業者の金額に一律に
合わせられてしまう。それぞれの納入業者の取引数量やブライダル
事業者に納入するための物流費は異なるはずだが，そういったもの
は一切考慮されずに一番安く納入する事業者の金額での取引を要請
される。もう少し納入価格を引き上げてほしいが，値上げを言い出

*206*

せば，取引がなくなるのは目に見えているため，我慢するほかない。

④ 発注内容の変更（受領拒否を含む。同94件，8.1%）

**例** ・ 結婚式に派遣する人材は，キリスト教式においては牧師，人前式においては司会者というように式のスタイルによって異なるところ，ブライダル事業者から結婚式前日にキリスト教式ではなく人前式だったなどと連絡があり，一方的に牧師の派遣をキャンセルされることがある。前日のキャンセルなので，色々な準備をしており，費用が発生しているにもかかわらず，ブライダル事業者からは準備に要した費用等は支払われない。

⑤ やり直し（同77名，6.7%）
⑥ 従業員等の派遣の要請（同77名，6.7%）
⑦ 返品（840名中43名，5.1%）

**例** ・ 新郎新婦の名前等を入れたオリジナル商品を納入した場合，挙式・披露宴の出席者が予定よりも少なかったことを理由に返品されることがあるが，返品されても処分するしかなく，当社にとっては不利益しかないが，今後の取引への影響を考えると返品を拒否することはできない。

　以上の通りであり，ブライダル事業者の納入業者に対する優越的地位の濫用の規制上問題となり得るとみられる取引の件数は，1,157名中435名，37.6パーセントである。
　また，資本金区分から下請法の適用対象となり得るのは，435名中90名であった。

## *2* 取引を行う上での留意点（公取委指摘）

### (1) ブライダル事業者

　商品・サービスの購入・利用の要請及び金銭・物品の提供の要請につい

第7章　その他の業務委託における問題

ては，これまでも独占禁止法違反として法的措置が採られた実績のある典型的な優越的地位の濫用行為であり，また，採算確保が困難な取引（買いたたき）については，最も重要な取引条件の一つである取引価格に関するもので，他の実態調査等においても納入業者からの指摘が多い行為類型である。

　違反行為の未然防止の観点から，ブライダル事業者は，これらの行為類型を含め，違反行為を行うことのないよう留意する必要がある。

(2)　**納入業者**

　ブライダル事業者から優越的地位の濫用規制上又は下請法上問題となり得る行為を受けた場合，公取委に相談する，あるいは申告するといった対応をとることができるよう，優越的地位の濫用規制及び下請法に関する理解を深めることが重要である。

## *3*　公取委の対応（同調査における公取委コメント）

　本調査の結果，ブライダルに関する一部の取引において，ブライダル事業者による優越的地位の濫用規制上又は下請法上問題となり得る行為が行われている状況が認められた。公取委として，違反行為の未然防止及び取引の公正化の観点から，本調査結果を公表するとともに，以下の対応を行うこととする。

1(1)　ブライダル事業者の関係事業者団体に対して，本調査結果を示すとともに，ブライダル事業者がブライダルの取引に関する問題点の解消に向けた自主的な取組を行えるよう，改めて優越的地位の濫用規制及び下請法の内容を傘下会員に周知徹底するなど，業界における取引の公正化に向けた取組を要請する。

(2)　ブライダル事業者を対象とする講習会を実施し，本調査結果並びに優越的地位の濫用規制及び下請法の内容を説明する。

(3)　ブライダル事業者及び納入業者に対し，優越的地位の濫用規制及び下請法への理解を深められるよう，公正取引委員会のホームペー

ジ，ツイッター，フェイスブック等を通じ，各種講習会への参加，講習用動画の活用等を広く呼びかけていく。
2　公取委は，今後とも，ブライダルに関する取引実態を注視し，優越的地位の濫用規制上又は下請法上問題となるおそれのある行為の把握に努めるとともに，これらの法律に違反する行為に対しては，厳正に対処していく。

**Q90** 食品分野におけるプライベート・ブランドの業務委託において，優越的地位の濫用として問題となるおそれのある行為としてどのようなものがあるか。

公取委の実態調査によれば，食品小売業者のプライベート・ブランド商品の納入業者に対する優越的地位の濫用として問題となるおそれのある行為として，原価等の情報開示要請，著しく低い価格の要請，協賛金等の負担の要請，購入・利用の要請，従業員等の派遣の要請，対価の一方的決定，返品，受領拒否，減額等が指摘されている。

 **解　説**

## *1*　実態調査

　公取委は，近年スーパーマーケット等の小売業者等が，製造業者に対して，食品のプライベート・ブランド商品（PB商品）の製造委託を行うことが急速に拡大していることから，その実態を調査し，平成26年6月20日「食品分野におけるプライベート・ブランド商品の取引に関する実態調査報告書」としてまとめ，公表している（調査期間：平25・1・1～平25・12・31）。

第7章　その他の業務委託における問題

(1) 調査対象……小売業者（食品スーパー，総合スーパー，コンビニエンス
　　ストア等），ボランタリーチェーン等共同仕入機構，卸売業者（以下，「小
　　売業者等」という。）が，規格・意匠・型式等を指定して製造委託した
　　「食品」のうち，小売業者の表示のあるPB商品について，製造委託等を行
　　う小売業者等と製造を請け負ったPB商品の納入取引を行っている製造業
　　者等との取引。
(2) 調査対象事業者数（回答者数）……小売業者等　334名
　　　　　　　　　　　　　　　　　　　製造業者等　940名
(3) 調査対象件数……小売業者等と製造業者等との取引で，食品のPB商品
　　の取引高が多い取引先上位5社との取引について，製造業者等から回答の
　　あった1,835件の取引についてまとめている。

## *2*　PB商品の取引条件の設定等に係る優越的地位の濫用となり得る行為(I)

| | |
|---|---|
| 原価構成や製造工程に係る情報など，開示することにより価格交渉等において不利な立場に立つこととなる情報の開示を取引条件として設定するもの | 156取引，1,835件中8.5% |
| NB商品と同水準の原材料の使用を求めるにもかかわらず，取引価格についてはNB商品より著しく低い価格での取引を要請するもの | 90取引，同4.9% |
| 利益率が低い等により製造委託の要請を断ろうとしたところ，NB商品の取引の中止，取引数量の減少をちらつかせ，製造委託に応じるように要請するもの | 39取引，同2.1% |
| PB商品の取引を開始することを条件に，本来支払う必要のないリベート・協賛金等の負担を要請するもの | 20取引，同1.1% |
| その他（月1回特売をすることを取引条件とするもの，PB商品を製造するためにNB商品の製造を取り止めるよう要請するもの等） | 25取引，同1.4% |
| 問題となり得る行為を一つ以上受けたと回答のあった取引 | 198取引，同10.8% |

上記で問題となり得る行為を一つ以上受けたと回答した198取引について，

*210*

要請等を行った小売業者等を業態別にみると、総合スーパーが51取引（25.8%）、生協が49取引（24.7%）、卸売業者が27取引（13.6%）、コンビニエンスストアが21取引（10.6%）、食品スーパーが11取引（5.6%）等であった。

## *3* PB商品の取引条件の設定等に係る優越的地位の濫用となり得る行為(Ⅱ)

1,835取引のうち、小売業者等から、上記2以外の問題となり得る行為を一つ以上受けたと回答のあった取引は、162取引（8.8%）であり、その内容は下記の通りである。

```
協賛金等の負担の要請……67取引，1,835件中3.7%
購入・利用の要請…………42取引，　同　　2.3%
従業員等の派遣の要請……30取引，　同　　1.6%
対価の一方的決定…………16取引，　同　　0.9%
返　　品……………………12取引，　同　　0.7%
受領拒否……………………10取引，　同　　0.5%
減　　額…………………… 7取引，　同　　0.4%
その他　　　　　　　　　（略）
```

上記で問題となり得る行為を受けたと回答した162取引について、要請等を行った小売業者等を業態別にみると、総合スーパーが32取引（19.8%）、卸売業者が26取引（16.0%）、食品スーパーが24取引（14.8%）、生協が23取引（14.2%）、コンビニエンスストアが19取引（11.7%）等の結果であった。

## *4* 公取委の対応（同調査における公取委コメント）

今回の調査の結果、食品分野におけるPB商品の一部の取引において、独占禁止法又は下請法上問題となり得る行為が行われていることが明らかとなった。また、回答数は少ないものの、消費税転嫁対策特別措置法

第7章　その他の業務委託における問題

上問題となり得る行為が行われていることが明らかとなった。このため，
公正取引委員会は，違反行為の未然防止及び取引の公正化の観点から，
調査結果を公表するとともに，以下の対応を行うこととする。

1(1)　小売業者等を対象とする講習会を実施し，本調査結果並びに優越
　　　的地位の濫用に関するガイドライン及び下請法の内容を説明する。

　(2)　また，小売業者等の関係事業者団体に対して，本調査結果を報告
　　　するとともに，小売業者等が問題点の解消に向けた自主的な取組を
　　　行えるよう，改めて優越的地位の濫用に関するガイドライン等の内
　　　容を傘下会員に周知徹底するなど，業界における取引の公正化に向
　　　けた自主的な取組を要請する。

2　　公取委は，今後とも，食品分野におけるPB商品の取引実態を注視
　　し，独占禁止法，下請法及び消費税転嫁対策特別措置法上問題となる
　　おそれのある行為の把握に努めるとともに，これらの法律に違反する
　　行為に対しては，厳正に対処していく。

**Q91** 外食事業者による納入業者に対する業務委託において優越
的地位の濫用として問題となるおそれのある行為としてど
のようなものがあるか。

**A**　　公取委の実態調査によれば，外食事業者の納入業者との委託取引に
おいて，調査対象取引総数の10.7パーセントについて，優越的地位
の濫用につながり得る問題として，季節商品（おせち料理，クリスマス
ケーキ等）等の「購入・利用強制・返品」等の問題が指摘されている。

212

Q91

## 解　説

### *1*　公取委実態調査

　平成25年 5 月27日公取委「外食事業者と納入業者との取引に関する実態調査報告書」によれば，外食事業者の納入業者との委託取引において，以下の優越的地位の濫用等の問題が指摘されている。

> 調査対象……資本金5,000万円超の外食事業者に対し，継続的に商品・サービスを納入・提供している納入業者1,141名（回答のあった者）並びにそれらが外食事業者と取引している調査対象取引総数4,310件
> 調査期間……平成23年 7 月 1 日～平成24年 6 月30日
> 外食事業者として捉えられているもの
> 　・レストラン等の店舗で飲食される料理品等を提供する事業者
> 　・家庭や職場，屋外等に持ち帰るなどして飲食される料理等を提供する事業者

### *2*　調査結果

#### (1)　優越的地位の濫用につながり得る行為の状況

　調査対象取引総数4,310件のうち，10.7パーセントの取引において取引先外食事業者から優越的地位の濫用につながり得る次のような何らかの行為が行われていた。中でも，「購入・利用強制」が特に多かった。

> 購入・利用強制……………7.4パーセント
> 返　品…………………………1.7パーセント
> 協賛金等の負担の要請……1.3パーセント
> 支払遅延……………………1.2パーセント
> （以下，省略）

#### (2)　調査対象納入業者1,141名のうち，21,4パーセントが取引先外食事業者から優越的地位の濫用につながり得る何らかの行為を受けていた。

213

第7章　その他の業務委託における問題

## (3)　事　例

### ①　購入・利用強制

(ア)　取引先外食事業者から購入や利用を要請される商品等としては，季節商品（おせち料理，クリスマスケーキ等）の購入を要請されたとの回答が特に多かった。

**例**　・　居酒屋チェーン店を運営する外食事業者から，年末になるとおせち料理の購入をお願いする内容の文書が送付され，その後に当該外食事業者から「おせち料理の売上の数字が伸びないので，なんとか買ってくれないか」等と電話で購入を要請される。当該外食事業者については，取引先外食事業者の中でも取引額が多く，今後も取引を伸ばして行きたいと考えている取引先であることから，要請に応えて購入している。

　　・　持ち帰りすしのチェーン店を運営する外食事業者から，おせち料理の購入を毎年要請される。10月から11月頃におせち料理のパンフレットが届き，「昨年は○○個でしたが，今年は何個にいたしますか」などと電話で購入を要請される。その外食事業者は納入業者が何個購入しているかを記録しているようなので，購入を要請されると，絶対買わなければならないと思っている。

(イ)　商品等の購入・利用要請の方法としては，「そば・うどん店」を除く全ての業種において，取引先外食事業者の仕入担当者（仕入取引に影響を及ぼし得る上司等を含む。）から購入・利用を要請されたとの回答が最も多かった。

**例**　・　持ち帰り弁当チェーン店を運営する外食事業者の仕入担当者から，同社の総務部長名による購入要請文書におせち料理のカタログを添付し，本年も購入してもらいたい旨の内容が書かれた電子メールが当社の営業担当者に送付されてくる。その外食事業者との年間取引額は数億円で，大切な取引先であるため，購入に応じている。

　　・　レストランチェーン店を運営する外食事業者から，毎年，おせち

214

料理の購入を要請される。以前は社長名による文書で購入を要請されていたが，そのような行為は問題となると思ったのか，現在は仕入部門の担当者から口頭で要請される。要請に際しては「購入を断るのであれば取引を見直す」といったような言い方をされるため，仕方なくおせち料理セット10個程度（1個25,000円程度）購入している。

㈞ 取引先納入業者に対する優越的地位の濫用につながり得る購入・利用要請に該当する取引は，全ての業種の外食事業者が行っていた。また，チェーン店を運営している外食事業者で，その業種が「食堂，レストラン」，「酒場，ビヤホール」及び「すし店」に該当する者が，取引先納入業者に対し当該購入・利用要請を多く行っていた。

> **例** ・ 居酒屋チェーン店を運営する外食事業者から，当該外食事業者の店舗で利用できる食事券（一般消費者向けでなく納入業者向けに発券する食事券）の購入を要請されることがある。この要請は，宛名を「お取引先各位」，発信人を事業部長名とする文書で行われる。当社としては，取引の継続のことを考えると断ることができないため，購入に応じている。

② その他の行為

㈠ 取引先外食事業者の「協賛金等の負担要請」として，当該外食事業者の店舗の新規オープン，改装オープン又は料理フェア開催時等の際に，事前負担額，算出根拠，目的等が明確にされていないものが要請される割合が高かった。

> **例** ・ ファミリーレストランのチェーン店を運営する外食事業者から，店舗の新規オープンに際して，金額を示して，金銭の提供を要請されることがある。当社としては，その金額は合理的と考えられる範囲を超えるものであると認識しているが，当該外食事業者と取引を継続したいので，10万円までの範囲内で金銭の提供をすることが

第7章　その他の業務委託における問題

ある。

- 回転すしチェーン店を運営する外食事業者から，店舗を新規オープンする際，「オープン初日は接客の人手が足りなくなりそうなので，手伝ってくれないか」と従業員の派遣要請があった。当社は，オープン初日限りということで従業員を派遣したが，翌日もなんとかならないかと言われ，結局オープン後1週間接客の手伝いを行った。その外食事業者は無償派遣するのは当たり前という感じで要請してくるので，派遣に要した費用の支払いを請求することはできなかった。

(イ) 外食事業者が，優越的地位の濫用につながり得る行為によって，自己の事業上のリスクに伴う負担を取引先納入業者に転嫁している可能性がある。例えば，商品の「受領拒否」が行われる最大の要因は，外食事業者が，その商品を使用した料理品等の売行き不振や販売の中止により，その商品が不要になったことを理由とするものである。

　　また，「返品」や「減額」の理由としては，季節メニュー販売期間の経過により不要となった商品の返品，業績悪化，予算不足等取引先外食事業者の一方的な都合による減額との回答割合が高かった。

**例** ・ 居酒屋チェーン店を運営する外食事業者から，例えば，季節メニューが当初の予想よりも売行きが伸びず，商品が余った場合，「売ることができないので，引き取ってもらえないか。」と要請を受けることがある。当社としては，返品を受けたくはないが，今後の取引のことを考えて返品の要請に応えている。また，季節メニューに使用される商品は取引先から仕様を指定されて製造加工を行ったPB商品であることが多いため，他の取引に転用することはできない。

216

## *3* 公取委の対応（同調査における公取委コメント）

1　今回の調査の結果，外食事業者と納入業者との取引において優越的地位の濫用につながり得る行為が行われていることが明らかになった。外食事業者の中でもチェーン店を運営している外食事業者で，その業種が「食堂，レストラン」，「酒場，ビヤホール」及び「すし店」に該当する者が，取引先納入業者に対し，優越的地位の濫用につながり得る「購入・利用強制」を広く行っていたと考えられる。

　　このため，公取委は，違反行為の未然防止の観点から，調査結果を公表することにより，外食事業者に自己の取引先納入業者との取引実態について点検を促すとともに，関係事業者団体等に対し，次の対応を行うこととする。

(1)　外食事業者を対象とする業種別講習会を実施し，外食事業者と納入業者との取引の公正化を推進し，違反行為の未然防止に努める。特に，優越的地位の濫用につながり得る行為が行われている取引が多くみられる業種に該当する外食事業者に対しては，当該講習会への積極的な参加を促す。

(2)　外食事業者の団体に対して，本調査結果を報告し，優越的地位の濫用に関するガイドラインの内容について説明するとともに，本調査結果及び優越的地位の濫用に関するガイドラインの内容を傘下会員に周知徹底するなど，業界における取引の公正化に向けた自主的な取組を要請する。

2　公取委は，今後とも，優越的地位の濫用の問題に直面している納入業者からの問題となるおそれのある行為を行っている外食事業者に関する情報の提供も幅広く受け付けていく。また，引き続き外食事業者と納入業者との取引実態を注視し，独占禁止法に違反する疑いのある行為が認められる場合には，厳正に対処する。

第7章　その他の業務委託における問題

> **92** テレビ局等のテレビ番組制作会社に対する優越的地位の濫用行為として，問題があるおそれのある行為としてどのようなものがあるか。

A　公取委が，テレビ局等とテレビ番組制作会社との間のテレビ番組制作委託に関する実態調査をした結果，テレビ番組制作会社のテレビ局等への取引依存度が大きいことが明らかになり，テレビ局等のテレビ番組制作会社に対する優越的地位の濫用規制上問題となり得る行為として，採算確保が困難な取引（買いたたき），著作権の無償譲渡，やり直し，二次利用に伴う収益の不配分等，発注内容以外の作業等，代金の減額，商品・サービスの購入・利用要請，発注内容の変更等の行為があることが明らかとなった。

　解　説

　公取委は，テレビ局等とテレビ番組制作会社との間のテレビ番組制作委託に関する実態調査をし，平成27年7月29日「テレビ番組制作の取引に関する実態調査報告書」を公表している。
　テレビ番組の制作は，テレビ局がその資本関係等がある局系列テレビ番組制作会社に制作を委託し，局系列テレビ番組制作会社がテレビ番組制作会社に再委託している場合がある（テレビ局及び局系列テレビ番組制作会社を合わせて，以下「テレビ局等」という。）。調査対象は，テレビ局379社，局系列テレビ番組制作会社75社，テレビ番組制作会社280社である（うち，テレビ局等とテレビ番組の制作取引を行っているテレビ番組制作会社は109社。調査対象期間：平26・1・1～平26・12・31）。

## *1* テレビ局の概要

　テレビ局は，次の通りに分類される。

218

① 地上波により放送しているもの（地上系放送事業者）～日本放送協会及び地上系
民間放送事業者（平成25年度の事業者数127社）

② 人工衛星により放送しているもの（衛星放送事業者）～（同72社）

③ ケーブルの有線放送をしているもの（平成25年度のケーブルテレビ事業者）～
（同792社）

## *2* テレビ局等とテレビ番組制作会社との間の主な取引形態

① 完全パッケージ（完パケ）

テレビ番組制作会社がテレビ局等からテレビ番組の全部の制作につい
て委託を受け、テレビ番組を放送できる状態で納入する取引。

② 一部完パケ

テレビ番組制作会社がテレビ局等からテレビ番組のコーナーなどテレ
ビ番組の一部の制作について委託を受け、テレビ番組のコーナーなどを
放送できる状態で納入する取引。

③ 制作協力

テレビ番組制作会社がテレビ局等が制作するテレビ番組に関する演出
業務等、一部の業務の委託を受けて当該業務を行う取引。

④ 人材派遣

テレビ番組制作会社がテレビ局等に対し人材を派遣し、テレビ局等の
指揮命令下で業務を行う取引。

⑤ テレビ番組の二次利用

テレビ番組は再利用（二次利用）される場合がある。二次利用の形態は、
再放送への利用、ビデオ化（DVD，ブルーレイディスク，CD-ROM等を含む。）、
番組素材やフォーマット等のコンテンツの利用、インターネットによる
配信、他のテレビ局への番組販売、海外への番組販売等がある。

## *3* テレビ局等とテレビ番組制作会社との関係

① テレビ局等とテレビ番組制作会社との関係は、多くは下請法の適用対

第7章　その他の業務委託における問題

象となり得る事業者であった。

②　取引先テレビ局等の数が３社以下のテレビ番組制作会社は，42.1パーセントに上り，また，取引先テレビ局等の数が１社のテレビ番組制作会社は，15.9パーセントであった。

③　最も年間取引高の多い取引先テレビ局等に対する取引依存度が30パーセントを超えるテレビ番組制作会社は45.4パーセントに上り，また，同取引依存度が50パーセントを超えるテレビ番組制作会社は27.8パーセントであり，テレビ番組制作会社のテレビ局等への取引依存度が高いことが明らかとなった。

④　テレビ番組制作会社の主要な取引先テレビ局等との主な取引形態は，完パケが71.7パーセント，制作協力が16.5パーセント，人材派遣が7.7パーセント，一部完パケが4.2パーセントであった。

## *4*　優越的地位の濫用規制上問題となり得る行為をテレビ局等から受けたテレビ番組制作会社の状況

(ア)　採算確保が困難な取引（買いたたき。109社中22社，20.2％）

(イ)　著作権の無償譲渡（同14社，12.8％）

　（注）　テレビ番組制作会社が，(ア)・(イ)を受け入れた理由は，いずれも，「要請を断った場合に，今後の取引に影響があると自社で判断したため」又は「テレビ局等から今後の取引への影響を示唆されたため」としている。

(ウ)　やり直し（同13社，11.9％）

(エ)　二次利用に伴う収益の不配分等（同11社，10.1％）

(オ)　発注内容以外の作業等（同９社，8.3％）

(カ)　代金の減額（同８社，7.3％）

(キ)　商品・サービスの購入・利用要請（同８社，7.3％）

(ク)　発注内容の変更（同７社，6.4％）

(ケ)　その他

主要な取引先テレビ局等から，優越的地位の濫用規制上問題となり得る行為を一つでも受けたと回答したテレビ番組制作会社の数は43社，39.4パーセ

ントであった。

　この43社に対して優越的地位の濫用規制上問題となり得る行為を行った取引先テレビ局等の延べ数は97社であり，当該テレビ局等の業態別は，地上系放送事業者86社，衛星放送事業者９社，ケーブルテレビ事業者２社であった。

## *5* 公取委の対応（同調査における公取委のコメント）

　本調査の結果，テレビ番組制作に関する一部の取引において，テレビ局等による優越的地位の濫用規制上問題となり得る行為が行われていることが明らかとなった。公取委としては，テレビ局等によりテレビ番組制作会社に対する優越的地位の濫用規制上問題となるような行為が行われることがないよう注視していく必要がある（テレビ局等は，「役務の委託取引ガイドライン」を参考にする等の注意喚起をした後）。

　公取委は，違反行為の未然防止及び取引の公正化の観点から，本調査結果を公表するとともに，以下の対応を行うこととする。

1 (1)　テレビ局等を対象とする講習会を実施し，本調査結果並びに役務取引ガイドラインにおける著作権の取扱いに関する考え方も含め優越的地位の濫用規制及び下請法の内容を説明する。

　(2)　テレビ局等の関係事業者団体に対して，本調査結果を示すとともに，テレビ局等がテレビ番組制作に関する取引の問題点の解消に向けた自主的な取組を行えるよう，改めて優越的地位の濫用規制及び下請法の内容を傘下会員に周知徹底するなど，業界における取引の公正化に向けた自主的な取組を要請する。

2　公取委は，今後とも，テレビ番組制作に関する取引実態を注視し，優越的地位の濫用規制上又は下請法上問題となるおそれのある行為の把握に努めるとともに，これらの法律に違反する行為に対しては，厳正に対処していく。

# 第8章 フリーランスの問題

**Q93** なぜ委託者がフリーランスと業務委託契約をする場合に問題が多いのか。また、独占禁止法上どのような点が問題となるか。

**A** フリーランス(注1)は、会社や団体に属さず、個人として働く事業者であるが故に、委託者による優越的地位の濫用、その他の不公正な取引方法等が行われやすく、フリーランスの正当な報酬が確保されない等の問題がある。公取委「人材と競争政策に関する検討会」は、シェアリングエコノミー(注2)等の社会的変化に対応して、これらの者の労働環境を確保し、フリーランスの利益を確保するとともに、人材の適材適所を図る必要があるとの報告書を提出している。

(注1) フリーランスには、個人労働者、個人の役務提供者のほか、ジャーナリスト、プロのスポーツ選手、俳優、歌手等が含まれる。
(注2) シェアリングエコノミーとは、物・サービス・場所などを多くの人と共有・交換して利用する社会的な仕組みをいう（デジタル大辞泉）。

## 解説

### 1 社会的環境の変化と個人労働者の労働環境確保の必要性

わが国の社会的環境の変化としては、①個人の働き方の多様化の進展、②少子高齢化が進むことによる人手不足の深刻化の懸念、③シェアリングエコノミーに関する市場が拡大するとの予想がある。

このような中にあって、個人として働く労働者（フリーランス）と契約をす

第8章　フリーランスの問題

る者（発注者）との契約において，契約書が取り交わされないことが多いために，フリーランスの働く範囲が十分に特定されていない，契約期間があいまいである，報酬・対価が低く抑えられる等の傾向がある。

そこで，公取委における「人材と競争政策に関する検討会」は，フリーランスの労働の実態を調査し，問題点を分析して平成30年2月15日「人材と競争政策に関する検討会報告書」（以下，「報告書」という。）を提出した。その中で，①発注者と役務提供者の間で業務委託契約書の締結がされていない場合が多く，報酬額，契約期間等の労働条件が不明確である，②発注者と役務提供者の間で業務委託契約書の締結がされていても，契約で定められている発注量が増加されたり，やり直しが発生しても，報酬額は据え置かれている，③発注者が予算前提で発注するため，報酬・対価についての協議が行われない等の問題が明らかにされている。

なお，この問題に関する公取委の正式な見解は公表されていない。

## *2*　フリーランスの問題に対する独占禁止法の適用

フリーランスに関しては，発注者と受託者との間に上記のような問題があるため，労働法，消費者保護法，独占禁止法等で対処する必要があるが，独占禁止法上の問題としては，①発注者による受注者に対する優越的地位の濫用，拘束条件付取引その他の不公正な取引方法の問題，②複数の発注者による受注者の自由な移動を制限する取決め等の問題がある。

そこで，報告書において，公取委としては，今後，独占禁止法を適用することにより上記のような問題をできる限り解消させることとし，フリーランスの正当な報酬が実現すること，社会全体における適材適所の配置に努めること等を指摘した。このことによって，経済活動が活発化し，商品・サービスの水準の向上を通じた消費者の利益の確保が図れるとしている。

報告書は，最後に，「今後，関係事業者や団体が自主的に人材市場における独占禁止法上問題となり得る行為の点検を行い違反行為の未然防止に取り組み，公正かつ自由な人材獲得競争が促進されることが重要である。」，「この報告書は人材をめぐる社会問題の全体的解決に必要な第一ステップ。独占

禁止法だけでなく，労働法，消費者保護法等の諸規制により対応すべき問題もあり，今後関係各省庁や業界において積極的取組が必要。」としている。

**Q94** 発注者のフリーランスに対する優越的地位の濫用行為として具体的にどのような問題があるか。

**A** フリーランスに対する書面及びヒアリング調査によれば，業務委託事業者との取引において，優越的地位の濫用行為として，代金の支払遅延・減額，成果物の受領拒否，著しく低い対価での取引要請，成果物に係る権利の一方的取扱い，役務提供者の利益の譲渡の義務付け等の行為が見られ，また，専属義務や競業避止義務が課されるといったことが指摘されている。

 解　説

## 1　報告書が指摘する独占禁止法上の主要な問題点

発注者のフリーランスに対する優越的地位の濫用行為として，例えば，次のようなものがある（報告書の記載に筆者が部分的に加筆）。

① 　代金の支払遅延 —— 事実上の支払拒否も含まれる。
② 　代金の減額 —— あらかじめ契約金額が定められていたにもかかわらず，発注者において予想以上の経費が掛かった等の一方的な都合で，役務提供者の報酬額が減額された。
③ 　成果物の受領拒否 —— 同一の業務を同時に複数の役務提供者に発注し，質の高い成果物を納品した者と取引し，他の役務提供者が納品した成果物については受領を拒否した。
④ 　著しく低い対価での取引要請 —— 発注者側の一方的な都合で役務提供者

225

第8章　フリーランスの問題

との間で取引単価についてあらかじめ取り決めず，取引開始後に著しく低い
　　対価で発注単価が決められた。
⑤　成果物に係る権利の一方的取扱い──役務提供者が開発した改良技術に
　　ついて，その権利を発注者に帰属させ，又は独占的なライセンスをさせる。
⑥　役務提供者の利益の譲渡の義務付け──発注者との取引とは別の取引に
　　より役務提供者が得ている収益の譲渡を義務付ける。

## *2*　優越的地位の考え方

　優越的地位にあるか否かについては，当該発注者との取引の継続が困難と
なることが事業経営上大きな支障を来すため，発注者がフリーランスにとっ
て著しく不利益な要請を行っても，これを受け入れざるを得ないような場合
である。具体的には，①役務提供者の発注者に対する取引依存度，②発注者
の市場における地位，③役務提供者にとっての取引先変更の可能性，④その
他発注者と取引することの必要性を示す具体的事実を総合的に考慮して判断
される（「優越的地位の濫用に関する独占禁止法の考え方」（平22・11・30公取委，改正
平29・6・16の第2））。

　一般的には，発注者が会社であり，フリーランスが個人である場合には，
発注者がフリーランスに対して優越的地位になると考えて良いと思われる。

　そうした発注者がフリーランスに対して正常な商慣習に照らして不当に不
利益な行為（前記1に掲げる行為）を行う場合は，優越的地位の濫用に該当す
ることになる。

## *3*　その他の問題点

　報告書が指摘する主要な問題点以外にも，次のような点が指摘されている。

### ⑴　専属義務

　専属義務は，発注者が当該フリーランスに対して，自己と委託取引をし
ている期間中は，他の発注者との取引を禁止するものであり（競業避止義務），
業務量との関係で合理性が認められる場合がある。それは，専属義務によ

り当該発注者との取引に専念させ，当該業務の推進を図る必要がある場合があるからである。

しかし，以上のような合理的理由が認められない場合は，当該義務は，優越的地位の濫用又は排他条件付取引の問題を生ずるおそれがある。

(2) 秘密保持義務・競業避止義務

発注者が当該フリーランスに対して，秘密保持義務及び競業避止義務を課す場合がある。これらの義務も合理性のあるものであれば問題となることはない。

秘密保持義務は，発注者及び役務提供者が相互にノウハウ等の営業秘密（プライバシーに関するものを含む。）を保持する場合があるので，この義務は，契約期間中のみならず契約終了後においても必要である。

競業避止義務は，専属義務と同様に，契約期間中の場合は当該発注者との業務量との関係で合理性が認められる場合がある。しかし，契約終了後においても課される場合は（例えば，契約終了後3年間は同様の業務に従事することを禁止する。），秘密保持義務を担保するために必要であると主張されることがあるが，秘密保持義務は他の手段により担保することができるものであるから競業避止義務を課してまで担保する必要はない。競業避止義務自体は，役務提供者の労働する権利を侵害するものであるから原則的に問題があると考えるべきものであろう。

以上の点については，Q99ほかにおいて詳しく述べる。

## 委任契約と請負契約

フリーランスなどが注文者等から仕事を頼まれることがあるが，この場合，注文者との契約が委任契約なのか請負契約なのかをハッキリさせなければならない場合がある。それによって，法的な規制が異なるからだ。

**委任**とは，当事者の一方が法律行為その他の事務の処理を相手方に委託し，相手方がこれを承諾することによって成立する契約のことを指す。委託する

第8章 フリーランスの問題

者を委任者（又は委託者）といい，委託される者を受任者（又は受託者）という（民634条）。

受任者は，委任事務を善良な管理者の注意をもって処理しなければならない義務を負う（善管注意義務）（民644条）。また，受任者には，委任者への報告義務（民645条），金銭の消費についての報告義務（民647条）等がある。報酬はそれを受ける契約がなければ受けることができず，また，報酬は委任事務を終了した後でなければ請求できないのが原則である（民648条）。受任者は，委任事務を処理するために必要な費用を支出したときはその費用を利息をつけて請求することができる（民650条）。

委任契約の解除は，両当事者がいつでもできるが，一方当事者が相手方に不利な時期に委任契約を解除したときは，相手方に損害賠償しなければならない（民651条）。

なお，相手方に法律行為でない事務（単なる事実行為を行うこと）の委任をすることを**準委任**といい，委任に関する規定が全て準用される（民656条）。

**請負**とは，当事者の一方がある仕事を完成すること（例えば，建物を建てたり，プログラムを作成する）を約束し，相手方がその仕事の結果に対して報酬を支払うことによって成立する契約である（民632条）。仕事を完成することを約束する者を請負人といい，仕事を注文する者を注文者という。報酬は，原則として，仕事の目的物を引き渡したときに支払われる（民633条）。

請負人は必ずしも自らが仕事を行う必要はなく，仕事を第三者である下請人に請け負わせることができる。

仕事の目的物に瑕疵があるときは，注文者は請負人に対し，相当の期間を定めてその瑕疵の修繕を請求することができる。あるいは，瑕疵の修繕に代えて，又は修繕とともに，損害賠償を請求することができる（民634条）。

注文者は，請負人が仕事を完成しない間は，いつでも損害を賠償して請負契約を解除することができる（民641条）。また，注文者は，仕事の目的物に瑕疵があるために契約の目的を達成することができないときは，請負契約の解除をすることができる。ただし，請負契約の目的物が建物である場合は請負契約の解除をすることができない（635条）。

委任契約及び請負契約をする場合の注意点としては，フリーランスなどは仕事の内容や契約条件を十分に検討するとともに明確にする必要がある。例えば，インターネットを通じて，自分の都合の良い時間に好きな場所で仕事ができるとして契約を求めてくる「クラウドソーシング」の場合は，特に注

228

意する必要がある。

　留意すべき点としては，①仕事の内容や範囲が明確になっているか，②報酬や対価が間違いなく支払われるか，③法律に違反するような内容の取引ではないか等である。①については，報酬や対価を含めて契約書を作成することが肝要である。仕事の内容や範囲が書面により明確になっていない場合は，やり直しを求められたり，値引き要求をされたりするおそれがあるからである。また，取引条件によっては，相手方が特に有利であり，優越的地位の濫用に該当すると思われる場合は，改善を求めたり，当局に問題を提起することも考えられる。②については，仕事を終了したり成果物を納入したが相手方が報酬や対価を支払わないというようなことがないようにしなければならない。そのためには，相手方から資料の提供を求めたり，PC等の情報で調査する必要があり，また，相手方が仲介業者であったり，下請業者であったりする場合は，委託者や元請業者を確認する等のことが必要である。③の疑いが少しでもあるような場合には，専門家に相談したり，契約を控えたり，契約している場合には契約の解除をしたりすることが必要となる。

## 95 複数の発注者の共同行為としてどのような行為が問題となるか。

**A** 複数の発注者が共同行為として，また事業者団体の決定として，類型的な業務における報酬額や対価自体を定めたり，それらの算定の基礎となる工程料金や人件費の額を決めたりすることは，報酬額ないし対価についての協定として問題となる。また，発注者間において発注者が競争的にフリーランスの獲得競争をしないようにするため，あるいはフリーランスの引き抜きを防止するため，フリーランスを発注者ごとに割り当て，あるいは一定地域に所在するフリーランスのみと取

*229*

> 引するような取決め（地域協定）をすることは，独占禁止法上の問題となる。このような協定を複数の事業者が行う場合は，独占禁止法3条，事業者団体が行う場合は独占禁止法8条1号又は4号違反となる。

 **解　説**

## *1* 報酬額又は対価の決定

　複数の事業者が共同行為により，又は事業者団体が，委託料金について決定（協定）することは，「一定の取引分野における競争を実質的に制限する」（市場における競争制限）こととなり，独占禁止法3条又は8条1号に違反する。協定の方法としては，報酬額又は対価そのものを決定する場合（標準的なものを決定する場合も含まれる。）や共通の対価決定方式，対価算定の基礎となる工程料金や人件費の決定も問題となる。また，事業者団体がその構成事業者（会員）の料金を決定することは，「一定の取引分野における競争を実質的に制限」に至らない場合でも，構成事業者の機能又は活動を制限するものとして8条4号に違反となる。

　報酬額又は対価の決定は，事業者の重要な競争手段の自主的決定を妨げるものであるから，原則的に違反とされる。最高料金や料金の目安となるものの決定も同様である。

　一方，複数の事業者又は事業者団体が，次のような行為を行う場合は，独占禁止法上問題となることはない（「事業者団体の活動に関する独占禁止法上の指針」（平7・10・30公取委，最終改正：平22・1・1。「事業者団体ガイドライン」第2-9「情報活動」参照）。(注)

　　（注）　事業者団体ガイドラインは，直接的には「事業者団体」の活動に関するものであるが，複数の事業者の活動の場合についても参考にすることができる。

> ①　取引先事業者や他の発注者，団体の構成事業者に対し，過去の報酬に関する情報を提供するため，発注者から報酬に係る過去の事実に関する概括的な情報を任意に収集して，客観的に統計処理し，報酬の高低の分布や動向を正しく示し，かつ，個々の発注者の報酬を明示することなく，概括的

にフリーランスを含めて提供すること。
② 市場における対価の比較が困難な商品又は役務について，費用項目，作業難易度，品質等の価格に関連する事項についての公正かつ客観的な比較に資する資料又は技術的資料を，需要者を含めて提供すること。
③ 原価計算や積算について，標準的な費用項目等を掲げた一般的な方法を作成し，これに基づいて原価計算や積算の方法に関する一般的な指導等を行うこと。

## *2* 取引先の決定

　複数の事業者が共同行為により，又は事業者団体が，事業者の取引先フリーランスについて個別に定めて固定化する，又は地域ごとに固定化する（フリーランスの地域移動による契約を制限する。）ことは，報酬額又は対価の決定の場合と同様に，「一定の取引分野における競争を実質的に制限する」場合は3条又は8条1号に違反し，事業者団体が構成事業者の機能又は活動を制限する場合は8条4号に違反する。

　取引先の協定がなされる場合は，発注者がその取引先フリーランスを自由に選択することができなくなる一方，フリーランスにとっても，その取引先発注者を自由に選択することができなくなる。

　プロスポーツの分野では，スポーツ選手の年俸の高騰を抑えるため，その所属する団体の承諾が得られない場合は，当該スポーツ選手は他の団体へ移籍することができないシステムになっているところがあると言われ，これは独占禁止法上問題となる可能性がある。

### 参考事例

□ 協定参加者以外の映画製作者が協定参加映画製作者らと雇用・出演契約をした俳優を出演させて製作した映画を協定参加映画製作者の系統上映館に配給しないとの協定が違反とされた事例 ── 松竹株式会社外5名事件（昭38・3・20不問決定，昭和37年度年次報告124頁）

　松竹，東宝，大映，東映，新東宝及び日活（6社）は，いずれも映画の製作・配給・興業を営む者であるところ，6社のうち日活を除く5社は，昭和28

第8章　フリーランスの問題

年9月，5社以外の映画製作者が，5社と雇用又は出演契約をした芸術家又は技術家（俳優）を出演させて製作した映画を，5社の系統上映館に配給しない旨の条項を含む協定を行い，昭和32年7月18日，日活がこの協定に参加した。

　この協定に基づき，6社は，独立映画製作者が東映と雇用契約をしていた俳優を出演させて製作した映画を，昭和32年7月下旬，6社の系統上映館に配給することを拒否した。

　このように，6社は，それぞれ，6社以外の映画製作者が6社と契約している俳優を出演させて製作した映画を，不当に6社の系統上映館に配給しないこととしているものであって，独占禁止法19条（不公正な取引方法1・不当な取引拒絶）に違反する疑いがあった。

　しかしながら，新東宝がこの協定から脱退したのを機として，5社は，昭和38年2月11日，前記協定中違反の疑いのある条項を削除し，その後このような行為を繰り返しておらず，違反被疑行為は消滅したものと認められたものとして，公取委は本件を不問とした。

（注）　本件は，わが国で有力な映画製作者6社が協定により，6社と雇用・出演契約をしている俳優が6社以外の映画製作者に出演した映画を上映からボイコットしたものであり，この場合の俳優に対して，事実上の排他条件が課せられたものと考えることができる。

232

# 第9章 不正競争防止法関係

 業務委託先が当社と類似する商標やロゴマークを無断で使用することは問題となるか。

**A** 他人が同一又は類似の商標やロゴマークを無断で使用することは，商標法，不正競争防止法又は著作権法に違反する疑いがある。

## 解説

### *1* 設問に対する回答
(1) **商標法に基づく措置**

　他人が自社と同一又は類似の商標やロゴマークを無断で使用することは，業務委託関係の有無に関係なく，商標法，不正競争防止法又は著作権法に違反する疑いがある。

　商標やロゴマークは，それらを保持する者の出所識別機能及び品質保証機能を有し，事業経営者にとり極めて重要なものであり，これらを商標法に基づき，特許庁へ商標登録することができる。登録商標は商標権者が独占的・排他的に使用することができ，商標権者以外の者が使用するためには，商標権者の実施許諾が必要である。

　したがって，他人が無断で登録商標された商標と同一又は類似のものを使用することはできない。商標の類似性の判断は，称呼（呼び名），外観（見た目）及び観念（意味するところ）において類似しているか否かにより行われる。仮に商標やロゴマークが商標登録されているものであれば，商標権者は，商標法に基づき，差止め（商標36条），損害賠償（商標38条），信用

233

第9章　不正競争防止法関係

回復措置の請求（商標39条）をすることができる。ただし，それらが商標登録されていなければ，商標法上の権利を行使することはできない。

### (2)　不正競争防止法に基づく措置

　不正競争防止法2条1項1号は，他人の商品等表示（人の業務に係る氏名，商号，商標，標章，商品の容器・包装等）として需要者の間に広く認識されているものと同一又は類似のものを使用することを不正競争として禁止している。ただし，同法上の保護の対象とされるためには，「需要者の間に広く認識されている」こと（周知性）が要件である。この周知性の要件は，自己の営業地域において広く認識されているだけでは足りず，相手方の営業地域においても広く認識されていることが必要と解されている。もっとも，商品・役務の種類により，特定の需要者層の間において広く認識されているような場合であってもこの要件を充足すると認定される場合がある。

　不正競争防止法に違反する商品等表示に対しては，差止め（不正競争3条），損害賠償請求（不正競争4条）の対象となる。

### (3)　著作権法に基づく措置

　不正競争防止法上の保護の対象とならない場合でも，著作権法上の保護の対象となる場合がある。特にロゴマーク等のデザインは，商品又は役務の出所の同一性を識別するシンボルを創作的に表現したものであり，その表現には創作性が認められ，美術の範囲に属するものに当たるので，著作権法2条1項1号の著作物に該当する場合がある。そのロゴマーク等をどのような形で使用しているか，あるいは使用する予定であるかに係わりなく，著作物であることには変わりがなく，著作権法上の保護の対象となり得る。

　したがって，業務委託取引において，取引の相手方がロゴマーク等を無断で使用することは，これをデザインした者の複製権（著作21条）の侵害に当たる。よって，その作成者は，相手方に対し，差止め（著作112条），損害賠償請求権（著作114条）を有する。

## *2* 商標権について

(1) 商標には，①「出所識別機能」(同一の製造業者・販売業者の物であることを示す。)，②「品質保証機能」(商品・役務について同一の品質を有するものであることを示す。)，③「宣伝広告機能」(商標を使用すること自体で商品・役務の宣伝広告機能を果たす。) を有する。

(2) 商標は，政令で定められる45分類の区分に従い「指定商品」又は「指定役務」を明示して特許庁への登録申請をし，登録査定により商標権が発生し，独占的に使用することができるようになる。

　従来，商標は，文字，図形，記号，立体的形状について登録することができるものであったが，平成26年商標法改正により，色彩のみからなる商標，音商標，位置商標 (例えば，IBMはPCのキーボードについて「キーボード中央の赤いボタンの位置」をアメリカで商標登録している。)，動き商標についても商標権が生ずることとなった。

## *3* 商標法と不正競争防止法との関係

　商標は，商標権として権利が発生するためには登録が要件であり，登録された商標と同一又は類似の商標の使用に対して，差止請求及び損害賠償請求ができる。一方，不正競争防止法の場合は，周知となった他人の商品等表示 (氏名，商号，商標，標章，商品の容器，包装，その他の商品又は営業を表示するもの。不正競争2条1項1号) と同一又は類似の商品等表示の使用等によって混同を生じさせる不正競争がある場合は，差止請求及び損害賠償請求ができる。商品等表示は，登録は要件ではない。また，商標は非権利者が「指定商品」・「指定役務」において使用等することが侵害となるが，不正競争防止法ではこのような要件はない。

　商標権の権利が及ぶ範囲について地域的制限はないが，不正競争防止法では周知性を獲得した範囲内での行為という地域的制限がある。

　不正競争防止法では，他人の「著名な商品等表示」と同一又は類似のものを使用等することも禁止されている (不正競争2条1項2号。下記の参考事例参照)。

第9章　不正競争防止法関係

**参考事例**

☐　スナックシャネルの表示は世界的に有名な高級服飾のシャネルグループの企業と緊密な営業上の関係があると誤信されるため不正競争防止法上問題となるとされた事例（最一小判平10・9・10裁判集民189号857頁，判タ986号181頁）

　　X（原告・控訴人＝附帯被控訴人・上告人）は世界的に有名な高級服飾グループの「シャネル・グループ」に属し「シャネル」の表示について商標権を有し，その管理を行っているスイス法人であり，一方，Y（被告・被控訴人＝附帯控訴人・被上告人）は千葉県松戸市内の賃借店舗において「スナックシャネル」の営業表示を使用し，サインボードにこれを表示して飲食店を開店した者である。

　　Xは「Yは，その営業上の施設又は活動に『シャネル』又は『シャレル』その他『シャネル』に類似する表示を使用してはならない」とする不正競争防止法に基づく差止請求及び損害賠償を請求した。一審の千葉地裁松戸支部ではそれらの請求の一部を認めたが，Xが控訴，Yが附帯控訴した。二審の東京高裁では，Yの営業の種類，内容及び規模等に照らすとYが本件営業表示を使用してもシャネル社の営業上の施設等と混同を生じるおそれはないとしてXの請求を棄却し，Yの付帯控訴を容れたため，Xが上告した。

　　最高裁は，「被上告人の営業の内容は，その種類，規模等において現にシャネル・グループの営む営業とは異なるものの，「シャネル」の表示の周知性が極めて高いこと，シャネル・グループの属するファッション関連業界の企業においてもその経営が多角化する傾向にあること等，本件事実関係の下においては，被上告人の営業表示の使用により，一般の消費者が，被上告人とシャネル・グループの企業との間に緊密な営業上の関係又は同一の商品化事業を営むグループに属する関係が存すると誤信するおそれがあるものということができる。したがって，被上告人が上告人の営業表示である「シャネル」と類似する被上告人の営業表示を使用する行為は，新法2条1項1号に規定する「混同を生じさせる行為」に当たり，上告人の営業上の利益を侵害するものというべきである。」として破棄戻しとした。

（注）　当時は，不正競争防止法は2条1項1号の規定しかなかったので，1号該当性が争われた。現行法では2条1項2号が適用される。

236

**97** 業務委託先が当社の商品の形態を模倣して商品を販売することは問題となるか。

**A** 他人の商品の形態を模倣した商品を販売等することは，不正競争防止法に違反する。

 解　説

　他人の商品の形態を模倣した商品を販売することは，他人の商標等の商品等表示を模倣するのと同様に，不正競争に該当する。他人の商品の形態（当該商品の機能を確保するために不可欠な形態を除く。）を模倣した商品を譲渡し，貸し渡し，譲渡若しくは貸渡しのために展示し，輸出し，又は輸入する行為（商品形態模倣行為）は，不正競争防止法2条1項3号に違反する。

　「商品の形態」とは，需要者が通常の用法に従った使用に際して知覚によって認識することができる商品の外部及び内部の形状，並びにその形状における模様，色彩，光沢及び質感をいう（同条4項）。

　また，「模倣する」とは，他人の商品の形態に依拠して，これと実質的に同一の形態の商品を作り出すことをいう（同条5項）。

　複製技術の発達により他人の商品の形態を模倣することが容易になり，先行技術者・投資者の利益が侵害されないよう商品形態模倣行為を規制するものである。

　なお，以下の〈参考事例〉に示すように，「商品の形態」の模倣の解釈は厳格である。

**参考事例**
□　デザイン画を模倣して商品を製作することは商品の形態を模倣したものではないから不正競争防止法で禁止する商品の模倣には当たらないとされた事例（東京地判平27・9・30裁判所ウェブサイト）

第9章　不正競争防止法関係

　原告は，服飾品のデザインの企画・立案・ニット製品の販売業を営む者であるところ，婦人服・子供服・婦人洋品雑貨等の製造販売業を営む被告と業務委託契約を締結し，原告は被告に対しデザイン画（本件デザイン画）を示して衣料品の製作を委託した。

　そうしたところ，被告は本件デザイン画を利用して，パーカ，ジャケット等の衣料品を製作し，販売した。これに対し原告は，不正競争防止法2条1項3号・3条1項に基づき，被告の当該衣料品等の販売の差止めを求めた。

　判決は，不正競争防止法2条1項3号でいう「商品の形態」とは，「需要者が通常の用法に従った使用に際して知覚によって認識することができる商品の外部及び内部の形状並びにその形状に結合した模様，色彩，光沢及び質感をいう。(不正競争2条4項)」，「同条1項3号にいう『商品の形態を模倣』したとは，他人の商品に依拠して実質的に同一の形態の商品である『模倣した商品』を作り出すことをいう。(不正競争2条5項)」と述べた。つまり，原告が被告に示したのは，本件デザイン画であり，商品を示したものでないから，被告は「商品の形態」を模倣したものではないというものである。

　判決は結論として，「本件デザイン画は，衣料品の観念的・概略的なデザインにすぎず，いずれもその品目に示された衣料品等の具体的な形状を示すものではないから，被告の販売する衣料品等は，不正競争防止法2条1項3号にいう『他人の商品の形態……を模倣した商品』には当たらないというべきである。」とした。

**98** 不正競争防止法上，営業秘密の不正利用として問題となるのは，どのような場合か。

**A**　不正競争防止法上営業秘密として保護の対象とされるためには，その営業秘密に，秘密管理性，有用性，非公知性の各要件が充足されていることが必要である。その上でその営業秘密について，次のような

238

不正競争行為が行われている場合が問題となる。

(1) 窃盗，詐欺等の不正手段により営業秘密を取得する行為（不正取得行為），又はそれにより取得した営業秘密を使用・開示する行為

(2) その営業秘密について不正取得行為が介在したことを知って，第三者がその営業秘密を取得する行為，又はその取得した営業秘密を使用・開示する行為

(3) 取得した後に第三者が保有者から警告を受けることによってその営業秘密について不正取得行為が介在したことを知って，その営業秘密を使用・開示する行為

(4) 営業秘密を保有者から示された場合において，不正の利益を得る目的又はその保有者に損害を加える目的で営業秘密を使用・開示する行為（不正開示行為）

(5) 営業秘密について不正開示行為があることを知って，又は不正開示行為が介在したことを知って，その営業秘密を取得する行為，又はその取得した営業秘密を使用・開示する行為

(6) 取得した後に第三者が保有者から警告を受けることによってその営業秘密について不正開示行為があったことを知って，その取得した営業秘密を使用・開示する行為

(7) (1)〜(6)により生じた物を譲渡・引渡し・輸出・輸入する行為。

営業秘密の侵害に対しては，差止め，損害賠償，信用回復措置請求の救済措置がある。

## 解 説

### *1* 営業秘密の定義

営業秘密について，不正競争防止法2条6項は，「秘密として管理されている生産方法，販売方法その他の事業活動に有用な技術上又は営業上の情報であって，公然と知られていないものをいう。」と定義している。

したがって，同法上，営業秘密の侵害として保護の対象とされるためには，

①秘密管理性，②有用性，③非公知性の各要件の充足性が必要となる。

②の有用性とは，事業経営上有益な情報であり，例えば，商品の製造・開発方法，ノウハウを含む技術情報，商品の仕切価格，取引先名簿，顧客名簿，その他であり，非常に幅広いものが含まれる。

③の非公知性とは，当該情報が刊行物に記載されていないなど，保有者の管理下以外では，入手できない状態にあることをいう。

①の秘密管理性とは，当該営業秘密が保有者において十分管理されているか否かという点が問題となり，②③の要件が満たされている場合でも，この要件を満たしているとはいえない場合には，不正競争防止法上の保護が受けられないことになり，裁判でもその点が一番問題となり，この要件を満たさないとされた事例が多数存在する。

秘密管理性については，かなり厳格に解されている。平成15年1月30日（平31・1・23最終改訂）経済産業省「営業秘密管理指針」によれば，「秘密管理性の要件が満たされるためには，営業秘密保有企業の秘密管理意思が秘密管理措置によって従業員等に対して明確に示され，当該秘密管理意思に対する従業員等の認識可能性が確保される必要がある。具体的に必要な秘密管理措置の内容・程度は，企業の規模，業態，従業員の職務，情報の性質その他の事情の如何によって異なるものであり，企業における営業秘密の管理単位における従業員がそれを一般的に，かつ容易に認識できる程度のものである必要がある。」とされている。

具体的には，例えば，①「部外秘」，「厳秘」，「㊙」などと書類に営業秘密であることの表示がされているか，②営業秘密の収納や保管について規定が設けられているか，③営業秘密へアクセスできる者が制限されているか，④情報の管理責任者を置いているか等が問題となる。

判例では，例えば，次のものがある。

①　男性用かつら販売業における顧客名簿事件（大阪地判平8・4・16判タ920号232頁）では，顧客名簿の表紙に「マル秘」の印を押し，店内の内部の顧客から見えない場所に保管していたケースについては，秘密管理性が認め

られるとした。

② フッ素樹脂シートライニングの溶接技術事件（大阪地判平10・12・22知財集
30巻4号1000頁）では，役員・従業員から誓約書を徴して保管義務を課して
おり，在庫管理を製造課長が行っており，製造課のロッカーにノズル等の
治工具・ディスバージョンを保管していたケースでは，秘密管理性が認め
られるとした。

しかし，

③ 人材派遣会社の派遣従業員の情報・派遣先企業の情報事件（大阪地判平
12・7・25裁判所ウェブサイト）では，社員の入社時に，会社・取引先の機密
を保持する旨の誓約書を提出させており，就業規則にも会社の機密を保持
する旨の規定があったが，各情報が記載された書類ファイルは，事務所の
キャビネットに保管され，営業時間中であれば社員は誰でも見ることがで
き，当該書類ファイルには特段の機密事項である旨は表示されていなかった。
　判決は，誓約書や就業規則の記載をもって本件情報が秘密として管理さ
れていたというためには，単に本件情報が極めて重要であり，性質上機密
に該当するというだけでは足りず，現実に本件情報が機密に当ることを客
観的に認識できるように管理しておく必要があるとして，秘密管理性が認
められないとした。

④ 商品開発方法・仕切値率の管理事件（東京地判平13・8・31判タ1079号273頁）
では，商品開発方法については，秘密として管理されていた形跡は認めら
れず，また，仕切値率については，各小売店に対して口外しないよう依頼
しているに過ぎないことから，秘密管理性が認められないとした。

## *2*　営業秘密の保護に関する規定

　不正競争防止法では，営業秘密に係る不正競争行為が禁止されているが，
その不正競争行為について，2条1項4号〜10号に，次の通り定義されている。

　　（注）　本項における以下の説明図はいずれも経済産業省知的財産政策室『逐条解説
　　　　不正競争防止法　平成23・24年改正版』（有斐閣，2012）70〜75頁による。

第9章　不正競争防止法関係

① 2条1項4号

　窃盗，詐欺，強迫その他不正の手段により営業秘密を取得する行為（不正取得行為），又は不正取得行為により取得した営業秘密を使用し，若しくは開示する行為。

〈図17　営業秘密を不正取得・使用・開示する行為〉

② 2条1項5号

　その営業秘密について不正取得行為が介在したことを知って，若しくは重大な過失により知らないで営業秘密を取得する行為，又はその取得した営業秘密を第三者が使用し，若しくは開示する行為。

〈図18　営業秘密の不正取得行為が介在したことを知って第三者が取得・使用・開示する行為〉

③ 2条1項6号

　取得した後にその営業秘密について不正取得行為が介在したことを知って，又は重大な過失により知らないでその取得した営業秘密を使用し，又は開示する行為。

　この場合の第三者①は，営業秘密を取得した後に，保有者から警告を受けて不取得行為が介在したことを知った場合であって，第三者①はそのことを知りながら営業秘密を使用又は開示する行為を行う場合である。

〈図19　営業秘密の不正取得行為が介在したことを知らないで取得したが，後に知って使用・開示する行為〉

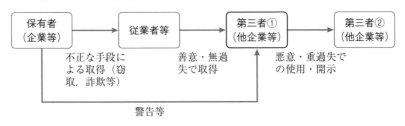

④　2条1項7項

　営業秘密を保有する事業者（保有者）からその営業秘密を示された場合において，不正の利益を得る目的で，又はその保有者に損害を加える目的で，営業秘密を使用し，又は開示する行為。

　本号の規定は，発注者が，従業員，下請企業，フリーランス等の受託者に業務委託を行う際に営業秘密を示した場合において，その受託者が，不正の利益を得る目的やその保有者に損害を加える目的（図利加害目的）で，その営業秘密を使用したり，他の第三者に開示したりする場合に該当する。

　この場合，特に営業秘密の取得者に秘密保持義務を課していない場合にも適用される。秘密保持義務を課しているか否かにかかわらず，他人の営業秘密を不正に使用したり他人に開示したりする行為は，不正競争行為に該当するとの考え方に基づくものである。

　不正の利益を得る目的には，自らが不正の利益を得る目的の場合のほか，第三者に不正の利益を得させる目的の場合も含まれることを意味し，現実に損害が生じることは要しない。

〈図20　営業秘密を正当に取得後，図利加害目的で使用・開示する行為〉

第9章　不正競争防止法関係

⑤　2条1項8号

　その営業秘密について，不正開示行為（前7号に違反して，又は法律上の義務に違反して営業秘密を開示する行為をいう。）であること，若しくはその営業秘密について不正開示行為が介在したことを知って，若しくは重大な過失により知らないで営業秘密を取得する行為，又はその取得した営業秘密を使用し，若しくは開示する行為。

〈図21　営業秘密の不正開示行為があることを知って第三者が取得・使用・開示する行為〉

⑥　2条1項9号

　取得した後にその営業秘密について不正開示行為があったこと若しくはその営業秘密について不正開示行為が介在したことを知って，又は重大な過失により知らないで，その取得した営業秘密を使用し又は開示する行為。

〈図22　営業秘密の不正開示行為があることを知らないで取得したが，後に知って使用・開示する行為〉

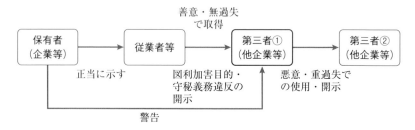

　この場合の第三者①は，営業秘密を取得した後に，保有者から警告を受けて不正取得行為が介在したことを知った場合であって，第三者①はその

244

ことを知りながらその営業秘密を使用又は開示する行為を行う場合である。

⑦　2条1項10号

①～⑥により生じた物を譲渡，引き渡し，輸出・輸入する行為。

## *3*　営業秘密の侵害に対する救済措置

### (1)　差止請求（不正競争3条）

不正競争行為によって営業上の利益を侵害され，又は侵害されるおそれがある者は，その侵害する者又は侵害のおそれがある者に対し，その侵害の停止又は予防を請求することができる。また，併せて，侵害行為を組成した物の廃棄，侵害行為に供した設備の除去その他必要な行為を請求することができる。

### (2)　損害賠償請求（不正競争4条）

相手方の故意又は過失によって不正競争行為により自己の利益を侵害された者は，相手方に対し，損害賠償請求することができる。なお，不正競争防止法5条には，損害額の推定等に関する規定が設けられている。

### (3)　信用回復措置請求（不正競争14条）

相手方の故意又は過失によって不正競争行為により自己の営業上の信用を害された者は，相手方に対し，損害賠償に代え，又は損害賠償とともに営業上の信用を回復するために必要な措置を求めることができる。

#### 参考事例

1　労働者派遣会社の従業員であった被告が元会社の派遣スタッフ名簿・派遣先名簿の情報を不正に使用・開示し，被告が設立した被告会社が取得・使用した行為に対し，行為の差止め・名簿の破棄・損害賠償を請求し，さらに審理するとされた事例（東京地中間判決平14・12・26裁判所ウェブサイト）

(1)　本件は，人材派遣業務を行っている原告会社の従業員であった被告（$Y_1$）が会社の営業秘密である派遣労働者雇用契約に関する情報等を使用し，$Y_1$が設立した被告会社（$Y_2$）にこれらの情報を開示し（不正競争2条1項7号），また，$Y_2$がこれらの情報を取得・使用した（同項8号）として，当該

245

第9章　不正競争防止法関係

情報によるスタッフ勧誘行為の差止め及び名簿の廃棄を求めるとともに，損害賠償を請求した事件である。

　　被告らが使用等した原告会社の営業秘密は，「派遣登録スタッフ名簿」及び「顧客（派遣先）名簿」である。前者には，氏名，性別，年齢，住所，電話番号，最寄駅，PC技術，取得資格，就業実績等が記載してあり，また，後者には，各企業の名称，所在地，電話番号，求人担当部署，求人担当，求人内容等が記載してあった。

(2)　被告Y₁らは，原告会社を退職して，原告会社と同業種の人材派遣会社を設立して，原告会社在職中に知り得た情報を使用して営業を開始した。被告会社Y₂の派遣先の企業は全部で26社であった。このうち，原告会社の派遣先と重複しているものは23社であり，これらは，被告Y₁らが原告会社を辞めて被告会社へ移る前後の時期に連絡を取ったりして移籍を勧誘したものと認定された。

　　前記2つの名簿の情報は，PC及びスタッフカードにより保管されていた。秘密管理性については，PCでは情報はソフトウェアに入力されており，その利用には専用のCD-ROMが必要であり，かつ，パスワード・ユーザーIDにより保護されており，また，スタッフカードはコーディネータが管理しているキャビネットに保管されており，これらによって秘密管理性の要件を満たすものと認定された。

(3)　判決は，被告らは上記情報を，「営業秘密を保有する事業者である原告会社から示されたものであるところ，上記認定のように原告会社の派遣スタッフ及び派遣先企業を被告会社において獲得するため，すなわち不正の競業をし，保有者たる原告会社に損害を与える目的で，これらの情報を使用して派遣スタッフに連絡をするなどし，また，これらの情報を被告会社に開示したものである」とし，Y₁の行為は不正競争防止法2条1項7号に該当し，また，Y₂がY₁から情報の開示を受けてこれらを取得し，使用した行為は，同項8号に該当するとされた。

　　そして，本件において原告が求めている被告らに対する差止請求及び損害賠償請求につき更に審理をする必要があるものとされた。

2 原告が保有する設計図・図表等の秘密情報を被告らが共謀して原告の従業員に不正に開示させて取得し，それを他社に開示した行為に対し，使用・開示の差止め・記録媒体の廃棄・損害賠償が認められた事例（東京地判平23・4・26判タ1360号220頁，裁判所ウェブサイト）

　本件は，原告（石油化学会社）が保有する営業秘密であるPC樹脂の製造装置であるPCプラントに関する設計図・図表等の情報（本件情報）を被告らが共謀して，原告の従業員をして不正に開示させて取得し，その取得した本件情報を他社に開示した行為が不正競争防止法2条1項8号又は民法709条（不法行為）に違反するとして，その使用・開示の差止め・記録媒体の廃棄（不正競争3条）並びに損害賠償請求（不正競争4条）がなされた事件である。

　本件情報の有用性及び非公知性は問題なく容認された。秘密管理性については，①設計図・図表・電子データが記録されたフロッピーディスクについては，ケースに入れられ，ケースの表面に「持ち出し禁止」のシールが貼ってある，②ケースは工場内のロッカーに保管され，その建物の出入口の扉に「関係者以外立入禁止」の表示がなされている，③守衛が工場への入出構の手続を取っていることから，本件情報へは従業員以外の者はアクセスできず，従業員であっても特定の者にアクセスが制限されていた。以上のことから，本件情報は原告が保有する「営業秘密」（不正競争2条6項）に該当すると認定された。

　そして，本件情報の不正開示行為については，被告のうち一人が原告千葉工場の従業員へ働きかけ，当該従業員をして原告千葉工場から原告基本設計図書のコピー又は電子データを持ち出させてこれを取得した。他の被告は，上記のように不正な手段により原告の本件情報を取得したことを知りながら，当該コピー等を取得した上で，これらを複製して，被告基本設計図書を作成し，別の他の被告に提供し，その被告を介して本件情報を第三者に提供したものと認定された。

　被告らの行為は，不正競争防止法2条1項8号に違反するとして，その使用・開示の差止め・記録媒体の廃棄並びに損害賠償請求が容認された。

第9章 不正競争防止法関係

第9章　不正競争防止法関係

**Q99** 業務委託先に競業避止義務を課したいと考えているが，どのような場合に許されるか。

**A** 現に契約関係がある業務委託先等については，業務専念義務又は秘密保持義務の観点から競業避止義務が認められる場合があるが，契約関係が無くなった場合には，競業避止義務は営業の自由・労働権の侵害になることから，原則的に認められない。ただし，商権の保持・秘密保持義務の観点から例外的に短期間認められる場合がある。

　**解　説**

## 1　競業避止義務の考え方

発注者が，現に労働・役務提供等の契約関係がある場合，又は契約関係があった役務提供者に競業避止義務を課すことがあるが，他に代わり得る方法がなく，かつ，その手段内容において合理的な範囲内であれば，限定的であるが，これが独占禁止法上の問題（優越的地位の濫用，排他条件付取引，拘束条件付取引等）となることはないとして容認される場合があり得る。

ただし，競業避止義務を課す場合に考えなければならないこととして，次の点がある。

(1)　競業避止義務は業務専念義務の観点から，又は秘密保持義務の担保手段として付随的に認められる場合があるというものであるが，労働者の勤労権の侵害にも係るものであるという点に留意すべきである。「知的財産の利用に関する独占禁止法の指針」（平19・9・28公取委。以下，「知的財産の利用ガイドライン」という。）は，競争品の製造・販売又は競争者との取引の制限について，「ライセンサーがライセンシーに対し，ライセンサーの競争品を製造・販売すること又はライセンサーの競争者から競争技術のライセンスを受けることを制限する行為は，ライセンシーによる技術の効率的な利用や円滑な技術取引を妨げ，競争者の取引の機会を排除する効果を持つ。

248

したがって，これらの行為は，公正競争阻害性を有する場合には，不公正な取引方法に該当する（一般指定2項・単独の取引拒絶，11項・排他条件付取引，12項・拘束条件付取引）。なお，当該技術がノウハウに係るものであるため，当該制限以外に当該技術の漏洩又は流用を防止するための手段がない場合には，秘密性を保持するために必要な範囲でこのような制限を課すことは公正競争阻害性を有さないと認められることが多いと考えられる。このことは，契約終了後の制限であっても短期間であれば同様である。」と規定する（知的財産の利用ガイドライン第4－4(4)。ただし，制限が認められる期間として，「短期間」というだけで，具体的期間を明示していない。）。

また，「フランチャイズ・システムに関する独占禁止法上の考え方について」（平14・4・24公取委，最終改正：平23・6・23）においては，優越的地位の濫用に該当する疑いのある行為として，契約終了後の競業禁止について，「本部が加盟者に対して，特定地域で成立している本部の商権の維持，本部が加盟者に対して供与したノウハウの保護等に必要な範囲を超えるような地域，期間又は内容の競業禁止義務を課すこと。」を規定する（3(1)ア）。つまり，商権の維持・ノウハウの保護等に必要な範囲内の地域・期間・内容の競業避止義務は認められるが，必要の範囲を超えるような場合は，優越的地位の濫用に該当する疑いがあるというものである。

(2) これらの義務の対象者である役務提供者には，現に契約関係にある場合と，契約関係が過去にあったが今はないという場合とにより，制限内容の妥当性が大きく異なってくることに注意する必要がある。

## *2* 競業避止義務が例外的に認められる場合

競業避止義務が例外的に認められるのは，業務専念義務の観点から，並びに秘密保持義務を担保するため，あるいは発注者の商権を保護するために限られる。秘密保持義務を担保する場合でも，代替手段がある場合は，まずそれが講じられるべきであって，義務を課すことができるのはそれを講じてもなお，秘密保持等に十分でない場合に限られると考えるべきである。競業避止義務を課す場合は，上記の各事情を総合的に判断し，禁止により保護され

第9章　不正競争防止法関係

第9章　不正競争防止法関係

る発注者の利益が，禁止により被る元役務提供者の不利益との対比において
社会通念上是認しがたい程大きい場合には，公序良俗違反（民90条）により
無効と解せられる。

⑴　**現に契約関係にある場合**

　役務提供者が現に発注者と契約関係にある場合は，発注者が役務提供者
に対し，自らの役務提供に専念させる目的で，合理的な範囲内で他の発注
者との契約の締結を制限することは容認される。これは，株式会社の支配
人（商23条）・取締役（会社356条），代理商（商28条），持分会社の執行社員
（会社594条）が原則的に競業が禁止され，例外的に取締役会又は社員全員
の承認が得られた場合に認許することができることとされていることから
も類推的に解釈し得る。

　ただし，この場合においても，役務提供者の業務量の多寡により，また，
秘密保持措置との関係を考慮し，過度に競業を制限するものであってはな
らない。

⑵　**現に契約関係がない場合**

　役務提供者が発注者と現に契約関係がない場合に発注者が将来的に競業
避止義務を課すことは，役務提供者すなわち労働者の勤労の権利を侵害す
るものとして，原則的に許されないと考えるべきである（憲22条）。

　この場合は，業務専念義務はないから，秘密保持義務の観点のみから考
えれば良い。そこで秘密保持義務の代替措置を講じてもなお当該義務が担
保できない事情がある場合にのみ容認されると考えるべきである。代替措
置としては，①技術情報，マニュアル等の関係資料の返却，②違約の場合
に損害賠償を伴う誓約書の提出等である。

　また，競業避止義務を課す場合でも，制限は必要最小限度のものでなけ
ればならない。その期間，地域・場所，業態等について限定を付すことが
できれば付すべきである。期間については，事案により異なるが，そもそ
も代替的手段であること，制限内容が厳しいものであること，秘密情報に
も陳腐化があることに留意する必要がある。最近の判例の動向（近年，禁
止期間は短縮される傾向にある。）に徴しても，原則的に１年以内とすべきも

250

のと考えられる。また，委託者が相手方に販売等の役務提供を委託するような場合で商権保持のために行う場合は，従前の役務提供者に対する競業禁止期間は，自らが役務提供するために必要な準備期間，又は委託者が他の代わりうる役務提供者と契約締結することができると考えられる合理的期間内に限定すべきであろう。

次に，競業避止義務を課す地域については，委託者が営業地域としている地域に限られ，それ以外の地域については，制限を課すべきではない。

さらに，業種・業態によって，定型的な製造販売・役務提供等の場合は，定型化の程度が高く，技術レベルが低いこと，また，受託者が異なる付加価値を付して独自の商品・役務の提供が行われるような場合で独自の努力が寄与する部分が相当程度あるような事業の場合は，旧経営ノウハウはそもそも保護に値する有用性を備えていないものとして考えるべきであるから，このような場合においては，受託者の企業努力を重視する意味からも，競業避止を否定的に解釈すべきであると考えられる。

### 参考事例

1　被告が原告に対しフランチャイズ契約終了後に競業避止義務を課すことは，信義則に反し許されないとした事例（大阪地判平22・5・12判タ1331号139頁）

本件は，フランチャイジーである原告がノーブラシ洗車場のフランチャイザーである被告に対し，フランチャイズ契約終了後，被告の情報提供義務違反，及び競業避止義務を課していることに対し，債務不履行・公序良俗違反として損害賠償を請求した事件である。

被告の原告に示した売上予想については，客観的な根拠や合理性に欠けるものとして被告の情報提供義務違反を認めた。

また，競業避止義務については，判決は，「一般に，フランチャイズ契約における競業禁止条項の趣旨は，フランチャイザーが商圏の保護やフランチャイザーが有している経営ノウハウの保護等にあり，これらを保護する必要性は認められるが，他方で，競業禁止条項は，その制限の程度いかんによっては，フランチャイジーの営業の自由を不当に侵害するものとして公序良俗に反して無効になる場合がある。」と述べた。

第9章　不正競争防止法関係

　そして本件につき，原告は本件店舗の開店に当たり，多額の初期投資費用を
支出しているほか，「本件土地に設置した建物，ノーブラシ洗車機等の設備は
本件土地に定着しており，これを他の土地に移設することが可能であるとして
も多額の費用が必要となることがそれぞれ認められ，これらの事実からすると，
原告が本件土地上で洗車場の経営を禁止されることにより被る不利益は極めて
大きいものと認められる。一方，被告が本件競業禁止条項に基づいて本件土地
に限って洗車場の経営禁止を求めていることからすれば，本件競業禁止条項の
主な目的は，商圏の保護にあると推認されるところ，被告が，原告に代わって
自ら又は他のフランチャイジーをして本件店舗又はその近隣で店舗を運営する
ことを現実に予定していることをうかがわせるような事情は本件証拠からは認
められず，本件店舗の商圏を維持しなければ，被告が重大な不利益を受けると
は言い難い。(中略) そもそも，原告が本件店舗に多額の費用を投資したこと
は，被告による情報提供義務に違反する勧誘行為が契機となっている。このよ
うに自らの不適切な行為によって原告に多額の費用を投下させた被告が原告の
競業を禁止しなければ重大な不利益を被るといった事情がないにもかかわらず，
原告に競業避止義務を負わせて投下資本の回収を事実上困難にすることは，信
義則に反し許されないというべきである。」と述べ，原告に競業避止義務を負
わせることは，信義則に反し許されないとした。

2　労働者派遣事業に関するフランチャイザーの経営ノウハウは，フランチャ
　イズ契約終了の時点で保護に値する有用性及び秘密性を備えていたということ
　はできないとした事例（東京地判平21・3・9判時2037号35頁）

　本件は，労働者派遣事業に関するフランチャイズシステムを展開するフラン
チャイザー（原告）が，フランチャイジー（被告）に対しフランチャイズ契約
終了後に2年間の競業避止義務を課しているのは，公序良俗に反するとして争
われた事件である。

　判決は，一般論として，「競業避止規定については，①　競業避止規定による
制限の範囲（禁止対象となる期間・地域・場所・営業の種類）が制限目的との
関係で合理的であるといえるか，②　競業避止規定の実効性を担保するための
手段の有無・態様（違約金・損害賠償の予定・フランチャイザーの先買権な
ど），③　競業に至った背景（契約終了の原因に対する帰責の有無）等を総合的

252

に考慮し，競業禁止により保護されるフランチャイザーの利益が競業禁止によって被る旧フランチャイジーの不利益との対比において社会通念上是認し難い場合には，民法90条により無効と解すべきである」と述べている。

そして，本件の競業避止義務は，原告の経営ノウハウの保護を目的としていると認められるが，原告の「この種の経営ノウハウは，時間の経過，法令の改廃，社会経済情勢の変化とともに，陳腐化していき，保護の対象となる価値を失っていく性質を有している。」と述べ，「原告の経営ノウハウは，遅くとも本件契約が終了した時点で，保護に値する有用性及び秘密性を備えていたということはできない。」と述べた。

③ **防犯カメラのメンテナンス業務を下請けしている原告会社の元従業員である被告が退職後，原告会社と競合する下請会社である被告会社のために下請契約をさせたことが競業避止義務違反とされた事例**（東京地判平29・10・27判秘）

(1) 原告は，平成21年度から平成25年度までの5年間本件事業の係る工事を落札した元請業者と下請契約を締結し，一定数の防犯カメラを製造・設置するとともに，大和市との間で防犯カメラのメンテナンス業務を請け負ってきた。

被告Y₁（原告会社の元従業員）は，平成26年11月18日まで原告会社の特販事業部の責任者として，同カメラの図面・製品仕様の作成に携わり，そのデータ資料を管理していた。

(2) 大和市の平成26年度の本件事業について元請業者が落札したため，原告は元請会社が変わってもこれまでと同様に下請契約ができるものと考え，同契約締結に向けての準備活動をしており，Y₁も退職直前までその活動をしていた。

ところが，Y₁は原告会社を退職した直後，原告と競業する被告会社Y₂のために元請会社と交渉を行うことによってY₂の下請契約を成立させた。

(3) 判決は，Y₁は，雇用者である原告の正当な利益を不当に害してはならないという誠実義務ないし雇用者の営業上の利益に反する競業行為を差し控えるべき競業避止義務を負っていたというべきであるから，同人の行為は，これらの義務に違反し不法行為を構成するとした。

なお，下請契約をしたY₂については，原告に対し損害を与える旨の認識

第9章　不正競争防止法関係

はなく，また，原告に対する誠実義務及び競業避止義務違反についての故意
があったものと認められず，不法行為は成立しないとした。

　損害については，Y₁の不法行為がなければ原告は下請契約を締結できた
と推認できるから，不法行為がなければ原告が得られたであろう利益を損害
と認め，約2,694万円の損害賠償を認めた。

（注）　Y₁は原告会社の特販事業部の責任者として，カメラの図面・製品仕様の作成に携わり，
　　　そのデータ資料を管理していたのであるから，裁判では争点となっていないが，Y₁は原
　　　告会社の技術情報等営業秘密を不正使用したものと考えられる。よって，本件は，競業避
　　　止義務違反であるとともに，営業秘密の不正使用でも責任を追及できた事例である。

4　元代表取締役であったというだけでは特別の約定等がない限り競業避止義
務を負うことはないとされた事例（大阪地判平30・3・15裁判所ウェブサイ
ト）

　本件は，採尿器具を販売している原告が，原告の元代表取締役の被告に対し，
競業避止義務違反の差止請求等をした事件である。

　被告は，退職に当たって，原告と次のような内容の誓約書を締結した。「原
告の顧客に対する営業活動を行わない。」，「原告の現在及び将来の営業活動を
妨げる虞のある行為はもちろんのこと，原告の将来の発展を妨げる虞のある行
為は致しません。」。

　原告は，被告が採尿器具の開発・販売をしたことに対し，競業避止義務違反
を理由としてその差止請求等をした。

　これに対し，判決は，本件誓約書の作成経緯を踏まえた合意の内容から判断
して，「被告と原告が共同して開発，販売等を行う場合の具体的条件について
協議が調わなかった場合は，被告が原告以外の者に発明した採尿器具の話を持
ち込んでも構わない旨を合意したと認めるのが相当であり，本件誓約書…の競
業避止義務もこのような一種の条件の下でのものであると認めるのが相当であ
る。」とした。

　また，原告が，被告が原告の退任代表取締役であるということをもって，原
告の顧客等に対する営業活動を行わないという競業避止義務を負うと主張した
ことについては，次のように述べた。「委任契約上の義務は，契約終了すなわ
ち退任とともに終了するのが原則であり，競業避止義務が職業選択の自由に対

254

Q99

して強い制約となることに照らせば，退任取締役が会社に対して競業避止義務を負うのは，個別の合意等に定めがあるような場合に限られると解するのが相当であり，そのような明確な定めがない場合に競業行為により何らかの責任を負うのは，不正競争防止法違反又は社会通念上自由競争の範囲を逸脱した不法行為が成立するような場合に限られるというべきである。したがって，そのような限定もなしに原告の顧客等に対する営業活動を行わないとする競業避止義務を負わせることとなる原告の上記主張は採用できない。」とした。

第9章　不正競争防止法関係

Q 100

# 第10章　著作権関係

> **100** 業務委託において著作権侵害が問題となることがあるが，著作権とはどのような権利か。

**A** 著作物は，思想又は感情を創作的に表現したものであり，言語・音楽・建築・地図・写真・プログラム等が含まれる。著作物の著作者が著作権を有し，著作権者は，複製権・上映権・公衆送信権・展示権・頒布権等を有する。著作権は独占的な権利であり，他人が譲渡を受けたり，利用許諾を受けないで使用することは，著作権法違反となる。

## 解　説

### 1　著作物

　著作権法は，その目的として，著作物，実演，レコード，放送，有線放送に関して著作者の権利及びその隣接権（俳優・舞踊家・演奏家・歌手等の実演家，レコード製作者，放送事業者の著作権利用に関して与えられる権利）の権利を定めて，著作者等の権利を保護することにある（著作1条参照）。

　「著作物」については，「思想又は感情を創作的に表現したものであって，文芸，学術，美術又は音楽の範囲に属するものをいう。」（著作2条1項1号）と定義されており，非常に範囲の広いものである。

　著作物を例示すると，次のようになる（著作10条。以下，断りがない限り著作権法の条文を指す。）。

① 小説，脚本，論文，講演その他の言語の著作物

② 音楽の著作物

*257*

第10章　著作権関係

③　舞踊又は無言劇の著作物

④　絵画，版画，彫刻その他の美術の著作物

⑤　建築の著作物

⑥　地図又は学術的な性質を有する図面，図表，模型その他の図形の著作物

⑦　映画の著作物

⑧　写真の著作物

⑨　プログラムの著作物

また，原著作物を基礎として新たに創作された著作物を「二次的著作物」という（著作11条・28条）。これは，翻訳，編曲，変形，脚色したり，映画化などして創作されたものを指す（著作2条1項11号）。二次的著作物には，編集著作物としての事典・雑誌やデータベース等もこれに含まれる。

　一方，工業デザイン（応用美術）は，工業的方法により量産することを目的として創作されるものであり，これは意匠権の対象であり（意匠法2条1項），著作物ではない。

## *2*　著作権

著作者について，著作権法は，「著作物を創作する者をいう。」（2条1項2号）と定義しており，著作者は著作権法で規定する著作権を有する。

　著作権とは，例えば，著作物を原状のままで利用できる権利として，複製権（21条），上映権・演奏権（22条），公衆送信権（23条），展示権（25条），頒布権（26条），譲渡権（26条の2），貸与権（26条の3）等である。二次的著作権者も上記と同じ権利を有する。

　著作権は，商標権や意匠権のように登録を必要とするものではなく，創作と同時に発生する（無方式主義）。

　著作者は，以上のような権利を独占的に有する者であるから，他人が著作権の譲渡を受けたり，利用許諾を受けないで著作物を使用することは，著作権法違反となる。このことは，次の設問において解説する。

258

## *3* 著作人格権

　著作権は著作者の財産的利益を保護する権利で財産権に属するが，著作人格権は，著作者が自己の著作物に対して有する人格的利益を保護する権利であり，著作者の一身に専属する権利であって，他に譲渡を許さないものである（59条）。その権利としては，公表権（18条），氏名表示権（19条）及び同一性保持権（20条）がある。

　公表権……著作者はその著作物でまだ公表されていないものを一般に提供・提示する権利を有する。他人が無断で公表することは公表権の侵害となる（二次的著作物についても同じ。以下同様）。

　氏名表示権……著作者は，その著作物の一般への提供・提示に際し，実名・変名を著作権者として表示し，又は表示しない権利を有する。

　同一性保持権……著作者は，その著作物及びその題号の同一性を保持する権利を有し，その意に反してこれらの変更，切除その他の改変を受けない権利を有する。

 **101** 著作権法違反となるのはどのような場合か。

**A** 　著作物の改変等，著作物の著作権者の許諾を受けない利用，著作物の海賊版の使用，インターネットの違法配信のダウンロード等は，著作権法違反となる。

 解　説

## *1* 著作権法違反となる行為

　著作権法違反となる行為は，次の通りである。

第10章　著作権関係

(1)　**著作物の改変等**（著作人格権の侵害）

　　著作者以外の者が著作物について，著作者の許諾を得ないで公表権（18条），氏名表示権（19条），同一性保持権（20条）に違反した場合は，著作人格権の侵害となる。

(2)　**著作物の著作権者の許諾を受けない利用**

　　著作物を著作権者又は著作権を管理する者の許諾を受けないで利用することは，著作権法違反となる。また，利用の許諾を受けた場合でも，次のような場合は著作権法違反となる。

　　ア　利用の範囲・方法と異なる利用

　　イ　私的使用として許諾を得たにもかかわらず，業務に用いる場合

(3)　**海賊版の輸入**（113条１項１号）

　　著作権法において海賊版とは，著作物について著作権者の利用の許諾を受けたもの以外の複製品をいう。国内において頒布する目的をもって国内で著作権法違反となる物を輸入することは著作権法違反となる。海賊版であることを知らなかった場合でも輸入は違反の除外とされない。

(4)　**海賊版の使用**（113条１項２号）

　　国内で著作権法違反となる複製物を頒布し，頒布の目的をもって所持するなどの行為は著作権法違反となる。ただし，それが海賊版であることを知らなかった場合は除外される。

(5)　**インターネットの違法配信のダウンロード**（30条１項３号）

　　インターネットで違法配信される通信が著作権侵害である場合は，それを配信する者が著作権法違反であることは言うまでもないが，その通信を著作権侵害であることを知りながらこれを受信してダウンロード（複製）することも著作権侵害となる。

　　したがって，業務委託の場合においても，委託者から渡される資料が著作物に該当するか（創作物であるか），著作物に該当する場合は，委託者が正当に著作権を有するものであるかという点について，十分確認する必要がある。

## *2* 著作権法違反に対する措置

### (1) 差止請求（112条）

　著作者，著作権者は，著作人格権又は著作権を侵害する者又は侵害する
おそれがある者に対し，侵害の停止又は予防を請求することができる。ま
た，侵害行為を組成した物等の廃棄等を請求することができる。

### (2) 損害賠償請求（民709条）

　著作者，著作権者は，著作人格権又は著作権侵害により損害を被った場
合は，侵害者に対し，損害賠償請求をすることができる。

### (3) 不当利得返還請求（民703条）

　著作者，著作権者は，著作人格権又は著作権の侵害者が，侵害行為によ
り利益を受けている場合には，これを不当利得として返還請求することが
できる。

### (4) 刑事罰

　著作人格権又は著作権を故意に侵害した者は，10年以下の懲役又は1,000
万円以下の罰金に処せられる（119条）。また，法人の代表者，従業者等が
著作人格権又は著作権を侵害したときは，行為者が罰せられるほか，当該
法人も３億円以下の罰金に処せられる（両罰規定。124条）。

---

### 参考事例

1　映像の著作者・著作権者である原告が，被告が許諾を得ることなく当該映
像を使用して映画等を製作したことに対し，著作権・著作人格権侵害を理由と
して損害賠償請求・行為の差止め・当該映像の記録媒体からの削除・謝罪広告
を求め，これらが認められた事例（東京地判平30・2・21LLI/DB判秘）

　本件は，原告が本件各映像の著作者及び著作権者であるところ，被告が原告
の許諾を得ることなく本件各映像を使用して映画を製作したことにつき，①被
告が映画を上映する行為は，原告が有する頒布権（26条１項）を侵害する，②
被告が映画を記録したDVDを販売する行為は，原告が有する上映権（22条）
を侵害する，③被告が映画を上映するに際して原告の名称を表示しなかったの
は，原告が有する氏名表示権（19条１項）を侵害する，④被告が原告が公表し

第10章　著作権関係

ていない部分を映像として公表したことは，原告が有する公表権（18条1項）
を侵害するとして，著作権法112条1項に基づき，著作権侵害又はそのおそれ
を主張して，映画の上映，公衆送信，映画の複製物の頒布の差止め，映画を記
録した媒体から当該部分の削除を求め，また著作権侵害の不法行為による損害
賠償を求め，及び著作人格権侵害の不法行為による損害賠償を求め，並びに謝
罪広告の掲載（115条）を求めた事件である。

　判決は，④は認めなかったが，①～③を認め，損害賠償・行為の差止め・記
録媒体からの削除・謝罪広告の掲載を容認した。

② 音楽著作権等管理事業者である原告が，被告理容店が原告の管理楽曲を許
諾を得ることなくBGMとして使用していたことに対し，使用の差止め・使用
料相当額の損害賠償を請求し，これが認められた事例（札幌地判平30・3・
19LLI/DB判秘）

　本件は，音楽著作権等管理事業者である原告が，被告が経営する理容店にお
いて，平成26年5月以降，原告が著作権を管理する楽曲がBGMとして使用さ
れていることにより，原告の著作権（演奏権）が侵害されたとして，被告に対
し，BGMとしての使用の差止め及び不法行為又は不当利得に基づき，BGMと
しての使用料相当額の支払いを求めた事件である。

　原告は，被告に対し，平成27年5月，書面を送付して無許諾利用していた原
告の管理楽曲の使用料相当額の支払いを求め，及び原告との管理楽曲の利用許
諾契約の締結を求めたが，被告はこれに応じなかった。

　判決は，被告が使用した楽曲は原告の管理楽曲であることを認め，原告が管
理する著作権侵害及び被告の過失を認めた。そして，被告の楽曲の使用の差止
請求を認めるとともに，不法行為に基づく損害賠償を容認した。

③ 写真を撮影したカメラマンから写真の譲渡を受けた原告が，被告が原告写
真を被告雑誌に無断で掲載したことに対し，写真掲載許諾料相当の損害賠償を
請求し，これが認められた事例（東京地判平27・12・9LLI/DB判秘）

　本件は，美容専門雑誌の出版業者である原告が所有権を有するとする写真が
無断で被告雑誌に掲載されたことから，原告が被告に対して著作権（複製権）
侵害に当たると主張して，著作権法114条3項，民法709条に基づき，写真掲載
許諾料相当額及び弁護士費用を請求した事件である。

原告は，平成25年8月，訴外A・B・Cカメラマンからそれらが撮影した写真の譲渡を受けていた。

判決は，譲渡を受けた原告の各写真は，被写体の組合せや配置，構図やカメラアングル，光線・印影，背景の設定・選択等に独自性が表れているものと認められるから，各写真はそれを撮影したカメラマンの創作であり著作物であることを認めた。そして，原告はこの各写真を譲り受けていることから，原告に著作権は譲渡されていると認定した。

その上で，被告は原告が著作権を有する各写真につき，原告に許諾を得ることなく被告雑誌にこれを複製して掲載したものであるから，原告の著作権（複製権）侵害につき少なくとも過失があると認めて，被告の不法行為を認定し，原告の請求を容認した。

4 5件の著作権及び出版権侵害により漫画をPCで自動的に公衆送信し得る状態にしたことに対し，懲役・罰金刑（執行猶予付き）が科された事例（熊本地判平29・12・25LLI/DB）

(ア) 被告人は，Aと共謀して，著作権者及び出版権者の許諾を受けないで，平成28年7月27日頃，沖縄県中頭郡所在の被告人住居において，PCのインターネットを利用して，Bが著作権を有し，C社が出版権を有する著作物である漫画の第○○○話の画像・台詞データを，PCにアクセスする不特定多数の者に自動的に公衆送信し得る状態にし，Bの著作権及びC社の出版権を侵害した。

(イ) 被告人は，平成28年11月17日頃，同様にして，Gが著作権を有する著作物である漫画の第○○○話について，自動的に公衆送信し得る状態にし，Gの著作権を侵害した。

(ウ) 被告人は，平成29年1月6日頃，同様にして，Jが著作権を有する著作物である漫画の第○○○話について，自動的に公衆送信し得る状態にし，Jの著作権を侵害した。

(エ) 被告人は，M・Nと共謀して，平成29年5月2日頃，東京都北区所在の被告人住居において，同様にして，Bが著作権を有し，C社が出版権を有する著作物である漫画の第○○○話について，自動的に公衆送信し得る状態にし，Bの著作権及びC社の出版権を侵害した。

第10章　著作権関係

　(オ)　被告人は，Nと共謀して，平成29年7月25日頃，同様にして，Jが著作権
　　　を有する著作物である漫画の第〇〇〇話について，自動的に公衆送信し得る
　　　状態にし，Jの著作権を侵害した。
　(ア)(エ)の行為　　刑法60条（共謀に関する規定），119条1項（罰則に関する規
　　　　　　　　　定），23条1項（公衆送信権），80条1項2号（出版権）を適
　　　　　　　　　用
　(イ)(ウ)の行為　　119条1項，23条1項を適用
　(オ)の行為　　　刑法60条，119条1項，23条1項を適用
　　［量刑］　被告人に懲役1年6月及び罰金50万円を科す。被告人が罰金を完
　　　　　　納することができないときは，5,000円を1日に換算した期間，被
　　　　　　告人を労役場に留置する。ただし，裁判の確定日から3年間刑の執
　　　　　　行を猶予をする。

# 102 著作権違反とならないようにするためには，どのようにすれば良いか。

**A** 著作物を譲り受けるのでなければ，著作者又は著作権者と著作物の利用許諾契約を締結する必要がある。また，著作物を引用する場合は，その出所を明らかにすることが必要である。

 **解　説**

## *1* 著作物の利用許諾契約の締結

　著作物の利用許諾契約は，著作者又は著作権者と利用者とが著作物の利用について許諾契約を締結することにより，一定の範囲及び方法を定めることにより利用することができるようになる（63条1項）。この場合，通常一定の

264

許諾料又は使用料を支払うことになる。利用許諾には，特定の者のみに独占的・排他的に許諾する場合と，複数の者に許諾する単純許諾の場合とがある。

著作物が音楽の場合，著作者又は著作権の管理を委託されている音楽等著作権の管理事業者と利用許諾契約を締結して著作物を利用することができる。著作物が本である場合は，出版社は著作者と「出版契約」をすることにより，著作物を利用できるようになる。

## *2*　著作権の譲受け

著作物は著作者から著作物又は著作権の譲渡を受けることにより，自己の物として利用することができる。

## *3*　著作権者不明の場合の裁定（67条〜70条）

公表された著作物又は相当期間にわたって一般に提供・提示されていることが明らかな著作物であって，著作権者が不明その他の理由により相当の努力を払ってもその著作権者と連絡をとることができない場合には，利用許諾を希望する者が申請して文化庁長官の裁定により，その著作物を利用できるようになる。

## *4*　著作物を自由にできる場合

次のような物は，著作権法上の著作物ではなく，又は例外とされているので，著作者以外の者が自由に利用することができる。

(1)　**官公文書**（13条）

これに属するものとして，法令，国・地方公共団体の告示・訓令・通達，裁判所の判決・決定・命令，並びに以上のものの翻訳物・編集物で国・地方公共団体が作成するもの。

(2)　**雑報・時事の報道**（10条2項）

これに属するものとして，事実の伝達にすぎない雑報や時事の報道がある。これらは，思想・感情を表現したものといえないからである。だだし，思想・感情をまじえた報道・論説・主張・コメントなどは，著作物に該当

第10章　著作権関係

第10章　著作権関係

する。

(3)　**私的複製**（30条1項）

著作物を個人的に又は家庭内その他これに準ずる限られた範囲で使用することを目的とするときは使用する者が複製することができる。ただし，その複製を一般に配布することを目的とする場合は，著作権法違反となる。

(4)　**引用**（32条1項・48条1項1号）

公表された著作物は，引用して利用することができる。この場合は，引用の目的に沿って正当な範囲内に行われることを要する。そして，引用する場合には，当該著作物の出所を，その複製又は利用の形態に応じ合理的と認められる方法及び程度により，明示しなければならない。

(5)　**営利を目的としない上演等**（38条1項）

公表された著作物は，営利を目的としない場合は，公に上演・演奏・上映・口述することができる。その際の条件としては，①営利を目的としないこと，②聴衆・観衆から料金を徴収しないこと，③実演家に報酬を支払わないことである。

例えば，学校の音楽会，楽隊の野外演奏，公共祝典行事における音楽演奏等の場合を指す。したがって，会社の商品の宣伝を目的とする演奏会等は，①の要件から除外されないことになる。

# 第11章 業務委託契約書・秘密保持義務契約書・下請取引契約書等の内容・ヒナ型

**103** 業務委託契約を締結する場合，どのような内容にすべきか。

A　業務委託する場合の業務の態様により異なるが，委託する業務の内容，料金・報酬額，検収・品質のチェック，顧客とのトラブル等の報告義務，再委託に関する事項，反社会的勢力の排除，解約・損害賠償等に関する事項などは，共通して重要な事項である。

(注)　本項の執筆に当たっては，弁護士法人咲くやこの花法律事務所HP「企業法務の法律相談サービス」（業務委託契約書の注意点などの作成方法を弁護士が解説）を参考にした。

――業務委託契約書例は巻末資料３参照

 解　説

## 1　業務委託の特徴

　業務委託とは，本来，自社で行うべき業務を他社に委託（外注）するものである。したがって，業務委託契約を締結する場合は，委託者は，委託する業務の範囲や成果物の内容等を明確にし，受託者に対し，一定の対価・報酬を支払う形のものとなる。法的には，請負契約，委任契約又は準委任契約に該当する。

　もっとも，一口に業務委託といっても，製造，運送，保守，コンサルティング，営業代行（委託販売），店舗運営，清掃，広告出稿，建築設計監理，研修，デザイン等様々のものがあるので，その態様により，契約内容・条件等

第11章　業務委託契約書・秘密保持義務契約書・下請取引契約書等の内容・ヒナ型

が変わってくる。

　ただし，業務委託契約書において，特に重要な事項や共通するものが有るので，それらについて述べることとする。

## *2*　業務委託の態様による留意点

　清掃，保守等の毎月定形的な業務を行う場合は，受託者側がサービスレベルを上げなくても定額の報酬を受領できるという意識になってしまうと，受託業務の質が確保できなくなるという問題がある。したがって，この種の業務についての委託契約書を作成する場合には，委託者がサービス等の内容を定期的に点検できるとの条項を設ける等の点に留意すべきである。

　次に，業務代行の売上げや顧客に対するサービスの提供などによって報酬額が異なるといった態様の業務については，受託者に多くの報酬を獲得しようとするインセンティブがある一方で，報酬を獲得することを目的として不正行為（誇大広告や強引な営業活動，営業成績の水増し等）が行われやすいという問題があるため，これらを発生させないようにするための条項，例えば，誇大広告や強引な営業活動の禁止，売上げやサービスの提供に関する正確な報告義務を設ける等の点に留意すべきである。

　さらに，建築設計監理，研修，デザイン等の業務の委託においては，業務内容・責任範囲を正確に定めること，また，最初から報酬額が決まった請負となることから受託者にサービスレベルを上げるモチベーションが働きにくいという問題があるため，監理，検収等が重要となる。

## *3*　業務委託契約書作成上の留意点

### ⑴　委託業務の内容の決定

　委託業務の内容は，できる限り詳細に定めることが必要である。製品の仕様，サービスの内容など委託業務の内容が委託者の意図した通りに定められていないときは，期待していた通りのものが実現していない場合に受託者の債務不履行責任を追及したり，やり直しを求めることができなくなるおそれがある。

268

製品仕様，企画書等を交付し，受託者が準拠すべき基準を明確にしておく必要がある。システム保守については，「保守業務の対応時間」，「システムに不具合が発生した場合の原因調査及び修正・復旧」，「セキュリティに関するアップデート」等が含まれるかについても明らかにしておく必要がある。

### (2) 料金・報酬額の決定

料金・報酬額については，毎月定額であるのか，売上げ・製造個数による一定割合によるものかとなるが，その売上・製造個数は受託者からの報告に基づくものとなる。しかし，その正確性を担保するための措置として，受託者の帳簿・書類などを検査することができることとしておく必要がある。保守等の場合には，システムなどの簡易な修繕の場合と重大な故障の場合の復旧費用の負担割合等を明確に定めておくことが重要である。

また，料金・報酬の支払い時期については，製品等の受領・サービスの提供後の60日以内（当月締め翌月末日払い）とすることが原則であり，正常な商慣習であるといえる（下請2条の2参照）。

### (3) 検収・品質チェック及び返品

製品や成果物の検収・品質チェックは，納品後一定期間（例えば，1週間以内）に行うこと等を定める。

受託者が商品の販売やサービスの提供等の業務を行う場合に，その状況について委託者に定期的に報告させ，必要により，報告の正確性を担保するために，委託者が受託者の帳簿・書類を検査することができることとする。

### (4) トラブル等の報告義務

委託者の業務遂行の適正の確保・維持等又は検証のため，及び受託者の誠実な業務活動の確保等のために，受託者に顧客との間で発生したトラブル・苦情・意見等について，全てを報告させ，問題を共有し協調して処理するとともに，今後の業務改善に役立たせることとする。

### (5) 再委託に関する事項

受託者に対して再委託を認めるか否かは，委託業務の内容に照らして決

第11章　業務委託契約書・秘密保持義務契約書・下請取引契約書等の内容・ヒナ型

定する。この場合，受託者の情報に基づいて業務の専門技術性を活かして業務の質とスピードを確保することができるかといったことが視点となる。ただし，再委託先に委託者の意思が伝わり難くなることや再委託先の技術・能力によりけりという点がある。

　そこで，再委託を認める場合でも，委託者に関する資料の提供及び書面による了承を得ることを条件とすることが必要となる。また，この場合でも，委託業務の全ての再委託を認めるべきではなく，特定の一部分の再委託を認めることとする必要があろう。

　当然のことながら，再委託先に対しても受託者と同様の義務を負わせることとする。

### (6)　反社会的勢力の排除

　「暴力団員による不当な行為の防止等に関する法律」（平3・5・15法律77号，平4・3・1施行）が制定された以降，事業者は，暴力団又は暴力団員等との係わりを持たない又はそれらを支援等することとならないよう細心の注意を払っている。

　このため，取引契約の相手方に，暴力団，暴力団員，暴力団準構成員，暴力団関係者，総会屋その他の反社会的勢力が含まれるようなことがないこと，取引契約の相手方が反社会的勢力を利用することがないこと，また，反社会的勢力に対して資金等を提供したり，便宜を供与するなどの関与をしていないことを求め，もしそのようなこととなった場合には，契約関係を直ちに解除することとしている。

### (7)　解約・損害賠償に関する規定

　受託者によるサービスレベルが委託者の満足するレベルに達しない場合に，委託者が契約の途中で解約することができるような条件を設定しておくことが重要である。

　なお，民法641条は，請負契約について，「請負人が仕事を完成しない間は，注文者は，いつでも損害を賠償して契約の解除をすることができる。」と規定し，民法651条1項は，委任契約について，「委任は，各当事者はいつでもその解除をすることができる。」が，「当事者の一方が相手方に不利

な時期に委任の解除をしたときは，その当事者の一方は，相手方の損害を賠償しなければならない。ただし，やむを得ない事由があったときは，この限りでない。」(民651条2項)と規定する。委託者が受託者と契約解除する時は損害賠償しなければならないのが原則であるが，委託者にとって契約の目的が達成できないときは，民法651条2項の規定に基づいて，やむを得ない事由によって契約解除できることとしておくことが必要である。

## 104 業務委託先に秘密保持義務を課したいと考えているが，どのような内容にすべきか。

A 対象となる秘密情報の定義，秘密情報の目的外使用の禁止，秘密保持義務，新たに発生した知的財産権の帰属，漏洩時の措置，秘密情報等の返還・廃棄，損害賠償等について定める必要がある。

(注) 本項の執筆に当たっては，WEBトップコート国際法律事務所「秘密保持契約書(NDA)の書き方と20個のポイント」を参考とした。ただし，必要に応じて筆者において修正を加えた。

 **解 説**

### 1 秘密保持契約書締結の必要性

他社に業務委託する場合に委託者は受託者と，業務委託契約書とともに秘密保持契約書を締結する必要がある。これらの契約は，同一の契約書で締結することもできるが，別々の契約書で締結することもでき，むしろ別々の契約書で締結することの方が多い。

事業者が他社に業務委託する場合，受託者に自社の有する秘密情報である技術情報やノウハウを開示・提供し，また，自社の営業に関する情報が伝わる場合があるが，これらの情報が第三者に漏洩した場合は重大な損害が発生

第11章　業務委託契約書・秘密保持義務契約書・下請取引契約書等の内容・ヒナ型

することがあるので，当事者としては，秘密保持契約書を締結する必要がある。また，開示した技術情報に基づき新たな知的財産権が発生する場合があり，その帰属をめぐって当事者間で争いとなることがあるので，あらかじめそうした場合の権利の帰属について決めておくことも必要である。

営業秘密の法律による保護の対象となるものについては，不正競争防止法で規定されており，同法2条6項は，「この法律において『営業秘密』とは，秘密として管理されている生産方法，販売方法その他の事業活動に有用な技術上又は営業上の情報であって，公然と知られていないものをいう。」と定義されている。秘密保持契約で秘密保持の対象とする事項は，不正競争防止法でいう営業秘密に該当するものに限定する必要はなく，契約当事者としては，それ以上に広い範囲とすることとして差し支えない。不正競争防止法上の営業秘密については，差止請求権（不正競争3条），損害賠償請求権（不正競争4条）及び信用回復の措置（不正競争14条）が認められている。この点については，Q98で詳述。

## *2*　秘密保持契約書の内容

秘密保持契約書で定めるべき事項として重要なものは，次のような事項である。

### ⑴　秘密情報の定義

秘密情報とは，契約の有効期間中に業務委託する相手方に開示する（開示に伴って知られることとなる情報を含む。）技術，営業，業務，財務，組織その他の事項に関する一切の情報（文書，電子ファイル，口頭その他の媒体のいかんを問わない。）であって，被開示者に漏らされては困る情報である。口頭による情報も秘密情報とすることができるが，口頭による場合は後日争いになるおそれがあるので，速やかにそれが秘密情報に含まれることを明確にしたうえで文書化して被開示者に交付することが適切である。

なお，秘密情報には，既に公知となっている等の事項は含まれないので，この点を明らかにしておく必要がある（資料3・例4「秘密保持契約書」（ヒナ型）参照）。

272

秘密保持契約書を締結することは，当該業務委託者にとって，その秘密情報の漏洩防止を目的とするが，契約の相手方にとっても秘密保持義務の範囲が明確になるというメリットがある。

秘密情報の開示者は，当該文書等の見やすい所に，秘，マル秘，厳秘等の文言を付することが必要である。

秘密保持義務の期間は，業務委託取引関係終了後もその期間に含ませることができる。その場合は，例えば，「本契約期間中並びに本契約期間終了後○○年間」というような定め方になる。

(2) **秘密情報の目的外使用の禁止**

秘密情報は，当該業務委託を行う際にその目的のために相手方が使用等することができる情報である。よって，相手方がその目的外に使用しようとする場合は，あらかじめ文書により開示者の承諾を得なければならないとすることが必要である。

(3) **秘密保持義務**

秘密情報の開示者は，被開示者に対し，秘密情報を保持し，これを適切に管理するともに，書面による承諾を得ることなく第三者に開示してはならないことを義務付けることができる。

ただし，被開示者は，裁判所，検察又は警察による命令など法令に基づき秘密情報の開示が求められた場合は，事前に開示者の承諾を得た上で，合理的な範囲において，開示に応ずることになる。

法令に基づく開示以外で被開示者が開示者の承諾を得て第三者に秘密情報を開示する場合は，被開示者は当該第三者に対して，被開示者と同様な秘密保持義務を負わせることとする。

被開示者が自己の企業内で秘密情報を開示する場合は，当該開示目的のために必要がある最小限度の役員・従業員並びに弁護士，公認会計士，税理士等の法令上の守秘義務を負う者に対してのみ開示することができるものとする。

なお，秘密保持義務は，契約当事者の双方が負うべき義務である。契約当事者の双方が自己の秘密情報を開示する場合があり，また，秘密情報が

第11章　業務委託契約書・秘密保持義務契約書・下請取引契約書等の内容・ヒナ型

意図せず伝わる場合がある。秘密情報の保持者が被開示者に対し秘密保持義務を求めるのは当然であり，契約当事者双方が相手方の秘密情報を保持しなければならない。

**⑷　新たに発生した知的財産権の帰属**

　業務委託する際に，自己が保持する知的財産権に関する情報を相手方に開示し，相手方がその情報を用いて成果物を作成する際に，新たな知的財産権を発生させることがある。この新たに発生した知的財産権の帰属や利用に関して，公取委は独占禁止法上の指針を定めている。すなわち，「知的財産の利用に関する独占禁止法上の指針」(平19・9・28公取委，最終改正：平28・1・21）第4の5⑻・⑼・⑽において，次のように定めている。

---

「知的財産の利用に関する独占禁止法上の指針」(平19・9・28公取委，最終改正：平28・1・21)

①　改良技術の譲渡義務・独占的ライセンス義務
　㋐　ライセンサーがライセンシーに対し，ライセンシーが開発した改良技術について，ライセンサー又はその指定する事業者にその権利を帰属させる義務，又はライセンサーに独占的ライセンス<sup>(注)</sup>をする義務を課す行為は，技術市場又は製品市場におけるライセンサーの地位を強化し，また，ライセンシーに改良技術を利用させないことによりライセンシーの研究開発意欲を損なうものであり，また，通常，このような制限を課す合理的理由があるとは認められないので，原則として拘束条件付取引に該当する（一般指定12項）。
　　(注)　独占的ライセンスとは，特許法に規定する専用実施権を設定すること，独占的な通常実施権を与えるとともに権利者自身はライセンス地域内で権利を実施しないこと等をいう。
　　　　　権利者自身がライセンス技術を利用する権利を留保する形態のものは非独占的ライセンスという。
　㋑　ライセンシーが開発した改良技術に係る権利をライセンサーとの共有とするという義務は，ライセンシーの研究開発意欲を損なう程度は㋐の制限と比べると小さいが，ライセンシーが自らの改良・応用研究の成果を自由に利用・処分することを妨げるものであるので，公正競争阻害性

---

274

を有する場合には，拘束条件付取引に該当する。

 ㈡ もっとも，ライセンシーが開発した改良技術が，ライセンス技術なしには利用できないものである場合に，当該改良技術に係る権利を相応の対価でライセンサーに譲渡する義務を課す行為については，円滑な技術取引を促進する上で必要と認められる場合があり，また，ライセンシーの研究開発意欲を損なうとまでは認められないことから，一般に公正競争阻害性を有するものではない。

 ② 改良技術の非独占的ライセンス義務

 ㈠ ライセンサーがライセンシーに対し，ライセンシーによる改良技術をライセンサーに非独占的にライセンスをする義務を課す行為は，ライセンシーが自ら開発して改良技術を自由に利用できる場合は，ライセンシーの事業活動を拘束する程度は小さく，ライセンシーの研究開発意欲を損なうおそれがあるとは認められないので，原則として不公正な取引方法には該当しない。

 ㈡ しかしながら，これに伴い，当該改良技術のライセンス先を制限する場合（例えば，ライセンサーの競争者や他のライセンシーにはライセンスしない義務など）は，ライセンシーの研究開発意欲を損なうことにつながり，また，技術市場又は製品市場におけるライセンサーの地位を強化するものとなり得るので，公正競争阻害性を有する場合には，拘束条件付取引に該当する。

 ㈢ ライセンシーが開発した改良技術が，ライセンス技術なしには利用できないものである場合において，他の事業者にライセンスする際にはライセンサーの同意を得ることを義務付けする行為は，原則として不公正な取引方法には該当しない。

 ③ 取得知識・経験の報告義務

 ライセンサーがライセンシーに対し，ライセンス技術についてライセンシーが利用する過程で取得した知識又は経験をライセンサーに報告する義務を課す行為は，ライセンサーがライセンスをする意欲を高めることになる一方，ライセンシーの研究開発意欲を損なうものではないので，原則として不公正な取引方法には該当しない。ただし，ライセンシーが有する知識又は経験をライセンサーに報告することを義務付けることが，実質的には，ライセンシーが取得したノウハウをライセンサーにライセンスすることを義務付けるものと認められる場合は，①又は②と同様の考え方により，公正競争阻害性を有する場合には，拘束条件付取引に該当する。

第11章　業務委託契約書・秘密保持義務契約書・下請取引契約書等の内容・ヒナ型

### (5)　漏洩時の措置

　　秘密保持契約の契約当事者以外の第三者が秘密情報を漏洩し，又はその疑いがあるときは（契約当事者による秘密情報の漏洩の場合は，秘密保持義務違反であるので，当該条項に基づき処理する。），被開示者は，開示者に対し，直ちにその状況を報告するとともに，事実関係を調査し，開示者と協力して，現状回復及び再発防止措置を講じなければならないこととする。

### (6)　秘密情報等の返還・廃棄

　　本契約が終了したとき，開示目的が中止・終了したとき，開示者の請求があったとき等には，被開示者は秘密情報が記載された文書，その他の記録媒体，複製物等を開示者の指示に従って，返還，廃棄，消却等することとする。

### (7)　損害賠償

　　契約当事者が本契約の各条項に違反したときは，各契約当事者は，相手方に対し，秘密情報の全部又は一部の提供・使用を中止するとともに，契約違反により発生した損害の賠償を求めることができるものとする。

---

**105** 下請法では，親事業者が下請事業者に「書面の交付」を行うことが義務付けられているが，これは，親事業者と下請事業者との間で文書により契約をしなければならないということか。また，交付する文書に記載すべき内容は，どのようなものか。

**A** 　　下請法３条の発注書面は，親事業者が下請事業者に発注する際に交付することが求められるものであって，親事業者と下請事業者の双方で作成される契約書ではない。親事業者が発注するたびに下請事業者との間で契約書を作成し，その契約書に下請法３条及び公正取引委員

*276*

会規則で定める発注書面の記載事項が網羅されているのであれば，これを発注書面に代えることができることとされている。

 **解　説**

## *1*　発注書面の交付義務

　発注書面は，下請事業者に製造委託等を行ったときに，親事業者が具体的な発注内容を記載して下請事業者に交付するものであるのに対し，契約書は，親事業者と下請事業者との間で取り決められた事項を記載して作成し，両者がこれを保持するものである。

　下請取引が継続的なものとなっている場合は，最初の取引開始時に親事業者と下請事業者との間で基本的な取引条件が取り決められ，それに従って個々の発注が行われるのが通常であろう。

　そして，下請取引におけるトラブルを未然に防止して下請事業者の利益を保護するためには，具体的な取引条件が書面で明確になっていることが望ましいので，下請法3条では，製造委託等をした場合に下請事業者に発注書面を交付する義務を親事業者に課している。

　両者の法的な位置づけは異なるものの，契約書に発注書面に記載すべき事項が全て記載されている場合は，契約書を発注書面に代えることができることとなっている。

## *2*　発注書面の記載事項

　発注書面については，下請法3条で「公正取引委員会規則で定めるところにより下請事業者の給付の内容，下請代金の額，支払期日及び支払方法その他の事項を記載した書面」とされており，その具体的な記載事項については，下請3条規則で定められている。

　この規則では，①親事業者及び下請事業者の名称，②製造委託等をした日，③下請事業者の給付の内容，④下請事業者の給付を受領する期日（役務提供委託の場合は，役務が提供される期日又は期間），⑤下請事業者の給付を受領する

第11章　業務委託契約書・秘密保持義務契約書・下請取引契約書等の内容・ヒナ型

場所，⑥下請事業者の給付の内容について検査する場合は，検査を終了する期日，⑦下請代金の額（算定方法による記載も可），⑧手形を交付する場合は，手形の金額と満期，などの事項が定められている。そして，これらの事項を1つの書面に記載して交付するだけでなく，支払方法など個々の発注で異ならない事項を共通記載事項に係る文書として事前に交付しておき，個々の発注時に交付する書面には共通記載事項に係る事項の記載を省略することも認められている。ただし，共通記載事項に係る記載を省略する際には，例えば「支払期日等は，○年○月○日付け『支払方法等について』によります。」などとの関連付けの記載する必要がある。

　ちなみに，公正取引委員会及び中小企業庁作成の「下請取引適正化推進講習会テキスト」には発注書面の書式例も掲載されており，発注書面の記載事項の全てを1つの書式に含めた場合の書式例は，資料3・例5（なお，注書は一部改変）のとおりである。

# 資　料

## 資料1　独占禁止法2条9項

**不公正な取引方法**

**第2条第9項**
　この法律において「不公正な取引方法」とは，次の各号のいずれかに該当する行為をいう。
（共同の取引拒絶）
1　正当な理由がないのに，競争者と共同して，次のいずれかに該当する行為をすること。
　イ　ある事業者に対し，供給を拒絶し，又は供給に係る商品若しくは役務の数量若しくは内容を制限すること。
　ロ　他の事業者に，ある事業者に対する供給を拒絶させ，又は供給に係る商品若しくは役務の数量若しくは内容を制限させること。
（差別対価）
2　不当に，地域又は相手方により差別的な対価をもつて，商品又は役務を継続して供給することであつて，他の事業者の事業活動を困難にさせるおそれがあるもの
（不当廉売）
3　正当な理由がないのに，商品又は役務をその供給に要する費用を著しく下回る対価で継続して供給することであつて，他の事業者の事業活動を困難にさせるおそれがあるもの
（再販売価格維持行為）
4　自己の供給する商品を購入する相手方に，正当な理由がないのに，次のいずれかに掲げる拘束の条件を付けて，当該商品を供給すること。

資料1　独占禁止法2条9項

イ　相手方に対しその販売する当該商品の販売価格を定めてこれを維持させることその他相手方の当該商品の販売価格の自由な決定を拘束すること。

ロ　相手方の販売する当該商品を購入する事業者の当該商品の販売価格を定めて相手方をして当該事業者にこれを維持させることその他相手方をして当該事業者の当該商品の販売価格の自由な決定を拘束させること。

（優越的地位の濫用）

5　自己の取引上の地位が相手方に優越していることを利用して，正常な商慣習に照らして不当に，次のいずれかに該当する行為をすること。

イ　継続して取引する相手方（新たに継続して取引しようとする相手方を含む。ロにおいて同じ。）に対して，当該取引に係る商品又は役務以外の商品又は役務を購入させること。

ロ　継続して取引する相手方に対して，自己のために金銭，役務その他の経済上の利益を提供させること。

ハ　取引の相手方からの取引に係る商品の受領を拒み，取引の相手方から取引に係る商品を受領した後当該商品を当該取引の相手方に引き取らせ，取引の相手方に対して取引の対価の支払を遅らせ，若しくはその額を減じ，その他取引の相手方に不利益となるように取引の条件を設定し，若しくは変更し，又は取引を実施すること。

*280*

資料2　一般指定

## 資料2　一般指定

### 不公正な取引方法（昭57・6・18公取委告示第15号）

( 昭和57年 6 月18日　公正取引委員会告示第15号, )
( 改正　平成21年10月28日　公正取引委員会告示第18号 )

　私的独占の禁止及び公正取引の確保に関する法律（昭和22年法律第54号）第
2 条第 9 項の規定により，不公正な取引方法（昭和28年公正取引委員会告示第
11号）の全部を次のように改正し，昭和57年 9 月 1 日から施行する。

**不公正な取引方法**
（共同の取引拒絶）
1　正当な理由がないのに，自己と競争関係にある他の事業者（以下「競争
　者」という。）と共同して，次の各号のいずれかに掲げる行為をすること。
　一　ある事業者から商品若しくは役務の供給を受けることを拒絶し，又は供
　　給を受ける商品若しくは役務の数量若しくは内容を制限すること。
　二　他の事業者に，ある事業者から商品若しくは役務の供給を受けることを
　　拒絶させ，又は供給を受ける商品若しくは役務の数量若しくは内容を制限
　　させること。
（その他の取引拒絶）
2　不当に，ある事業者に対し取引を拒絶し若しくは取引に係る商品若しくは
　役務の数量若しくは内容を制限し，又は他の事業者にこれらに該当する行為
　をさせること。
（差別対価）
3　私的独占の禁止及び公正取引の確保に関する法律（昭和22年法律第54号。
　以下「法」という。）第 2 条第 9 項第 2 号に該当する行為のほか，不当に，
　地域又は相手方により差別的な対価をもつて，商品若しくは役務を供給し，
　又はこれらの供給を受けること。
（取引条件等の差別取扱い）
4　不当に，ある事業者に対し取引の条件又は実施について有利又は不利な
　取扱いをすること。
（事業者団体における差別取扱い等）

資料

*281*

資料2　一般指定

5　事業者団体若しくは共同行為からある事業者を不当に排斥し，又は事業者
　団体の内部若しくは共同行為においてある事業者を不当に差別的に取り扱い，
　その事業者の事業活動を困難にさせること。

（不当廉売）

6　法第2条第9項第3号に該当する行為のほか，不当に商品又は役務を低い
　対価で供給し，他の事業者の事業活動を困難にさせるおそれがあること。

（不当高価購入）

7　不当に商品又は役務を高い対価で購入し，他の事業者の事業活動を困難に
　させるおそれがあること。

（ぎまん的顧客誘引）

8　自己の供給する商品又は役務の内容又は取引条件その他これらの取引に関
　する事項について，実際のもの又は競争者に係るものよりも著しく優良又は
　有利であると顧客に誤認させることにより，競争者の顧客を自己と取引する
　ように不当に誘引すること。

（不当な利益による顧客誘引）

9　正常な商慣習に照らして不当な利益をもつて，競争者の顧客を自己と取引
　するように誘引すること。

（抱き合わせ販売等）

10　相手方に対し，不当に，商品又は役務の供給に併せて他の商品又は役務を
　自己又は自己の指定する事業者から購入させ，その他自己又は自己の指定す
　る事業者と取引するように強制すること。

（排他条件付取引）

11　不当に，相手方が競争者と取引しないことを条件として当該相手方と取引
　し，競争者の取引の機会を減少させるおそれがあること。

（拘束条件付取引）

12　法第2条第9項第4号又は前項に該当する行為のほか，相手方とその取引
　の相手方との取引その他相手方の事業活動を不当に拘束する条件をつけて，
　当該相手方と取引すること。

（取引の相手方の役員選任への不当干渉）

13　自己の取引上の地位が相手方に優越していることを利用して，正常な商慣
　習に照らして不当に，取引の相手方である会社に対し，当該会社の役員（法
　第2条第3項の役員をいう。以下同じ。）の選任についてあらかじめ自己の
　指示に従わせ，又は自己の承認を受けさせること。

資料2　一般指定

**（競争者に対する取引妨害）**

14　自己又は自己が株主若しくは役員である会社と国内において競争関係にある他の事業者とその取引の相手方との取引について，契約の成立の阻止，契約の不履行の誘引その他いかなる方法をもつてするかを問わず，その取引を不当に妨害すること。

**（競争会社に対する内部干渉）**

15　自己又は自己が株主若しくは役員である会社と国内において競争関係にある会社の株主又は役員に対し，株主権の行使，株式の譲渡，秘密の漏えいその他いかなる方法をもつてするかを問わず，その会社の不利益となる行為をするように，不当に誘引し，そそのかし，又は強制すること。

附則（平成21年公正取引委員会告示第18号）

　　この告示は，私的独占の禁止及び公正取引の確保に関する法律の一部を改正する法律（平成21年法律第51号）の施行の日（平成22年1月1日）から施行する。

資　料

資料3　書式例

## 資料3　書式例

### 〈例1　コンサルティング業務委託基本契約書〉

コンサルティング業務委託基本契約書

　株式会社○○○○（以下，「甲」という。）と株式会社○○○○（以下，「乙」という。）は，以下の通り，コンサルティング業務委託基本契約（以下，「本契約」という。）を締結する。

第1条（契約の目的）
　　甲は乙に，甲に対するコンサルティング業務を委託し，乙はこれを受託する。

第2条（委託業務の内容）
　　本契約において，乙が甲に対して提供する業務（以下，「委託業務」という。）は次の通りとする。
　　(1)　甲の○○事業に関するWebサイトを利用した集客に関する助言
　　(2)　甲の○○事業に関する集客を目的とするWebサイトの企画
　　(3)　甲の○○事業に関する集客を目的とするWebサイトのアクセス解析
　　(4)　甲の○○事業に関する集客を目的とするWebサイトの運用，改善に関する助言
　　(5)　甲の○○事業に関するインターネット広告の出稿，運用，改善に関する助言
　　(6)　その他，甲の○○事業に関する上記以外の事項

第3条（委託業務の遂行方法）
　　乙は委託業務を○○○○に担当させ，それ以外の者に担当させない。
2　乙は毎月1回，○○○○に甲を訪問させ，業務の進捗，方針に関するミーティングを行う。
3　乙は毎月末日までに，委託業務の進捗，成果について記載したレポートを作成し，甲に提出する。

*284*

例1　コンサルティング業務委託基本契約書

第4条（再委託）

　　乙は委託業務を第三者に再委託しない。

第5条（契約期間）

　　本契約の有効期限は本契約締結日より1年間とする。ただし，契約期間満了の1か月前までに甲又は乙の書面による申出がない場合は，自動的に1年間延長されるものとし，以降も同様とする。

2　甲及び乙は，前項の契約期間中であっても1か月前に書面により相手方に通知することにより本契約をいつでも解約できるものとし，相手方は解約による損害の賠償を求めることはできないものとする。

3　第6条，第9条及び第12条は，本契約終了後も効力を有する。

第6条（報酬と報酬の支払時期）

　　甲が乙に支払う報酬は，月額○○万円（税別）とする。乙は，当月分の報酬を甲に請求し，甲は，請求対象月の翌月末日までに，乙の指定する金融機関の口座に支払うものとする。

2　報酬の支払に必要な振込手数料は，甲の負担とする。

第7条（知的財産の帰属）

　　委託業務の過程で作成された著作物の著作権（著作権法第27条及び第28条の権利を含む。），及び委託業務の過程で生じた発明その他の知的財産又はノウハウ等に係る知的財産権は，原則として甲に帰属するものとするが，当該著作物の作成が乙の創作と認められる場合は，甲乙協議によりその帰属を決定する。

2　上記以外の知的財産に係る遵守事項については，別途，甲及び乙間で締結する「秘密保持契約書」に従うこととする。

第8条（禁止行為）

　　乙は，甲の事前の了解を得ないで，甲の○○事業と同種の同業他社の事業についてのコンサルティング業務を行ってはならない。

第9条（損害賠償）

　　甲又は乙が自社の責めに帰すべき事由により相手方に損害を与えたときは，

資料

*285*

資料3　書式例

すみやかにその損害を賠償しなければならない。


第10条（契約の解除）

　　甲又は乙は，他の当事者が次の各号の一つに該当したときは，催告なしに直ちに，本契約の全部又は一部を解除することができる。

　⑴　本契約に違反し，相当の期間を定めて相手方に対して，その是正を求めたにも関わらず，相手方がその違反を是正しないとき

　⑵　相手方の信用，名誉又は相互の信頼関係を傷つける行為をしたとき

　⑶　破産手続開始，民事再生手続開始，会社更生手続開始，その他倒産手続開始の申立てがあったとき

　⑷　差押え，仮差押え，仮処分，競売の申立て，租税滞納処分その他これに準ずる手続があったとき

　⑸　支払停止若しくは支払不能に陥ったとき，又は，手形若しくは小切手が不渡りとなり，手形交換所より銀行取引停止処分を受けたとき

　⑹　合併，解散，清算，事業の全部若しくはその他重要な事業の一部を第三者へ譲渡し，又はしようとしたとき

　⑺　その他前各号に類する事情が存するとき

2　前項に基づく契約の解除は，相手方に対する損害賠償請求を妨げない。


第11条（反社会的勢力の排除）

　　甲及び乙は，それぞれ相手方に対し，次の事項を確約する。

　⑴　自らが，暴力団，暴力団員，暴力団準構成員，暴力団関係者，総会屋その他の反社会的勢力（以下，これらを総称して「反社会的勢力」という。）ではないこと

　⑵　自らの役員が反社会的勢力ではないこと

　⑶　反社会的勢力に自己の名義を利用させ，本契約を締結するものでないこと

　⑷　反社会的勢力に対して資金等を提供し，又は便宜を供与するなどの関与をしていないこと

　⑸　反社会的勢力と社会的に非難されるべき関係を有しないこと

　⑹　この契約に関して，自ら又は第三者を利用して，次の行為をしないこと

　　ア　相手方に対する脅迫的な言動又は暴力を用いる行為

イ　偽計又は威力を用いて相手方の業務を妨害し，又は信用を毀損する
　　　　行為
2　甲及び乙は，相手方が次の各号の一に該当する場合，何らの催告を要さず
　に，本契約を解除することができる。
　　⑴　前項⑴から⑸の確約に反することが判明した場合
　　⑵　前項⑹の確約に反する行為をした場合
3　前項の規定により，本契約を解除した場合には，相手方に損害が生じても
　解除者は何らこれを賠償又は補償することは要せず，また，かかる解除によ
　り解除者に損害が生じたときは，相手方はその損害を賠償するものとする。

第12条（合意管轄）
　甲及び乙は，本契約に関して紛争が生じた場合には，甲の本店所在地を管轄
する裁判所を第一審の専属的合意管轄裁判所とすることに合意する。

　以上，本契約の成立を証するため，本書2通を作成し，甲乙各記名押印のう
え，各1通を保有する。

　○○○年○月○日

　　　　　　　　　　甲（住　　所）○○○○
　　　　　　　　　　　（名　　称）株式会社○○○○
　　　　　　　　　　　　　　　　　代表取締役　　○○○○　　　　　印
　　　　　　　　　　乙（住　　所）○○○
　　　　　　　　　　　（名　　称）株式会社○○○○
　　　　　　　　　　　　　　　　　代表取締役　　○○○○　　　　　印

（注）　契約書例は弁護士法人咲くやこの花法律事務所ホームページにあるものを参考に
　　　し，一部修正を加えて作成した。

資

料

資料3　書式例

## 〈例2　製造委託基本契約書〉

製造委託基本契約書

　株式会社○○○（以下，「甲」という。）と株式会社○○○（以下，「乙」という。）は，甲及び乙間の製造及び資材取引に関し，次の通り製造委託基本契約を締結する。

第1条（基本契約と個別契約）

　この契約に規定する事項は，別に特約のない限り個々の取引契約（以下，「個別契約」という。）について適用する。

第2条（個別契約の成立）

　甲は，品名，単価，納期，数量，納入場所，支払条件，その他の事項を記載した注文書等の文書により個別契約の申込を行い，乙は，この申込に対し原則として請書を提出する。これにより個別契約が成立するものとする。

2　前項の請書の提出がない場合は，乙が申込受領後○○日以内に甲に対し受諾拒否の申出を行わない限り，個別契約が成立するものとする。

第3条（個別契約の変更）

　甲は，甲の都合により設計変更，生産変更，その他個別契約の全部又は一部を変更し，又は取り消したいときは，あらかじめ書面によりその内容を乙に通知し，乙の了承を得るものとする。

第4条（価格）

　甲の発注する資材（以下，「注文資材」という。）の価格は，原則として乙から甲に提出する見積書及びその付属文書に基づき，あらかじめ甲乙協議のうえ決定するものとする。

第5条（仕様書類）

　甲が乙に提示する注文資材の仕様書類は，次の各号の通りとする。

①　図面・承諾図・資材規格

②　工作図・加工基準図・粗形材承諾図

③　検査基準図・限度見本

　　④　納品荷姿指示書

2　乙は，甲より提示を受けた仕様書類について善良なる管理者の注意をもっ
　て管理し，これを紛失し，又はこの内容を第三者に漏洩してはならない。

3　乙は，個別契約が解除され若しくは終了した場合，又は甲の要求があった
　場合は，速やかに甲より提示を受けた仕様書類を返却しなければならない。


第6条（品質保証）

　　乙は，全生産工程において甲の承認する品質保証体制の確立に務め，注文
　資材について前条の仕様書類に合致させ，かつ，甲の承認する品質と信頼性
　とを確保するように務めなければならない。

2　甲と乙とは，相互及び個別に実施すべき品質保証上の事項について別に品
　質保証協定を締結し，前項の品質保証を図るものとする。


第7条（納入）

　　乙は，注文資材を甲が別途指定する手続，方法及び手段により納入するも
　のとする。

2　乙は，注文資材に関する納期を厳守しなければならない。

3　乙は，納期の先行，遅延又は数量の過不足等の異常納入のおそれがある場
　合，又は異常が発生した場合は，速やかに甲と協議してその原因分析を行い，
　必要な処置を講じ再発防止に務めるとともに，事後の処置について甲の指示
　を受けこれに従うものとする。

4　乙は，前項の異常納入が乙の責めに帰すべき事由により発生した場合，甲
　の被った損害を補償するものとする。


第8条（受入及び検査）

　　甲は，納入された注文資材について速やかにその数量の確認及び外観等の
　検査等を行い，その合否を確定して（以下，「検収」という。）これを乙に通
　知するものとする。

2　乙は，検収により過剰又は不合格となった注文資材について，甲の指示に
　従い乙の費用負担においてこれを引き取り，指定納期までにその代替資材を
　納入し，あるいは補修などの処置を行わなければならない。ただし，この場
　合でも乙は，前条第4項の責を免れないものとする。

資料3　書式例

3　乙が，甲の指示に従わずに過剰又は不合格注文資材を引き取らなかった場合，甲は当該資材を任意の方法で処分することができるものとする。

4　甲は，不合格注文資材について代金を値引きして受け入れることができ，その値引きの額は，甲乙協議して決めるものとする。

第9条（所有権移転及び危険負担の移転）

　　注文資材の所有権及び危険負担は，乙の納入が完了した時，乙から甲に移転するものとする。

第10条（瑕疵担保責任）

　　乙が納入した注文資材に隠れた瑕疵が発見された場合，甲と乙とが別途締結する協定に従い，瑕疵の修補，代替品納入，代金減額，代金返却，甲の損害の補償等について協議するものとする。

第11条（支払）

　　乙が納入した注文資材の代金については，毎月〇〇日を締切日とし，それまでに甲の検収の完了した注文資材につき，乙は請求書を発行し，甲は翌月末日までに現金又は約束手形によりこれを支払う。

第12条（相殺）

　　甲は，有償支給資材の代金その他乙より支払を受けるべき金銭債権がある場合，乙に対する注文資材代金の支払債務と相殺を行うことができる。

第13条（資材の支給）

　　甲は，必要がある場合，乙に対し注文資材の製作に使用する資材（以下，「支給資材」という。）を支給することができるものとする。

2　支給資材は甲の選択により有償支給と無償支給に区分し，有償支給資材の価格は甲が提示するものとする。

3　有償支給資材の価格並びに資材支給の日時，場所，決済方法等に関しては，甲乙協議してこれを定めるものとする。

4　乙は，支給資材を受領後遅滞なくこれを検収し，瑕疵又は数量不足を発見したときは，遅滞なく甲に通知してその指示を受けるものとする。

5　乙が前項の検収を怠り，又はこれを行うも瑕疵あるいは数量不足を乙の責

めに帰すべき事由により見過ごした場合，支給資材は正常に検収されたものとする。ただし，隠れた瑕疵についてはこの限りではない。

6　支給資材の所有権は，有償支給の場合は，乙がその代金を完済したときに甲から乙に移転し，無償支給の場合は，加工価格のいかんにかかわらず甲が保有する。

7　乙は，無償支給資材の残材，くず等について，甲の指示に従って処理する。

8　乙は，支給資材に加工不良を生じた場合，速やかに甲と協議して必要な処置を講じ再発防止に務めるものとする。

9　乙は，支給資材に起因して注文資材に不良が生じた場合，速やかに甲に通知してその対策並びに処理方法について甲と協議するものとする。


第14条（型，工具，機械器具類等の貸与）

　　甲は，必要があると認められる場合，乙に対し注文資材の製作に使用する型，工具，機械器具類（以下，「型等」という。）を貸与する。

2　甲は，前項の貸与を行う場合，乙とその都度協議し，賃料その他の条件を決めるものとする。


第15条（支給資材，貸与した型等の管理）

　　乙は，甲の支給資材並びに貸与された型等を善良な管理者の注意をもって管理するものとし，甲の所有に属するものについては，乙及び第三者の資産と混同が生じないよう帳簿及び保管場所を区別して管理するものとする。

2　乙は，甲の支給資材及び貸与された型等を甲の承諾なく注文資材の製作以外に使用し，又は質入，譲渡，貸与等の処分をしてはならない。

3　乙は，甲に所有権のある支給資材及び貸与された型等につき，第三者より差押，仮処分等の処分を受けるおそれがある場合は，直ちに甲に通知するとともに，これらについて甲の所有に属することを主張立証し，必要に応じ保管場所を移転するなど甲の所有権が侵害されないよう務めるものとする。


第16条（調査及び指導）

　　甲は，必要に応じて乙に対し生産管理，品質保証等に関する資料及び決算報告書等の経営に関する資料の提出を求めることができるものとする。

2　甲は，必要に応じ注文資材に関する乙の工場設備，生産管理，品質保証等の実態を調査することができるものとする。

資料3　書式例

3　甲は，必要に応じて，乙に対し，注文資材の生産管理，品質保証等に関し指導，助言を行うことができるものとする。

第17条（秘密保持）
　　甲及び乙は，本契約及び個別契約に基づく取引により知り得た相手方の技術上又は業務上の秘密を，第三者に開示又は漏洩してはならない。

第18条（工業所有権）
　　乙は，注文資材に関し甲から使用を許諾されている特許権，実用新案権，意匠権，商標権及びそれらの実施権（以下，「工業所有権」という。）及びノウハウを注文資材の製作以外に使用してはならない。
2　本契約の履行及び個別契約の履行にあたり，第三者との間に工業所有権上の紛争が生じた場合は，乙は速やかに甲に通知するとともに，甲乙協力して対処するものとする。

第19条（注文外資材の製作，販売，使用の禁止）
　　乙は，甲の書面による事前の承諾なしに，自己又は第三者のために，本契約にかかる資材若しくはその類似品を製造又は販売してはならない。

第20条（権利の譲渡）
　　乙は，甲の書面による事前の承諾なしに，本契約又は個別契約により生ずる権利の全部又は一部を，第三者に譲渡し，又は担保に供してはならない。

第21条（契約の解除）
　　甲は，次の各号の事由が乙に発生するおそれがある場合，又はそれが発生した場合，①及び②については，甲が乙に対し相当の期間を定めて改善を促し，それによってもなお改善しないとき，その他については，催告手続を経ることなく直ちにこの契約及びこの契約に基づく個別契約の全部又は一部を解除することができる。
　　① 乙から納入された製品の品質が確保されず，契約の目的が達成できないと甲が判断したとき。
　　② この契約及びこの契約に基づく契約の規定に反したとき。
　　③ 監督官庁から営業の取消又は停止等の処分を受けたとき。
　　④ 手形交換所の不渡処分を受けた場合又は支払停止の状態若しくは債務超過に至ったとき。

⑤　差押，仮差押，仮処分，強制執行若しくは競売の申立を受け，又は公租公課の滞納処分を受けたとき。

⑥　破産，民事再生，会社更正，整理若しくは特別清算の申立を受け，又は自らなしたとき。

⑦　解散，営業譲渡，他の会社と合併したとき。

⑧　その他，重大な経営体制上の変更が生じたとき。

2　前項により解除があった場合，その際乙が甲に対して負担している一切の債務は当然に弁済期が到来するものとする。

第22条（型等の処分）

　この契約及び個別契約が終了した場合，甲は，その選択により，乙が所有する甲の有償支給資材，甲から譲渡を受けたものであると否とを問わず注文資材製作のために使用されている専用の型等，その仕掛品について，その全部又は一部の譲受けを申し出ることができる。この場合，乙は直ちに甲の申出に係る協議に応ずるものとする。

2　前項の譲渡代金の金額，支払方法等は，有償支給材の場合は，その支給価格を，型等の場合は，その当時における当該物件の制作費に減価償却を勘案した価格を基準として甲乙協議のうえ決定するものとする。

第23条（反社会的勢力の排除）

　甲及び乙は，それぞれ相手方に対し，次の事項を確約する。

　⑴　自らが，暴力団，暴力団員，暴力団準構成員，暴力団関係者，総会屋その他の反社会的勢力（以下，これらを総称して「反社会的勢力」という。）ではないこと

　⑵　自らの役員が反社会的勢力ではないこと

　⑶　反社会的勢力に自己の名義を利用させ，本契約を締結するものでないこと

　⑷　反社会的勢力に対して資金等を提供し，又は便宜を供与するなどの関与をしていないこと

　⑸　反社会的勢力と社会的に非難されるべき関係を有しないこと

　⑹　この契約に関して，自ら又は第三者を利用して，次の行為をしないこと

　　ア　相手方に対する脅迫的な言動又は暴力を用いる行為

　　イ　偽計又は威力を用いて相手方の業務を妨害し，又は信用を毀損する

資料3　書式例

　　　　行為
2　甲及び乙は，相手方が次の各号の一に該当する場合，何らの催告を要さず
　に，本契約を解除することができる。
　　(1)　前項(1)から(5)の確約に反することが判明した場合
　　(2)　前項(6)の確約に反する行為をした場合
3　前項の規定により，本契約を解除した場合には，相手方に損害が生じても
　解除者は何らこれを賠償または補償することは要せず，また，かかる解除に
　より解除者に損害が生じたときは，相手方はその損害を賠償するものとする。

第24条（契約の有効期間）
　　本契約の有効期間は，本契約の締結日から平成○○年○○月○○日までと
　する。ただし，有効期間満了3か月前までに，甲乙いずれからも何らの意思
　表示がない場合，同一条件にて更に1年間継続されるものとし，以後も同様
　とする。

第25条（疑義の解決）
　　甲は，この契約及び個別契約の規定に関する解釈上の疑義又はこれらの契
　約に規定のない事項について，誠意をもって乙と協議し解決する。

第26条（合意管轄）
　　甲及び乙は，本契約及びその個別契約に関して紛争が生じた場合は，甲の
　本店所在地を管轄する裁判所を第一審の専属的合意管轄裁判所とすることに
　合意する。

　　この契約の締結を証するため本書2通を作成し，甲乙記名押印のうえ各1
　通保有する。

　○○○年○月○日

　　　　　　　　　　　　甲（住　　所）○○○○
　　　　　　　　　　　　　（名　　称）○○会社○○○
　　　　　　　　　　　　　　　　　　　代表取締役　○○○○　　　　印
　　　　　　　　　　　　乙（住　　所）○○○
　　　　　　　　　　　　　（名　　称）○○会社○○○
　　　　　　　　　　　　　　　　　　　代表取締役　○○○○　　　　印

例3 システム開発委託基本契約書

〈例3 システム開発委託基本契約書〉

---

システム開発委託基本契約書

　株式会社＿＿＿＿＿＿＿（以下，「甲」という。）と株式会社＿＿＿＿＿＿
（以下，「乙」という。）とは，次の通りシステム開発委託基本契約（以下，「本
契約」という。）を締結する。

第1条（定　義）
　本契約において用いる用語の意義は，次の各号に定めるところによる。
(1)　成果物　個別契約に基づいて作成される無体財産及び有体物
(2)　システム仕様書　委託業務の内容を特定する上で必要となるシステムの
　目的，機能及び制限事項などの事項が記述された書類

第2条（契約の目的）
　本契約は，甲が乙に対して委託するシステム開発業務に関する基本的事項
を定めるものであり，本契約を実施するために甲及び乙間にて取り交わされ
る全ての個別契約（以下，「個別契約」という。）に適用される。

第3条（個別契約の成立）
　個別契約は，委託業務の内容・委託料その他の条件を明記した個別契約書
の締結，又は注文書と当該注文書の内容を承認する注文請書を取り交わすこ
とによって成立する。
2　注文書及び注文請書の取交しによる個別契約は，甲の注文書に基づき乙が
　提出する注文請書を甲が受領したときに成立する。
3　個別契約の効力は，本契約に優先する。

第4条（仕様書の確認）
　甲及び乙は，システム仕様書を作成し，互いにこれに承認を証する署名を
　行い，委託業務の範囲を明定する。
2　乙は，システム仕様書に基づいて委託業務を完成させる。

第5条（納入及び検収）

---

資料

資料3　書式例

　　次の各号の一に該当する場合，乙は，甲に対し，個別契約に定めた成果物
の納期の変更を求めることができる。
　⑴　原始資料その他委託業務遂行に必要な資料，情報等の提供の懈怠，遅
　　　滞，誤りのために乙の開発業務の進捗に支障が生じたとき
　⑵　委託業務の範囲に変更があったとき
　⑶　天災その他不可抗力により納期までに成果物の納入が困難になったと
　　　き
2　甲は，乙の納入した成果物を，個別契約に定める方法により検収期間内に
　検収し，以下の手続をとる。
　⑴　検収の結果，成果物がシステム仕様書通りに作成されていることを確
　　　認した場合，検収期間内に乙所定の検収確認書に記名捺印したうえ，こ
　　　れを乙に提出する。
　⑵　検収の結果，成果物に瑕疵が発見された場合，速やかに乙にその旨を
　　　通知し，当該瑕疵の修補を請求する。かかる場合，乙は相当期間内に当
　　　該瑕疵を修補し，再度甲の検収確認を得る。ただし，乙が合理的な範囲
　　　で繰り返し修補を試みたにもかかわらず修補を完了できなかった場合，
　　　第7条第2号の定めに従う。

第6条（委託料）
　　甲は，第5条第2項第1号の検収確認日の翌月末日までに，委託業務の対
　価として個別契約に定める金額（以下，「委託料」という。）を乙の指定する
　口座に送金して支払う。
2　次の各号に該当する場合，乙は，甲に対し，委託料の変更を求めることが
　できる。
　⑴　委託業務内容に変更があったとき
　⑵　甲の責に帰すべき事由に基づき，成果物の納期が変更されたとき
　⑶　甲による原始資料その他委託業務遂行に必要な資料，情報等の提供の
　　　懈怠，遅滞，誤りにより乙の費用が増加したとき

第7条（瑕疵担保責任）
　　乙は，成果物の瑕疵につき，以下のとおり責任を負う。
　⑴　甲が検収後6か月以内に，乙の責に帰すべき事由による隠れたる瑕疵
　　　を発見したときは，甲は，乙に対し，乙の費用と責任において，瑕疵の

例3　システム開発委託基本契約書

修補を請求することができる。ただし，納入後，甲が成果物に対して変更・修正を行った場合の瑕疵については，この限りでない。
(2)　前号により乙が瑕疵の修補を繰り返し試みたにもかかわらず修補を完了し得なかった場合には，乙は，甲に対し，当該瑕疵の修補不能により甲が直接被った通常の損害を賠償する。

第8条（危険負担）
　　甲への納入前に成果物に滅失・毀損が生じた場合，甲の責に帰すべき場合を除きその危険は乙の負担とし，甲への納入後に成果物に滅失・毀損が生じた場合，乙の責に帰すべき場合を除きその危険は甲の負担とする。

第9条（著作権等の帰属等）
　　本契約及び個別契約に基づいて，乙が制作又は作成した成果物の所有権及び著作権（著作権法第27条及び第28条の権利を含む。）は，乙が従来権利を有していたものを除き，甲より乙に委託料が完済されたときに乙から甲に移転する。
2　前項の定めにかかわらず，成果物のうち同種の成果物に共通に利用されるノウハウ・ルーチン・モジュール（以下，「共通ノウハウ等」という。）に関する権利は，乙に留保され，乙はそれらを利用してこれと類似の成果物を作成できる。ただし，乙は共通ノウハウ等を，甲と競合する類似のシステム開発に利用してはならない。
3　前2項の成果物についての所有権・著作権を除き，委託業務遂行の過程において生じた発明・考案等の工業所有権を受ける権利及び同過程において生じた著作物の著作権その他の権利は，発明・考案・著作等を甲が行った場合は甲に，乙が行った場合は乙に，甲乙共同で行った場合はその寄与に応じて甲乙共有に帰属するものとする。

第10条（再委託）
　　乙は，甲の書面による事前の同意が得られた場合を除き，委託業務の全部又は一部を第三者に再委託してはならない。
2　乙は，甲の書面による事前の同意を得て委託業務の全部又は一部を第三者に委託する場合，当該第三者が本契約記載の秘密保持義務と同等の秘密保持義務を負担することに同意する契約を当該第三者と締結しなければならず，

資　料

資料3　書式例

かつ，当該第三者による秘密保持義務違反は乙の履行補助者がなしたものと
みなす。

第11条（反社会的勢力の排除）
　　甲及び乙は，それぞれ相手方に対し，次の事項を確約する。
　　⑴　自らが，暴力団，暴力団員，暴力団準構成員，暴力団関係者，総会屋
　　　その他の反社会的勢力（以下，これらを総称して「反社会的勢力」とい
　　　う。）ではないこと
　　⑵　自らの役員が反社会的勢力ではないこと
　　⑶　反社会的勢力に自己の名義を利用させ，本契約を締結するものでない
　　　こと
　　⑷　反社会的勢力に対して資金等を提供し，又は便宜を供与するなどの関
　　　与をしていないこと
　　⑸　反社会的勢力と社会的に非難されるべき関係を有しないこと
　　⑹　この契約に関して，自ら又は第三者を利用して，次の行為をしないこ
　　　と
　　　ア　相手方に対する脅迫的な言動又は暴力を用いる行為
　　　イ　偽計又は威力を用いて相手方の業務を妨害し，又は信用を毀損する
　　　　行為
2　甲及び乙は，相手方が次の各号の一に該当する場合，何らの催告を要さず
　に，本契約を解除することができる。
　　⑴　前項⑴から⑸の確約に反することが判明した場合
　　⑵　前項⑹の確約に反する行為をした場合
3　前項の規定により，本契約を解除した場合には，相手方に損害が生じても
　解除者は何らこれを賠償又は補償することは要せず，また，かかる解除によ
　り解除者に損害が生じたときは，相手方はその損害を賠償するものとする。

第12条（契約解除）
　　甲又は乙は，相手方が本契約の条項に違反し，相当期間を定めて催告をし
　たにもかかわらず当該違反が是正されない場合，本契約及び個別契約の全部
　又は一部を解除することができる。
2　甲又は乙は，相手方に次の各号のいずれかに該当する事由が生じた場合に
　は，何らの催告なしに直ちに本契約及び個別契約の全部又は一部を解除する

ことができる。

(1) 支払いの停止があった場合
(2) 仮差押え，差押え又は競売を申し立てられた場合
(3) 破産手続開始，民事再生手続開始，会社更生手続開始若しくは特別清算開始の申立てがあった場合又は自ら申立てを行った場合
(4) 手形交換所の取引停止処分を受けた場合
(5) 公租公課の滞納処分を受けた場合
(6) その他前各号に準ずる本契約又は個別契約を継続し難い重大な事由が発生した場合

3　甲又は乙は，第1項に基づく契約の解除がなされた場合又は前項各号のいずれかに該当する場合，相手方に対して負担する一切の金銭債務につき相手方から通知催告がなくとも当然に期限の利益を喪失し，直ちに弁済しなければならない。

第13条（契約期間）

　本契約の有効期間は，本契約の締結の日から1年間とする。

2　前項の期間満了の3か月前までに，甲及び乙による更新しない旨の書面による意思表示がない場合，本契約はさらに1年延長されるものとし，その後も同様とする。

3　甲又乙は，本契約の有効期間中といえども，3か月前に相手方に書面による通知することによって，本契約を解約することができる。

第14条（専属的合意管轄裁判所）

　本契約に関する紛争については，＿＿＿＿＿＿＿地方裁判所を第一審の専属的合意管轄裁判所とする。

　本契約の成立を証するため本契約書を2通作成し，甲乙各記名押印の上，各1通を保有する。

　　○○○年○月○日

　　　　　　　甲（住　所）○○○○
　　　　　　　　（名　称）株式会社＿＿＿＿＿＿

資料3　書式例

　　　　　　　　　　　代表取締役　○○○○　　　印
　　　　　　乙（住　所）○○○
　　　　　　　（名　称）株式会社＿＿＿＿＿＿
　　　　　　　　　　　代表取締役　○○○○　　　印

〈例4　秘密保持契約書〉

秘密保持契約書

　株式会社○○○○（以下，「甲」という。）と○○○○株式会社（以下，「乙」という。）とは，甲又は乙が相手方に開示する情報の秘密保持に関し，以下のとおり本契約を締結する。

第1条（本契約の目的）
　本契約は甲及び乙が○○○年○○月○○日付別途締結する契約「○○○○」の目的のため締結する。

第2条（秘密情報）
　1　本契約において「秘密情報」とは，本契約締結日以降，本目的のために甲又は乙が相手方に開示する一切の情報をいう（以下，秘密情報を開示した者を「開示当事者」，秘密情報を受領した者を「受領当事者」という。）。開示当事者は，書面にて秘密情報を受領当事者に開示する場合には，その書面上に秘，マル秘，厳密等と秘密である旨を明瞭に表示するものとし，口頭にて秘密情報を受領当事者に開示する場合には，開示の際に開示される情報が秘密である旨を示し，開示以降15日以内にその内容を書面化して受領当事者に提供するものとする。
　2　前項にかかわらず，受領当事者が以下のいずれかに該当する情報である旨を証明した秘密情報については，受領当事者は，第3条に定める義務を負わないものとする。ただし，当該秘密情報が，個人情報である場合はこの限りではない。
　(1)　既に公知，公用の情報
　(2)　開示後，受領当事者の責によらず公知，公用となった情報
　(3)　開示を受けた後，正当な権限を有する第三者により秘密保持義務を負うことなしに受領当事者が入手した情報
　(4)　受領当事者が開示された情報と無関係に開発，創作した情報
　3　受領当事者は，行政機関又は司法機関から開示当事者の秘密情報の開示を要求された場合には，第3条の規定にもかかわらず，以下の措置をとった上で当該行政機関又は司法機関に対して当該秘密情報を開示することが

資料

資料3　書式例

　　できる。
　⑴　開示当事者に対して当該要求があった旨を遅滞なく書面で通知すること
　⑵　当該秘密情報の内，適法に開示が要求されている部分についてのみ開示すること
　⑶　開示する当該秘密情報について秘密としての取扱いが受けられるよう最善をつくすこと


第3条（秘密保持・目的外使用禁止義務）
　1　受領当事者は，開示当事者より開示を受けた秘密情報を秘密として保持し，また，開示当事者の書面による事前の承諾を得ることなく，本目的のために知る必要のある自己の役員及び従業員並びに弁護士・公認会計士など法的に守秘義務を負う者以外の第三者に当該秘密情報を開示・漏洩・公表してはならないものとする。さらに受領当事者は，開示当事者の秘密情報を本目的のためにのみ使用するものとし，その他の目的に使用してはならないものとする。
　2　前項の規定に基づき，受領当事者が開示当事者の書面による事前の承諾を取得した後，秘密情報を第三者に開示しようとする場合には，受領当事者は開示に先立ち，当該第三者と秘密保持契約を締結し，締結後直ちに，当該契約書の写しを開示当事者に提出するものとする。なお，当該契約の内容は，少なくとも本契約に基づき受領当事者が開示当事者に対して負担するのと同一の義務を当該第三者に対して課すものでなければならないものとする。
　3　受領当事者は，秘密情報の開示を受けた役員，従業員（退職した者を含む。）及び第三者に対し本契約に定める秘密保持義務を負わせるものとし，従業員又は第三者が本契約の各条項に違反した場合には，受領当事者が違反したものとみなす。
　4　受領当事者は，開示当事者の秘密情報を善良なる管理者の注意義務をもって保管，管理するものとする。
　5　受領当事者は，開示当事者の書面による事前の承諾を得ることなく，開示当事者の秘密情報を複製してはならないものとする。受領当事者は，開示当事者の秘密情報の複製物についても，本契約に定める秘密保持義務を負うものとする。

*302*

例4　秘密保持契約書

6　甲及び乙は，本契約に定める自己の秘密保持義務を履行するため，本契約締結後，自己の従業員の中より相手方から開示を受けた秘密情報を管理する責任者を定め，それを書面にて相手方に報告する。

第4条（検査，差止請求）
1　甲及び乙は，相手方による本契約の遵守状況を検査するため，相手方に対する書面の事前通知により，いつでも相手方の事業所そのほか，相手方に開示した自己の秘密情報の使用場所及び保管場所に立ち入ることができる。なお，当該検査は，相手方の通常の営業時間内に，かつ，相手方の業務を妨げることなく行われなければならない。
2　前項の検査の結果，相手方が本契約に違反し，又は違反のおそれがあるものと疑われる場合，甲又は乙は，相手方に対して，相手方に開示した秘密情報の使用の差止請求ができるものとし，差止請求を受けた当事者はこれに異議を述べないものとする。
3　前項の差止請求を受けた当事者は，相手方が開示した秘密情報及び秘密情報により作成したすべての物を，直ちに相手方に返還または引渡さなければならないものとする。
4　本条の定めは，差止請求を受けた当事者に対する損害賠償請求を妨げるものではない。

第5条（秘密情報の返却）
　前条に定める場合のほか，甲又は乙は，相手方の要求があったときには，直ちに相手方より開示を受けた秘密情報（秘密情報の複製物を含む。）を相手方に返却するものとする。

第6条（損害賠償）
　甲又は乙が本契約に定める事項に違反したことを理由として，相手方が損害を被った場合には，甲又は乙は相手方に生じた損害を賠償する責を負うものとする。

第7条（有効期間）
　本契約の有効期間は，本契約締結日から1年間とする。ただし，期間満了の1ヶ月前までに甲又は乙が相手方に対して書面による契約終了の意思表示

資料

*303*

資料3　書式例

を行わない場合には，本契約は1年間延長されるものとし，以後も同様とする。

第8条（専属的合意管轄裁判所）

　本契約に関する紛争については，＿＿＿＿＿＿地方裁判所を第一審の専属的合意管轄裁判所とする。

　本契約の成立を証するため本契約書を2通作成し，甲乙各記名押印の上，各1通を保有する。

　　○○○　　年　　月　　日

　甲：住　　　所＿＿＿＿＿＿＿　乙：住　　　所＿＿＿＿＿＿＿
　　　会　社　名＿＿＿＿＿＿＿　　　会　社　名＿＿＿＿＿＿＿
　　　代表取締役＿＿＿＿＿＿印　　　代表取締役＿＿＿＿＿＿印

（注）　本契約書のヒナ型は，クレア法律事務所HPにあるものを参考にし，修正を加えて作成した。

例5　汎用的な発注書面の例（規則で定める事項を一つの書式に含めた場合）

〈例5　汎用的な発注書面の例（規則で定める事項を一つの書式に含めた場合）〉

注　文　書

平成○年○月○日

_____　殿

○○○株式会社

| 品名及び規格・仕様等 | | |
| --- | --- | --- |
| | | |

| 納　期 | 納入場所 | 検査完了期日 |
| --- | --- | --- |
| | | |

| 数量（単位） | 単価（円） | 代金（円） | 支払期日 | 支払方法 |
| --- | --- | --- | --- | --- |
| | | | | |

○　本注文書の金額は，消費税・地方消費税抜きの金額です。支払期日には法定税率による消費税額・地方消費税額分を加算して支払います。

(注)　1　発注する数量が1個の場合は，「数量」と「単価」欄は不要。
　　　2　下請代金から，下請代金を下請事業者の金融機関口座へ振り込む際の手数料を差し引いて支払う場合は，その旨を記載する必要がある。
　　　3　それぞれの記載事項についての留意点や記載例は，次のとおり。
　　(1)　納期：注文品を受領する期日を具体的に記入する。
　　(2)　納入場所：注文品を受領する場所を具体的に記入する。
　　　　（例）弊社○○工場○○係
　　(3)　品名及び規格・仕様等：注文品や作業等の内容が十分に理解できるように記入する（仕様書，図面，検査基準等を別に交付している場合は，そのことを付記する。）。
　　　　　下請事業者の知的財産権を発注の内容に含み，これを譲渡・許諾させる場合は，譲渡・許諾の範囲を記載する必要がある。
　　(4)　検査完了期日：検査完了年月日の代わりに，「納品後○日」，「納品後○日以内」と記入してもよい。
　　(5)　支払期日：下請代金の支払年月日を具体的に記入することが望ましいが，支払制度を記入してもよい。
　　　　（例）毎月○日納品締切，翌月○日支払。検収締切日毎月○日，支払日翌月○日

資　料

305

資料3　書式例

(6)　支払方法: 手形を交付しようとする場合は，その額又は支払額に占める割合
及び支払手形の満期日を記入する。満期日に代えて振出日から満期日まで
の日数（期間）を記入してもよい。
　一括決済方式を用いる場合には，①下請事業者がこの方式により金銭の
貸付け又は支払を受けることができる金融機関の名称，②当該貸付け又は
支払を受けることができる額（支払額に占める割合でも可），③下請代金の
額に相当する金銭を親事業者が金融機関に支払う期日を記載する。
　下請代金の支払手段として電子記録債権を用いる場合には，①親事業者
及び下請事業者が電子記録債権の発生記録をし又は譲渡記録をする場合の
当該電子記録債権の額（支払額に占める割合でも可），②電子記録債権の満
期日（電子記録債権法第16条第1項第2号に規定する当該電子記録債権の
支払期日）を記載する。

（出典：公正取引委員会・中小企業庁『下請取引適正化推進講習会テキスト』（平成29年11月））

# 事 項 索 引

## 【い】

一時返品特約 ……………………… 25
一般指定 ………………………… 2, 281
委任 ……………………………… 227
委任契約の解除 …………………… 228

## 【う】

請負 …………………………… 33, 34, 228

## 【え】

営業秘密 …… 227〜239, 240〜247, 254, 272
── 管理指針 ……………………… 240
役務提供委託 ………………… 3, 31〜35, 46, 47,
56〜58, 70, 71, 76, 77, 130, 186, 197

## 【お】

押し付け販売 ………………… 161, 171, 173
親事業者 ………………… 32, 62〜65, 69, 81

## 【か】

買いたたき ………… 97〜99, 148〜150,
169, 172, 188, 204
課徴金 ………… 2, 3, 5, 6, 12, 63, 159, 169
金型の製造 ………… 35, 36, 39, 44, 45, 51
カルテル …………………………… 9, 10
勧告 ………… 5, 6, 8, 19, 21, 80, 87,
112, 116〜121, 123

## 【き】

競業避止義務 …… 248, 225〜227, 248〜255
競争者に対する取引妨害 ………………… 2
共同の取引拒絶 ………………………… 2, 8
業務委託 …………………………… 267, 268

## 【く】

クラウドソーシング ………………… 228

## 【け】

契約書 ………… 23, 73, 74, 90, 138,
268, 271, 272, 277
原状回復措置 …………… 5, 6, 21, 115〜118

## 【こ】

広告 …………………………… 54, 55, 156
拘束条件付取引 ………… 2, 7, 15〜17, 132
公表権の侵害 ……………………… 259

## 【さ】

再委託 ………………… 38, 51, 57, 65, 138
再販売価格維持行為 ……………………… 2
差止請求 ………………… 235, 245, 261
差別対価 ……………………………… 2

## 【し】

シェアリングエコノミー ……………… 223
市場分割 …………………………… 3, 11, 12
下請事業者の責に帰すべき理由
……………………… 23, 82, 89, 94, 145
下請代金の減額 ………… 5, 6, 23, 24, 64, 89,
91〜93, 109, 117, 118, 121, 122
下請取引 …………………… 3〜5, 21, 33〜35
支払遅延 ……………… 20, 23, 28, 69, 85
資本金区分 …………… 31, 32, 46, 62, 66
締切制度 ……………………………… 70〜72
準委任 …………………………… 228, 267
商品等の購入要請 ………… 137, 158, 160
商品の形態 …………………… 237, 238

307

事項索引

情報成果物作成委託⋯⋯⋯⋯⋯⋯⋯⋯ 3
人員派遣要請⋯⋯⋯⋯⋯⋯⋯⋯⋯⋯ 107
真正の委託販売⋯⋯⋯⋯⋯⋯⋯⋯⋯ 172

【せ】

正常な商慣習⋯⋯⋯⋯⋯⋯⋯133～135
製造委託⋯⋯⋯⋯⋯⋯⋯⋯⋯ 31, 33, 37
正当な理由⋯⋯⋯⋯⋯⋯⋯⋯⋯⋯⋯ 142
セット販売⋯⋯⋯⋯⋯⋯⋯⋯⋯⋯⋯ 14
善管注意義務⋯⋯⋯⋯⋯⋯⋯⋯⋯⋯ 228

【そ】

早期相殺⋯⋯⋯⋯⋯⋯⋯⋯⋯⋯⋯⋯ 199
措置請求⋯⋯⋯⋯⋯ 58, 123, 193, 196, 245
ソフトウェア⋯⋯⋯⋯⋯⋯⋯⋯ 129, 131

【た】

抱き合わせ販売⋯⋯⋯⋯⋯ 2, 13～16, 164

【ち】

地域制限（テリトリー制）⋯⋯⋯⋯⋯ 12
遅延利息⋯⋯⋯⋯⋯⋯ 80, 81, 87, 88, 118
著作権⋯⋯⋯⋯⋯ 162, 163, 234, 257, 258
著作権法における海賊版⋯⋯⋯⋯⋯ 260

【つ】

通常支払われる対価⋯⋯⋯⋯⋯⋯97～99

【て】

提供目的情報成果物作成委託⋯⋯⋯ 52, 76
手形サイト⋯⋯⋯⋯⋯⋯86, 92, 102～105
出来形⋯⋯⋯⋯⋯⋯⋯⋯⋯⋯ 194, 198
テリトリー制⋯⋯⋯⋯⋯⋯⋯→地域制限

【と】

特殊指定⋯⋯⋯⋯⋯⋯⋯⋯⋯⋯⋯⋯ 2
独占的ライセンス⋯⋯⋯⋯⋯⋯ 274, 275

特定荷主⋯⋯⋯⋯⋯⋯⋯⋯⋯⋯ 186, 187
特定物流事業者⋯⋯⋯⋯⋯⋯186～189
特別注文品の受領拒否⋯⋯⋯⋯ 171, 173
取引基本契約書⋯⋯⋯⋯⋯⋯ 23, 24, 90
取引条件変更⋯⋯⋯⋯⋯⋯⋯⋯⋯⋯ 22
トンネル会社⋯⋯⋯⋯⋯⋯⋯⋯⋯⋯ 65

【の】

農協⋯⋯⋯⋯⋯⋯⋯⋯⋯⋯⋯⋯⋯8, 9

【は】

排除措置命令⋯⋯⋯⋯⋯⋯⋯⋯ 12, 19
排他条件付取引⋯⋯⋯⋯⋯⋯ 2, 7, 137
発注書面の交付義務⋯⋯ 78, 80, 90, 121, 277

【ひ】

非公知性⋯⋯⋯⋯⋯⋯⋯⋯⋯⋯ 238, 240
秘密管理性⋯⋯⋯⋯⋯⋯⋯⋯⋯ 238, 240

【ふ】

不公正な取引方法⋯⋯⋯ 2, 142, 144, 249, 275
不当値引⋯⋯⋯⋯⋯⋯⋯⋯⋯⋯⋯ 172
不当返品⋯⋯⋯⋯⋯⋯⋯⋯⋯⋯⋯ 171
不当廉売⋯⋯⋯⋯⋯⋯⋯⋯⋯⋯⋯ 2
歩引き⋯⋯⋯⋯⋯⋯⋯⋯⋯⋯⋯⋯ 24
プライベート・ブランド
⋯⋯⋯⋯ 23～25, 31, 40, 46, 110, 173, 209
フランチャイザー（本部）⋯⋯⋯⋯ 15, 170
フランチャイジー（加盟者）⋯⋯⋯⋯ 15
フランチャイズ⋯⋯⋯⋯⋯ 15, 16, 171, 249
フリーランス⋯⋯⋯⋯⋯ 223～226, 231, 243
振込手数料の控除⋯⋯⋯⋯⋯⋯⋯⋯ 93

【へ】

返品ができる期限⋯⋯⋯⋯⋯⋯⋯⋯ 94

事項索引

## 【ほ】

報酬額の決定 ………………………… 269
報復措置 ……………………… 188, 189, 199
保守点検 …………………………………… 98
ボリュームディスカウントなど合理
　的理由に基づく割戻金 ……… 24, 75, 90

## 【み】

見切り販売の制限 ………………… 16, 177

## 【も】

元請負人の義務 ……………………… 3
模倣 ………………………………… 237, 238

## 【ゆ】

優越的地位の濫用 …… 2, 11, 13, 19, 27, 135
有用性 ……………………… 238, 240, 251
有力な事業者 ………………………… 7

## 【よ】

要求拒否の場合の不利益な取扱い
　……………………………… 171, 175

## 【わ】

割引困難手形 ……………… 101〜104

索
引

*309*

# 条 文 索 引

## ●意匠法
2条 ······························258

## ●会社法
356条 ···························250
594条 ···························250

## ●建設業法
15条 ····························193
16条 ····························193
19条の3 ······················193, 196
19条の4 ······················194, 196
22条 ····························194
23条 ····························194
24条の2 ························3, 194
24条の3 ·······················194, 196
24条の4 ·······················195
24条の5 ·······················195
24条の6 ·······················195
42条 ····························3, 58, 196
42条の2 ·······················196

## ●憲法
27条 ····························250

## ●下請3条規則
4条 ·····························78, 277

## ●下請法
2条 ·····························20
2条1項 ··········31, 34, 36, 37, 40, 51
2条2項 ··························48
2条3項 ··························51, 53
2条4項 ···········34, 56, 58, 186, 197

2条5項 ··························26
2条6項 ··························54
2条7項 ·······················32, 63〜65
2条8項 ··························32
2条9項 ··························65
2条の2 ···············69, 70, 72, 80,
　　　　　81, 84, 124, 142, 269
3条 ··········20, 23, 24, 72, 73, 75, 76,
　　　　78, 80, 81, 121, 276, 277
4条 ·········15, 21, 23, 26〜29, 41, 45,
　47, 49, 66, 73〜75, 81, 83, 88, 92, 97, 100,
　102, 103, 107, 110, 112, 114, 117, 122,
　145, 146, 150
4条の2 ··················80, 87, 118
5条 ··················80, 81, 101, 121
6条 ····························112
7条 ·······5, 21, 81, 87, 112, 116〜118
8条 ····························21
9条 ····························21

## ●商標法
36条 ····························233
38条 ····························233

## ●商法
23条 ····························250
28条 ····························250
512条 ···························139

## ●著作権法
2条 ··························234, 257, 258
10条 ····························257
13条 ····························260
18条 ··························259, 260, 262

| | |
|---|---|
| 19条 ……………………259〜261 | 22条 ………………………… 10 |
| 20条 ……………………………259 | |
| 21条 ……………………………234 | **●不正競争防止法** |
| 23条 ……………………………258 | 2条 …234, 235, 236〜239, 241〜247, 272 |
| 26条 …………………………258, 261 | 3条 ………234, 238, 245, 247, 272 |
| 30条 …………………………260, 266 | 4条 ……………234, 245, 247, 272 |
| 32条 ……………………………266 | 14条 ……………………245, 272 |
| 38条 ……………………………266 | |
| 48条 ……………………………266 | **●民法** |
| 59条 ……………………………259 | 90条 …………………………250, 253 |
| 63条 ……………………………264 | 246条 ……………………………… 34 |
| 112条 …………………………234, 261 | 423条 ……………………………200 |
| 113条 ……………………………260 | 485条 ……………………………… 93 |
| 114条 …………………………234, 262 | 633条 ……………………………228 |
| 119条 ……………………………261 | 634条 ……………………………228 |
| 124条 ……………………………261 | 635条 ……………………………228 |
| 191条 …………………………261, 264 | 641条 …………………………228, 270 |
| 703条 ……………………………261 | 644条 ……………………………228 |
| | 645条 ……………………………228 |
| **●独占禁止法** | 648条 ……………………………228 |
| 2条9項…………108, 134, 159, 279 | 650条 ……………………………228 |
| 2条9項1号 ……………………… 2 | 651条 …………………………270, 271 |
| 2条9項2号 ………………2, 149 | 702条 ……………………………139 |
| 2条9項3号 ………………2, 149 | 703条 ……………………………261 |
| 2条9項4号 ………………2, 165 | 709条 ……………150, 247, 261, 262 |
| 2条9項5号 …………2, 3, 5, 26, 108, | |
| 134, 159, 169 | **●一般指定** |
| 3条 ……………3, 9, 11, 230, 231 | 2項 ……………………………249 |
| 7条 …………………………… 12 | 5項 ……………………………164 |
| 8条1号 …………2, 3, 9, 11, 230, 231 | 10項 ……………………2, 13, 161 |
| 8条の2 …………………………… 12 | 11項 ……………………2, 7, 137, 249 |
| 8条の3 …………………………… 12 | 12項 …………2, 7, 9, 137, 274 |
| 19条 ……………2, 9, 58, 60, 125, 132, | 14項 …………………………… 2 |
| 147, 160, 177, 178, 196, 232 | |
| 20条 ………………5, 6, 9, 169 | |
| 20条の2 ………………………… 2 | |
| 20条の6 …………2, 5, 6, 159, 169 | |

311

# 判例・審決索引

不問決定昭38・3・20‥‥‥‥‥231

最二小判昭52・6・20‥‥‥‥‥124

審決昭52・11・28公取委審決集24巻
　　106頁‥‥‥‥‥‥‥‥‥‥131

審決昭52・11・28公取委審決集24巻
　　86頁‥‥‥‥‥‥‥‥‥‥136

審決昭52・11・28公取委審決集24巻
　　65頁‥‥‥‥‥‥‥‥‥‥147

東京地判昭56・9・30‥‥‥‥‥136

審決昭57・6・17‥‥‥‥‥136, 158

東京地判昭62・5・18‥‥‥‥‥153

勧告審決平2・2・20‥‥‥‥‥159

審判審決平4・2・28‥‥‥‥‥‥16

大阪高判平5・7・30‥‥‥‥‥‥16

大阪地判平8・4・16‥‥‥‥‥240

審決平10・7・30‥‥‥‥‥‥‥158

最一小判平10・9・10‥‥‥‥‥236

審決平10・12・14‥‥‥‥‥‥‥17

大阪地判平10・12・22‥‥‥‥241

大阪地判平12・7・25‥‥‥‥‥241

名古屋地判平13・5・18‥‥‥‥136

東京地判平13・8・31‥‥‥‥‥241

東京地中間判決平14・12・26‥‥245

勧告審決平17・4・26‥‥‥‥‥‥8

勧告平17・6・30‥‥‥‥‥‥‥24

勧告平17・9・21‥‥‥‥‥‥‥74

勧告平18・7・4‥‥‥‥‥‥‥65

勧告平19・12・6‥‥‥‥‥‥‥98

排除措置命令平20・5・23‥‥‥‥176

排除措置命令平20・6・30‥‥‥‥176

審判審決平20・9・16‥‥‥‥‥60

勧告平21・2・2‥‥‥‥‥‥‥47

東京地判平21・3・9‥‥‥‥‥252

東京地判平21・3・25‥‥‥‥‥150

排除措置命令平21・6・22‥‥‥‥177

東京地判平22・5・12‥‥‥‥‥145

大阪地判平22・5・12‥‥‥‥‥251

最三小判平23・4・12‥‥‥‥‥140

東京地判平23・4・26‥‥‥‥‥247

排除措置命令平23・6・22‥‥‥‥159

勧告平23・6・29‥‥‥‥‥‥‥64

勧告平23・10・14‥‥‥‥‥‥‥24

勧告及び指導平24・9・25‥‥‥64, 118

勧告平26・7・15‥‥‥‥‥‥‥98

審判審決平27・6・4‥‥‥‥‥‥63

東京地判平27・7・17‥‥‥‥‥155

大阪地判平27・9・24‥‥‥‥‥55

東京地判平27・9・30‥‥‥‥‥237

東京地判平27・12・9‥‥‥‥‥262

東京地判平28・2・18‥‥‥‥‥146

東京地判平28・5・23‥‥‥‥‥132

東京高判平28・6・16‥‥‥‥‥132

勧告平28・9・27‥‥‥‥‥‥‥108

東京地判平29・3・14‥‥‥‥‥200

排除措置命令平29・3・29‥‥‥‥8

東京地判平29・10・27‥‥‥‥‥253

熊本地判平29・12・25‥‥‥‥‥263

東京地判平30・2・21‥‥‥‥‥261

大阪地判平30・3・15‥‥‥‥‥254

札幌地判平30・3・19‥‥‥‥‥262

東京高判平30・4・18‥‥‥‥‥139

# ガイドライン等索引

昭29・3・30公取委
　「下請代金の不当な支払遅延に関する認定基準」‥‥‥‥‥‥‥‥‥‥‥‥ 26, 98, 101
昭41・3・11公取下169号・41企庁339号（繊維業の団体には昭41・3・11公取下223
　号・41企庁467号）
　「下請代金の支払手形のサイト短縮について」‥‥‥‥‥‥‥‥‥‥‥‥‥‥‥‥‥105
昭47・4・1公取委事務局長通達4号
　「建設業の下請取引に関する不公正な取引方法の認定基準」（建設業の下請取
　引ガイドライン）‥‥‥‥‥‥‥‥‥‥‥‥‥‥‥‥‥‥‥‥‥3, 4, 58, 197, 198
昭57・6・18公取委告示15号
　「不公正な取引方法」（一般指定）
　‥‥‥‥‥‥‥2, 4, 6～9, 13, 60, 132, 137, 147, 149, 158, 160, 161, 164, 178, 249, 274, 281
平3・7・11公取委事務局
　「流通・取引慣行に関する独占禁止法上の指針」（流通・取引慣行ガイドライ
　ン）‥‥‥‥‥‥‥‥‥‥‥‥‥‥‥‥‥‥‥‥‥‥‥4, 7, 67, 129, 130, 135, 161
平7・10・30公取委
　「事業者団体の活動に関する独占禁止法上の指針」‥‥‥‥‥‥‥‥‥‥‥‥‥‥230
平10・3・17公取委
　「役務の委託取引における優越的地位の濫用に関する独占禁止法上の指針」
　（役務の委託取引ガイドライン）‥‥‥‥‥‥‥‥‥‥‥4, 129～131, 136, 137, 161
平14・4・24公取委
　「フランチャイズ・システムに関する独占禁止法上の考え方について」‥‥‥‥15, 249
平15・1・30
　「営業秘密管理指針」‥‥‥‥‥‥‥‥‥‥‥‥‥‥‥‥‥‥‥‥‥‥‥‥‥‥‥240
平15・12・11
　「下請代金支払遅延等防止法に関する運用基準」（下請運用基準）‥‥‥‥‥‥ 8, 82
平16・3・8公取委告示1号
　「特定荷主が物品の運送又は保管を委託する場合の特定の不公正な取引方法」
　（物流特殊指定）‥‥‥‥‥‥‥‥‥‥‥‥‥‥‥‥‥‥‥‥‥‥‥ 2, 186, 188
平17・5・13公取委告示11号
　「大規模小売業者による納入業者との取引における特定の不公正な取引方法」
　（大規模小売特殊指定）‥‥‥‥‥‥‥‥‥‥‥3, 161, 169～171, 176, 177
平17・6・29公取委事務総長通達
　「『大規模小売業者による納入業者との取引における特定の不公正な取引方法』
　の運用基準」（運用基準）‥‥‥‥‥‥‥‥‥‥‥‥‥‥‥‥‥‥‥‥‥170～176

ガイドライン等索引

平19・4・18公取委
　「農業協同組合の活動に関する独占禁止法上の指針」……………………………… 9
平19・9・28公取委
　「知的財産の利用に関する独占禁止法上の指針」（知的財産の利用ガイドライ
　ン）………………………………………………………………… 164, 248, 249, 274
平20・12・17公取委
　「下請法違反行為を自発的に申し出た親事業者の取扱いについて」……………116
平22・11・30公取委
　「優越的地位の濫用に関する独占禁止法上の考え方」（優越的地位の濫用ガイ
　ドライン）………………………………………………………… 108, 135, 179, 226
平28・12・14・20161207中1号・公取企140号
　「下請代金の支払手段について」………………………………………………………105
平30・11・27（20181026中1号・公取企87号）
　「下請取引の適正化について」…………………………………………………………106

# 著 者 略 歴

## 波 光　　巖（はこう　いわお）

弁護士（第一東京弁護士会）。弁護士法人アディーレ法律事務所所属。

昭和39年 4 月　公正取引委員会事務局審査部第一審査
昭和52年12月　公正取引委員会事務局審査部第一審査監査室長
　　　　　　　その後，官房審判官室長，取引部景品表示指導課長，名古屋地方
　　　　　　　事務所長，経済部団体課長
昭和61年 7 月　公正取引委員会事務局審判官
昭和63年 4 月　香川大学法学部教授
平成 7 年 4 月　関東学園大学法学部教授
平成 8 年10月　卓照法律事務所顧問
平成17年 3 月　第一東京弁護士会弁護士登録
平成17年 4 月　神奈川大学法学部教授兼法科大学院非常勤講師

〔主要著書〕
『書式　告訴告発の実務』（共著，民事法研究会，2017年）
『実務解説景品表示法』（共著，青林書院，2016年）
『解説独占禁止法』（共著，青林書院，2015年）
『テキスト独占禁止法』（共著，青林書院，2010年）
『国際経済法入門』（単著，勁草書房，2004年）

## 横　田　直　和（よこた　なおかず）

関西大学法学部教授

昭和52年 4 月　公正取引委員会事務局経済部調整課
平成 2 年 7 月　審査部管理企画課監査室長
　　　　　　　その後，取引部景品表示法監視課長，企業取引課長，経済部調査

著者略歴

　　　　　　　　課長，審査局第二審査長，管理企画課長，審査管理官，近畿中国
　　　　　　　　四国事務所長など
平成17年4月　名城大学法学部教授
平成22年4月　関西大学法学部教授


〔主要著書〕

『解説独占禁止法』（共著，青林書院，2015年）

『〔改訂版〕下請の法律実務』（共著，三協法規出版，2012年）

『広告表示規制法』（共著，青林書院，2009年）

『独占禁止法講座Ⅳ　カルテル〔下〕』（共著，商事法務研究会，1982年）

『新独占禁止法の実務』（共著，商事法務研究会，1981年）

Q&A 業務委託・企業間取引における
法律と実務
―下請法、独占禁止法、不正競争防止法、役務委託取引、
大規模小売業・運送業・建設業・フリーランスにおけ
る委託―

2019年5月21日 初版発行

著 者 波 光 　 巖
横 田 直 和

発行者 和 田 　 裕

発行所 日本加除出版株式会社
本 社 郵便番号 171-8516
東京都豊島区南長崎3丁目16番6号
ＴＥＬ （03）3953 - 5757（代表）
（03）3952 - 5759（編集）
ＦＡＸ （03）3953 - 5772
ＵＲＬ www.kajo.co.jp
営 業 部 郵便番号 171-8516
東京都豊島区南長崎3丁目16番6号
ＴＥＬ （03）3953 - 5642
ＦＡＸ （03）3953 - 2061

組版・印刷 ㈱郁文 ／ 製本 牧製本印刷㈱

落丁本・乱丁本は本社でお取替えいたします。
★定価はカバー等に表示してあります。
Ⓒ Ｉ．Hakou，Ｎ．Yokota 2019
Printed in Japan
ISBN978-4-8178-4556-6

JCOPY 〈出版者著作権管理機構 委託出版物〉
本書を無断で複写複製（電子化を含む）することは，著作権法上の例外を除
き，禁じられています。複写される場合は，そのつど事前に出版者著作権管理
機構（JCOPY）の許諾を得てください。
また本書を代行業者等の第三者に依頼してスキャンやデジタル化することは，
たとえ個人や家庭内での利用であっても一切認められておりません。

〈JCOPY〉 ＨＰ：https://www.jcopy.or.jp，e-mail：info@jcopy.or.jp
電話：03-5244-5088，FAX：03-5244-5089

商品番号：40757
略　号：働き方

## 最新整理 働き方改革関連法と省令・ガイドラインの解説

残業時間の規制、有休取得の義務化、
同一労働同一賃金等、企業に求められる対応

岩出誠 編集代表　ロア・ユナイテッド法律事務所 編著
2019年4月刊 A5判 312頁 本体3,000円+税 978-4-8178-4552-8

- 関連法施行に伴う制度の変更点や、事業主の責務等について、平易に解説。
- 各改正点について、「改正法の施行に当たって、企業が準備すべきこと」や、「想定される問題点と対応策」等を紹介。
- 最新のガイドライン（告示）や通達について、図解をまじえて解説。

商品番号：40727
略　号：Q医薬

## Q&A 医薬品・医療機器・健康食品等に関する法律と実務

医薬品該当性、医薬品・健康食品の広告、製造販売、
添付文書、薬局、個人輸入、医薬部外品、医療機器、
化粧品、指定薬物

赤羽根秀宜 著
2018年8月刊 A5判 316頁 本体3,000円+税 978-4-8178-4495-8

- 薬機法、健康増進法、景品表示法、製造物責任・医療過誤等の民事責任や刑事責任等、様々な法律・問題が複雑に絡み合う医薬品・医療機器・健康食品等に関する法律実務を、判例・通達・通知等の根拠を明確にした100問のQ&Aで丁寧に解説。

商品番号：40610
略　号：業契

## 業種別 ビジネス契約書作成マニュアル

実践的ノウハウと契約締結のポイント
サンプル書式ダウンロード特典付

田島正広 代表編著
足木良太・上沼紫野・浦部明子・笹川豪介・柴山将一・寺西章悟 編著
2015年11月刊 A5判 432頁 本体3,700円+税 978-4-8178-4275-6

- 製造、物流・小売、エンタメ、IT、医療・ヘルスケア、不動産・建設業、金融の7業種ごとに、取引の特徴と場面に応じたリスク分析を踏まえ、契約条項化する際のポイントを指摘。クロスレファレンスをたどることで、類似または関連する他分野の契約に関する解説も参照可能。

---

**日本加除出版**　〒171-8516　東京都豊島区南長崎3丁目16番6号
TEL（03）3953-5642　FAX（03）3953-2061（営業部）
www.kajo.co.jp